音 声 学

音 声 学

服部四郎著

岩波書店

本書は1984年発行の『音声学』から，
付属のカセットテープ，同テキストを
省いてオンデマンド版として再刊行し
たものです．

序

　本書は初学者にも専門家にも向くように執筆した．
　初学者に向くというのは，本書によってはじめて音声学を学ぶ人々も，順を追って克明に読んで行けば，本書の内容が理解できると信ずるからである．ただし，叙述の都合上，後になって定義の出てくる術語をいきなり用いたところもある．それには巻末の索引によって，定義の与えてある箇所を探し，理解するように努められたい．
　本書は，説明を丁寧にし，術語の定義を明確にした点のほかは，"初学者にわかり易くする"ために学問的水準を下げることをしなかった．音声学の根本的な諸問題をかなり詳しく説き，学説の一定しない点は諸説を批判しつつ妥当と考えられる結論あるいは新しい見解へと説き及んだ．また，私自身が観察によって確認し得た事実と，そうでない部分とを，できるだけ区別して説くことに努力した．専門家に向くというのはそれらの点である．しかし，それは同時に，初学者が科学的研究方法を理解するのにも役立つであろう．ただ，頁数が制限されているので，ことに終りの三章の叙述が簡略になり，これらの部分を十分理解するためには，引用した拙著や拙論を参照される必要があるかもしれないのは残念である．また，説明が極度に簡略になっているから，表現の微細な点にも注意し，それらの意味を把握するように熟読していただきたい．
　私が二十数年前に音声学の勉強を始めたのは，言語研究の基礎的学科として役立つであろうという，漠然とした予想からであったが，近来その予想が正しいことがますます明らかとなってきた．言語学者が真の科学的研究の対象となし得るのは，音声言語についていえば，過去の言語ではなくて現在の生きた言語，さらに正確にいえば，話し手の言語行動（とその際の直接経験）をおいてほかにない．生きた言語の構造を記述するには音韻論的考察が絶対に必要であり，音韻論的考察は音声学的観察を基礎としてのみ行い得る．言語の歴史的研究にしても，比較研究にしても，諸言語の正しい記述的研究の上にのみ立ち得るもので，言語の記述的研究方法の新しい進歩とともに，言語の比較研究方法も修

正されるであろうことが予想される．かくして，音声学は真の意味で言語学の基礎学科であることが，言語学が科学的になればなるほど，明らかとなるであろう．この意味において，私は若い言語学者たちに音声学の研究を勧めたいのである．

　本書は，音声の記述の国際化に役立つように，国際音声学協会所定の国際音声字母を終始一貫して用い，同協会の音声記述の方針を紹介した．しかし，アメリカやソ連邦には異る音声記号も行われている故，巻末に付録としてそれらの代表的なものを紹介し，読者の便をはかった．国際音声字母の最新のものをとりいれることができたのは，上智大学教授千葉勉先生が *The Principles of the International Phonetic Association*, London, 1949 を貸与されたためである．また，東京大学の解剖学主任教授藤田恒太郎博士は，第2章の原稿を通読して有益な助言を与えられた．両氏に心からなる感謝の意を表する．

　1950年5月5日

　　　　　　　　　　　　　　　　　　　　　　　　　　服　部　四　郎

　この版の巻末に附した The International Phonetic Alphabet の表は1979年改訂のものによる．それ以外の音声字母の表は省いた．

　1984年1月

　　　　　　　　　　　　　　　　　　　　　　　　　　服　部　四　郎

凡　　例

1. 「音」の字はすべて「オン」と読む．
2. ［　］の中は音声記号，／　／の中は音韻記号．
3. 《　》は日本語訳あるいはそれに先行する日本語に相当する外国語．
4. 脚註の対照術語のうち，「ギ」はギリシャ語，「ラ」はラテン語，「エ」は英語，「ド」はドイツ語，「フ」はフランス語，「ロ」はロシヤ語である．最初に見えるローマ字はローマ字書き日本文のための試案．
5. 「日本語」「シナ語」「タタール語」というのは，特別に断りのない限り，それぞれ「東京方言など」「北京方言」「カザン方言」の意味である．
6. 〖　〗内の数字はカセットテープおよび同テキストにおける該当箇処を示す．
7. 墨付きパーレン【　】は今回の1984年版での加筆である．その他には初版以来内容上の変更はない．

目　　次

序
凡　例

第1章　序　　論 …………………………………………… 1
　§1　音　声　学 ……………………………………………… 1
　§2　言語音は物理学的にのみ研究することはできない …… 1
　§3　自然科学でない音声学の存在理由 …………………… 4
　§4　音声器官の運動の研究，音韻論と音声学 …………… 5
　§5　音声生理学的に？　音響学的に？ …………………… 6
　§6　主観的方法と客観的方法 ……………………………… 8
　§7　音声学の基礎的仮定 …………………………………… 10

第2章　音声器官 …………………………………………… 15
　§1　音声器官 ………………………………………………… 15
　§2　肺　　臓 ………………………………………………… 15
　　　§2.1 吸気による発音(16)
　§3　気　管　支 ……………………………………………… 17
　§4　気　　管 ………………………………………………… 17
　§5　喉　　頭 ………………………………………………… 17
　§6　声　　門 ………………………………………………… 19
　§7　咽　　頭 ………………………………………………… 23
　§8　食　　道 ………………………………………………… 23
　§9　口　む　ろ ……………………………………………… 24
　§10　鼻　む　ろ ……………………………………………… 27
　§11　調音器官 ………………………………………………… 27

第3章 単音 ········· 30

§1 オ　ト ········· 30
§2 楽音と噪音 ········· 30
§3 聴覚域とオトの聞きわけ ········· 32
§4 言語音声 ········· 33
§5 単　音 ········· 33
§6 わたりと持続部 ········· 35
§7 わたりのオトは口むろの空気の通路がより狭い単音に属する ········· 35
§8 わたり的単音 ········· 38
§9 単音の定義 ········· 40
§10 単音の数に関する疑い ········· 41
§11 単音族 ········· 43
§12 ある言語の単音の記述 ········· 45
§13 Sievers の Einzellaut, Grammont の phonème, 「音」 ········· 45
§14 音　素 ········· 46

第4章 音声記号 ········· 51

§1 音声記号 ········· 51
§2 正書法と音声記号 ········· 51
§3 第一種の音声記号 ········· 52
　§3.1 種々な記号(52)　§3.2 国際音声字母の由来(53)
　§3.3 精密表記と簡略表記と音韻記号(54)　§3.4 Jones の基本母音と基本子音(56)
§4 第二種の音声記号 ········· 61
§5 第三種の記号 ········· 64
　§5.1 Jespersen の Analphabetic Notation (64)　§5.2 Pike の Functional Analphabetic Symbolism (65)

第5章 個々の調音器官のはたらき ········· 69

§1 発音運動 ········· 69

§2 両　　唇 ·· 69
　　§2.1 閉鎖(69)　　§2.2 狭め(71)　　§2.3 ゆるい狭め(72)
　　§2.4 側面音(72)　　§2.5 ふるえ音(73)　　§2.6 母音の唇
　　(73)　　§2.7 唇の運動の分析(74)
§3 唇 と 歯 ·· 75
　　§3.1 狭め(75)　　§3.2 閉鎖(75)
§4 下　　顎 ·· 76
§5 舌尖とその附近による調音 ···································· 77
　　§5.1 閉鎖(77)　　§5.2 狭め(78)　　§5.3 ゆるい狭め(80)
　　§5.4 側面音(81)　　§5.5 ふるえ音,弾き音(82)　　§5.6
　　そり舌母音(83)
§6 舌の表面による調音 ·· 83
　　§6.1 閉鎖(84)　　§6.2 狭め(85)　　§6.3 ゆるい狭め(90)
　　§6.4 側面音(91)　　§6.5 ふるえ音(91)　　§6.6 母音におけ
　　る舌の表面の調音(92)
§7 口 蓋 帆 ··100
　　§7.1 閉鎖(100)　　§7.2 鼻音(100)　　§7.3 鼻音化(101)
§8 咽頭以下の諸器官 ···103

第6章　二重調音およびその他の発音 ····················107

§1 二重調音,三重調音など ······································107
§2 唇 音 化 ··107
§3 口 蓋 化 ··109
§4 軟口蓋化 ··110
§5 咽 頭 化 ··111
§6 二重調音子音 ···111
§7 口むろ調音と喉頭調音との結びつき ······················112
　　§7.1 無声帯気音(112)　　§7.2 無声無気音(113)　　§7.3 半有声音
　　(114)　　§7.4 有声無気音(114)　　§7.5 有声帯気音(114)
§8 喉頭化音 ··115
§9 入 破 音 ··116

§10　吸着音 …………………………………………………… 117

第7章　音の分類 …………………………………………… 120

　§1　母音と子音 ……………………………………………… 120
　§2　子音の分類 ……………………………………………… 121
　　§2.1　調音点による子音の分類(122)　　§2.2　調音の仕方による分類(124)　　§2.3　第二調音その他による分類(127)
　§3　母音の分類 ……………………………………………… 128
　　§3.1　いろいろの母音(130)　　§3.2　母音の変種(133)　　§3.3　母音体系(134)

第8章　長さ・強さ・高さと音節 ………………………… 137

　§1　オトの属性 ……………………………………………… 137
　§2　オトの長さ ……………………………………………… 137
　§3　オトの強さ ……………………………………………… 140
　§4　高　　さ ………………………………………………… 141
　§5　音　　節 ………………………………………………… 143
　§6　破擦音と二重母音・三重母音 ………………………… 150
　　§6.1　破擦音(150)　　§6.2　二重母音・三重母音(151)

第9章　アクセント・強調・文音調 ……………………… 154

　§1　呼気段落・強め段落・発話拍節 ……………………… 154
　§2　アクセント ……………………………………………… 155
　　§2.1　強さアクセント(155)　　§2.2　高さアクセント(156)
　§3　強　　調 ………………………………………………… 159
　§4　文 音 調 ………………………………………………… 159

参考書について(付，引用書略称表) …………………………… 162

補　　説 …………………………………………………………… 165

索　　引 …………………………………………………………… 171

国際音声字母

第1章 序論

§1 音声学

音声学*1)は人類の言語行動の音声的面を対象とする経験科学である．

人類の行動は，心理学的にも生理学的にも物理学的にも研究できるから，音声学の研究方法には心理学的なもの，生理学的なもの，物理学的なものがあり得る．また，発音運動の結果生じた音声は物理学的に研究することができる．

§2 言語音は物理学的にのみ研究することはできない

現在我々の経験科学のうちで最も進んでいるものは物理学であるが，それでは物理学のみによって言語音声の本質を明らかにすることができるであろうか？　我々が言語行動を営む際には，音声器官を動かし，音響の一種である音声を発する．現在の言語音声の物理学的研究は，主として音声の音響学的研究である．しかしながら，高度に発達した音響学的方法によっても，それのみによっていたのでは言語音の本質を明らかにし得ないことがある．例えば，「バ」「タ」「カ」という三種の音節の発音を我々は楽に聞きわけるが，その音波を精密な装置で記録して，波形を研究するときに，その記録がどの音節に該当するかをあらかじめ記しておかないと，見わけることが困難であるという[1]．その理由は記録装置がまだ不完全であるか，波形を見わける方法がまだ不完全であるかである．言語音の音響学的研究のうちでも，母音に関する研究は最も進んでいるが，蒙古語で明らかに区別されている二種の母音 [o] と [ɔ] の音波をオッシログラフで記録してそのフォルマントを分析した結果，同一の母音であるとして報告されたことがある[2]．これなどは，音声学者が耳で観察しても，その音色の差異を容易に聞きわけることができるのだから，異る波形として記録

---

*1) onseigaku; ｴ phonetics; ド die Phonetik; フ la phonétique; ロ фонетика.

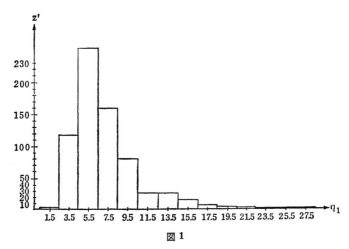

図 1

されているに相違なく，研究者が同一の母音と思いながらフォルマントを分析したために，存在する差異をおそらく見逃したのであろう．短母音と長母音とを区別する言語を話す人々(たとえば，日本人，ドイツ人，など)は，この両者を明瞭に発音しわけ，また容易に聞きわけるが，そのおのおのが実際にどれほどの長さを有し，後者が前者の何倍であるかということに関する科学的知識は，物理学的すなわち音響学的研究によってはじめて得られる．E. Zwirner は現代高地ドイツ語の発音を吹きこんだレコードによって次のような興味ある研究を行った[3]．すなわち，一枚のレコード板に現われるあらゆる母音の長さを測定し，その長さ(単位 1/100 秒)を横に，現われる回数を縦に示すと図1となる．

この図においては，ドイツ語の母音が短母音と長母音との二つの群にわかれるという事実と関係のあるらしい何らの特徴も認められない．しかるに，短母音と長母音とを区別して統計表を作ってみると，図2に見られるような曲線が得られた．この図によれば，短母音も長母音も，だいたい長さの平均値に近いものほど頻度数が大きく，それから遠ざかるにつれてほぼ対称的曲線をえがいて減ずること，長母音の平均の長さは短母音のそれの二倍よりやや長いこと，分布の範囲は長母音の方が大きいこと，などがわかる．また，絶対的な長さが短母音より短い長母音がかなり多く現われることも注意される．これは，ドイツ語の短母音と長母音との区別が，絶対的な長さの差異としてではなく，相対

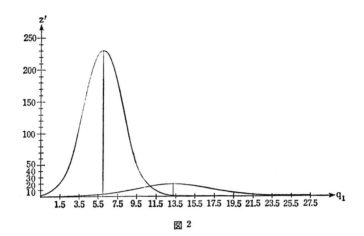

図 2

的な差異として存することを暗示するものである。これより類推すれば，上に述べた蒙古語の [o] と [ɔ] との区別も，音色の相対的な差異にもとづくものである蓋然性さえある。Heffner はアメリカ英語の母音の長さについて，次のような測定結果を報告している[4]。単位は 1/100 秒．行の最初に示された子音の前における母音の長さが測定された。

[p]: 14 ɪ, ʊ; 16 ʌ, ɛ; 18 u; 19 i; 20 ɑ; 21 æ, ɚ, o; 23 ɑɪ, e; 25 ɔ; *[1])ɑʊ.

[b]: 19 ɪ, ʌ; 22 ɛ; 25 ɑ, u, ɚ; 26 æ; 28 ɔ, e; *[1])ʊ, i, o, ɑɪ, ɑʊ.

[t]: 15 ɪ, ʊ; 17 ʌ; 18 ɛ, ɑ; 21 æ, i; 22 ɔ; 23 u, ɚ, e; 24 ɑɪ; 25 o; 27 ɑʊ.

[d]: 20 ɪ, ʊ, ʌ; 22 ɛ; 26 ɑ; 28 i; 29 u, ɚ; 30 e, o; 31 æ; 32 ɔ, ɑɪ; 33 ɑʊ.

[k]: 14 ɪ; 16 ʊ, ʌ; 17 ɛ; 20 i; 21 ɚ; 22 ɑ, e; 23 æ, o, u; 25 ɔ, ɑɪ, ɑʊ.

[g]: 22 ɪ, ʌ; 24 ɛ; 26 æ; 28 o, ɚ; 29 e; 30 ɔ; *[1])ʊ, ɑ, i, u, ɑɪ, ɑʊ

以上の母音のうち，[ɪ, ɛ, æ, ɑ, ʌ, ʊ] の六つは短母音とされるものであり，[i, e, ɑɪ, ɑʊ, ɔ, o, u, ɚ] の八つは長母音または二重母音とされるものである。絶対的な長さのみを比較すると，長母音の [i] [u] [ɚ] が短母音の [æ] [ɑ] よりも短い場合があることが確認される。しかるに，G. L. Trager と B. Bloch はこれらの母音を音韻論的に次のように解釈している[5]。

---

*[1]) 印は測定の行われなかったことを示す。

ɪ　/i/　　　i　/ij/
ɛ　/e/　　　e　/ej/
æ　/a/　　 {ɑɪ　/aj/
　　　　　 {ɑu　/aw/
ɑ　/o/　　　ɔ　/oh/
ʌ　/ə/　　 {o　/əw/
　　　　　 {ɚ　/əhr/
ʊ　/u/　　　u　/uw/

この解釈にしたがえば，[i] [u] はそれぞれ [ɪ] [ʊ] と比較すべきであり，[ɚ] は [æ] とではなく [ʌ] と比較すべきものと考えられる．実際に比較してみると，

　　ɪ　<　i
　　ɛ　<　e
　　æ　<　ɑɪ, ɑʊ
　　ɑ　<　ɔ
　　ʌ　<　o, ɚ
　　ʊ　<　u

という関係が確認されて，母音の長短の区別が客観的事実としても存在することが明らかとなる[6]．言語音がこのような相対的関係にもとづく性質をも有するとすれば(そしておそらくそうであろうが)，音響記録装置がいかに精密になろうとも，それを分析する方法がいかに発達しようとも，ある音声の記録を，それがいかなる単語あるいは単語連結の音韻(あるいはその一部分)に該当するかということとは無関係に，客観的に研究するならば，その本質を明らかになし得ないことは明瞭である．

§3　自然科学でない音声学の存在理由

一般に自然科学においては，対象そのもののみを観察することにより研究を進めることができると思うが，音声学においては，上述の如く音声すなわち音波そのもののみを観察したのでは誤った結論に達することがある．ある言語の話し手の音声を研究する場合には，その言語の話し手たちがその音声をいかな

る音であると認めているか，ということを考慮にいれつつ研究しなければならない．研究者がその言語の話し手である場合には，その認知は容易であるから，この点に関してほとんどなんらの反省も起らないのが普通である．しかし，外国語の音声学的研究に従事する者は，その言語に関する知識なしでは満足に研究をなしとげることができない．言葉をかえていえば，ある言語の音声を音声学的に研究するには，話し手から切り離して音声のみを研究したのでは不可であって，常に話し手との関連において研究しなければならない．この故に，音声の物理学的研究のほかに，自然科学とは著しく異る音声学が存在理由を有するのである．一般に人間の行動を研究する科学において，その行動から結果した事物を研究するに当り，それらと人間との関係を常に考慮におかなければならないことは，著しい事実である．

§4 音声器官の運動の研究，音韻論と音声学

我々が言語行動を営み音声を発する際には，音声器官を運動させる．音声器官の運動が異れば，それによって生ずる音波も異るのは当然であり，したがって同一個人の発する音声にオトとしての差異があれば，音声器官の運動にも差異があったと考えられる．故にこの運動を観察研究することは，言語音声そのものの研究にも極めて大切である．

音声器官の運動の研究には，二つの方向があり得る．一つは，我々の音声器官がいかに運動するか，それはいかに運動させ得るか，という点を研究することであり，他は，我々が音声言語行動を営むに際し音声器官をいかに運動させるか，という点を研究することである．前者は純粋に生理学的な研究であって，音声器官の運動の一般法則を研究する．我々が談話などをなす場合の音声器官の運動も，この一般法則からはずれることはあり得ない．後者は，発音運動，すなわち言語音声を発する運動，いいかえれば，音声器官の社会習慣的型にはまった運動の研究である．

言語音声とは関係のない音声器官の運動の研究は音声学ではない．たとえば，舌は音声器官の一つであるが，物を食べるときの舌の運動の研究は音声学以外に属すると認めることに異存はないであろう．また音声器官の一般にオトを出す運動の研究全体も，音声学とはいえないであろう．たとえば，唾や痰を吐く

運動の研究は音声学の中に含まれないといってよいのではないか．そうすると，音声学は主として発音運動の研究ということになる．

発音運動の研究に密接な関係をもつ学問には，音声学の外に音韻論*1)がある．音韻論はある言語の話し手たちの発音運動における社会習慣的型が全体としていかなる体系を有し，個々の型相互間の関係はどのようであるかを研究する．一般に，いかなる言語においても，発音運動のこの種の型は，極めて均斉的な体系をなすことが，ますます明らかとなりつつある．人間の脳髄の構造は極めて体系的であるというが，発音運動のこの特徴はそれと関係のあるものであるかもしれない．

音声学はこれに反し，人間はいかに発音運動を行うかを研究して，その中に一般法則を発見しようとする．それには，実際に行われている発音運動を観察するほかに，我々が社会習慣的型から離れて音声器官をいかに運動させることができるか，そしていかなるオトを発することができるか，をも併せ考察する方が有利である．音声器官のオトを出す運動一般を体系的に記述することは極めて困難であるが，発音運動の研究から出発してその一般法則の把握に向うときは，音声言語行動一般を対象とする言語学の分野にとっても非常に有用な科学を組織立てることができる．そして，それが音声学の少なくとも重要な部分をなすものである．

§5 音声生理学的に？　音響学的に？

我々が聞きわけ得る音声的差異に該当する音声器官の運動の差異を見出すことは極めて容易であった．しかも，それに該当する音声器官のはたらきの差異によって言語音を分類すると，音響の研究のみによっては得られない明瞭な体系を得ることが明らかとなったので，19世紀の半ば頃以来，この方面の研究は長足の進歩をとげた．一時は音声学すなわち音声生理学*2)といわれたほどである．現在でもこの傾向はかなり著しく残っている．Jespersen(7)は1904年に次のようにいっている．「一つの母音はいろいろの「状態」《Zustandsformen》で

---

*1) oñinron; エ phonemics, phonology; ド die Phonologie; フ la phonologie; ロ фонология.

*2) ド die Lautphysiologie.

現われ得る．すなわち，歌った母音，話した母音，ささやいた母音，[h] の声門で発音した母音，息の母音［彼の非字母的記号によれば，以上の母音の声門の調音はそれぞれ (ε1) (ε1) (εI) (ε2) (ε3) で表わされる］として現われ得る．〚1〛子音についても同じことがいい得る．Hensen-Pipping の器械は，最初の二つの状態——それは一つ（有声の状態）にまとめて差支えないが——の研究には使用し得るが，他の状態の分析には役立たない．ということは，音響現象の中には何ら共通のものがないことを意味すると解釈できぬことはない．上に述べたように，[z]（[s] に対応する有声の形）が音響的には [s] によって生じた噪音と声とより成ると見なすことは許されない．また他の場所で論じたように，我々は普通の有声の [o] を，例えば，ささやかれた [o] によって生じた口むろの共鳴＋声，より成っていると見なす権利があるかどうか，少なくとも はなはだ疑問である(8)．それにもかかわらず，それらの音の極めて密接な関連に関して，我々は何の疑いももっていない．すなわち，歌った [o]，話した [o]，ささやいた [o]，[h] の声門で発音した [o]，息の [o] を，我々は，いろいろな状態における同じ母音として感じる．我々は，それらの単一性を直接認めるのであるから，それらが，水と氷と湯気とのように違ったものであるとは全然感じない．この再認識を条件づけるところの，共通な何ものかがそこにあるに違いないと思われる．口むろの方で共通なものは声帯より上のすべての器官の位置であるが，音波および耳の方で共通のものは何であろうか？　それを指摘し得た音響学者はなかったし，また——空気の振動にも耳の印象にも共通なものは恐らく全然ないであろう．」それから四十年以上もたった今日においても，事情はほとんど変っていないように見える(補注1)．Charles F. Hockett は次のように述べている(9)．「一例をあげれば，音声器官の繰返し現われる運動や位置にもとづいて作業すべきか，音響的意味における音声特色素にもとづいて作業すべきか？　可能ならば後者を選びたいものだが，この方向に多くの努力が払われたにもかかわらず，まだそれは実際的には不可能である．だから前者を選ぶが，高さや強め《pitch and stress》のような，透明なわずかの場合は，例外である——実際高さの術語は，声帯の振動数を基準とする遙かに面倒な調音的記述に対する便利な速記法《shorthand》として，用いるであろう．」本書においてもだいたいこれと同じような記述法をとるつもりであるが，それは，音響学的研

究や記述が不必要だという意味では決してない．ただし，言語音の音響学的研究に携わる人々も，本書に述べることぐらいは，十分諒解しているべきであることは，特に強調しておかなければならない．また，言語行動の音声的面という以上，発音の面のみならず聞きとりの面も含まれるわけであるが，後者の研究は音声学書に記述されるほど体系化されていない(165頁以下の補説参照)．

§6 主観的方法と客観的方法

音声学の観察(ならびに実験)方法に，いわゆる「主観的」(あるいは「聴覚的」)方法*1)と「客観的」(あるいは「実験的」あるいは「器械的」)方法*2)と二つあるとされる．

前者は，音声学者がよその方言や外国語の音声を観察するときに，相手にある一定の語句や単語を繰返し発音させて傾聴し，後に音声学者自身が相手と自分とを十分満足させる程度にそれに酷似した発音を試み，このようにして，それまで自分が全然知らなかった音までもほとんど完全に自由に発音できるようになった後に，いままでによく知っている類似の音と新しく知った音との音声器官のはたらきの違いを，自分の音声器官の感覚などによって確実に知る(それにはもちろん，あらかじめ音声器官のはたらきについての正確な知識を有しなければならない)．音の長さ・強さ・高さなども，同じようにして耳で観察する．この方法は，器械を用いない点で第二のものと異るので，外から相手(自分の場合は鏡にうつして)の音声器官のはたらきを目で観察することなどもその中に含まれるのが普通である．

第二の客観的方法とは人工口蓋*3)・喉頭鏡*4)・ストロボスコープ*5)・カイモグラフ*6)・蓄音器・レントゲン写真・オッシログラフ*7)・共鳴箱*8)，などの器械(10)により，瞬間的な発音運動や音声(すなわち音波)を，なんらかの固定的な

---

*1)　エ subjective or acoustic method.
*2)　エ objective, experimental or instrumental method.
*3)　エ artificial palate.
*4)　エ laryngoscope.
*5)　エ stroboscope.
*6)　エ kymograph.
*7)　エ oscillograph.
*8)　エ resonance chamber.

§6 主観的方法と客観的方法

形に記録して綿密に研究したり，あるいは実験的に観察したりする．こういう器械による研究は前世紀の末に Rousselot らによって phonétique expérimentale《実験音声学》と呼ばれたが[11]，Jespersen は，従来の主に「主観的方法」によっている音声学者でも決して実験そのものをやらなかったのではない，従来の研究方法と新しい研究方法との相違は，後者が器械を使う点にあるから，これは「実験音声学」ではなく Instrumentalphonetik《器械音声学》と呼ぶ方が適当であるといった[12]．

　この両研究法がおのおの自己の存在理由を主張するのは哲学的に見ても理由のあることである．人間以外の事物を観察する自然科学にあっては，我々の直接経験の「主観的部分」すなわち他人の観察できない部分を，でき得る限り捨象することによって，観察に成功する．しかるに，人間の行動を観察する科学にあっては，人間の一人である自分自身の行動を観察することもでき，その際の直接経験の「主観的部分」を完全に捨象することはかならずしも有利ではない．たとえば，音声学にあっては，観察者がある音声を自分自身の言語的習慣にしたがっていかなる音と認めるかということ，あるいは観察者自身がある音を発する際の筋肉感覚，などは捨象しない方が，いっそう正しい観察をなすことができる．故に被観察者の直接経験の「主観的部分」に関する報告でも，公共的なものは研究に利用する方がよい．すでに述べたように，音声を，その発音者とは全く無関係に自然現象として研究したのでは，その本質を明らかになし得ない．この故に，いわゆる「実験音声学者」が未知の言語の音声を研究するときには，しばしば誤りに陥るのである．したがって，「実験音声学者」でも上述の「主観的観察方法」を十分体得することが望ましい．いったい我々は言語的習慣の故に，聞きわけ得る音声の差異に注意しないようになっている．たとえば，基本母音の [e] と [ɛ] とを聞きわけることは極めて容易であるのに，日本語(東京方言など)にはそれに近い母音としては [ɛ̝]（「エ」）しかないために，[e][ɛ] ともに「エ」と聞いてしまう．すなわち [e] と [ɛ] の差異が聞きわけられない．音声学的訓練とは，耳を生理的にいっそう鋭敏にすることではなくて，「聴覚的観察方法」を体得して，注意すれば耳で聞きわけ得る音声的差異に注意しそれを確認し，できればそれを記憶する練習をすることである．これなくしては，外国語の音声の科学的記述は不可能である．また，そういう練習をす

ると，自国語(自分自身の言語)の今まで気づかなかった音声的差異に気づき，それを確認し得るようにもなる．そして，耳によって確認される音声的差異は，器械による客観的研究方法によってもその存在が確認されることが明らかとなり，逆に，そのような訓練のない実験音声学者の研究結果の誤りを指摘し得るようになるであろう．耳の感覚の鋭敏さ(もちろん言語的意味ではなく生理的意味における)の人種的差異が極めて小さいと予想される以上，我々は外国語における音声的差異のうち少なくとも音韻的相違に該当するもの，すなわちその言語では別の音と認められているものの差異は，音声学的訓練さえ受ければ，聴覚が正常である限り聞きわけ得るはずである．聴覚の鋭い人はさらに自国語ならびに外国語の非音韻的な音声的差異をも聞きわけ確認し得るようになり，それがそれらの言語の音韻論的考察の基礎となる．故に，音声学的訓練は音声言語のあらゆる研究者にとって重要であるといってよい．なお，実験音声学的研究では，拡大鏡，顕微鏡，高速度活動写真などを用い得るが，耳による音声観察においても，補聴器を使用すると観察の結果をいっそう確実にすることができる場合がある．

　しかしながら，耳の感覚の鋭敏さにも限度がある．たとえば，客観的測定によれば耳では聞きわけられない母音の長さの微妙な差異が明らかになる．また，音声器官でも唇や舌以外のものは鈍感であるから，それらの筋肉感覚のみに頼ることは危険である．音声学を科学として成長させるためには，やはり自然科学におけるような客観的研究方法をできるだけ発達させることが望ましい．「主観的方法」をできるだけ「客観的方法」によって置きかえるよう努力することが望ましい．この故に，「実験音声学的」研究方法の発達に大きい期待がかけられるのである．

§7　音声学の基礎的仮定

　同一と認められる音声は，同一個人にあっては同一と認められる調音運動によって生ずると考えられる．しかし，二人の個人が同一と認められる音声を発したとしても，その調音運動が同一と認められるものであったと直ちに断定することはできない．しかるに，音声学における音の調音運動の記述は，そのことを明言しているといないとに拘わらず，「同一と認められる音声は，一般に

同一と認められる調音運動によって生ずる」という仮定の上に立っている．これは音声器官ことに咽頭以上の部分の形および大きさが，各個人において各民族を通じてほぼ同じであることを仮定するのに等しい．この仮定に対しては疑問が生じ得る．すなわち，特に母音に関して次のようなことが問題となった．子供の口むろは大人の口むろよりよほど小さいと想像されたために互いに反対の二つの臆説が生まれた．第一は，Viëtor, Beckman, Lloyd らの説くところで，子供は大人と同じ母音を発する，子供は大人のように調音するが，その口むろは小さいので高いオトを生ずるから，一般に母音は一定の共鳴音によって特徴づけられるものではあり得ないという．第二の説は Pipping の代表するもので，子供は大人と同じ母音を発音する，母音は口むろにおける一定の共鳴音により特徴づけられる，子供は口むろが小さくて同じ調音で同じ共鳴音を出すことができないから，その音声器官は大人のとは違った位置をとるに違いない，故に母音の分類は調音器官の位置に基礎を置くことができない，というのである．Jespersen は，子供の口むろが大人のよりは遙かに小さいという点に疑いを抱き，解剖学書でこの疑問を解いてくれるものがないので，自ら3歳より17歳までの多数の子供の下顎の前後の長さ（正確には promontorium menti《頤岬》から angulus maxillae《下顎角》までの距離）を測定したところ，年齢に応じて多少は長くなるが子供と大人の間に予想されたような大きい差異のないことが明らかとなった．測定の結果は次頁の表に示す通りである．

次表において，男の大人と5歳の子供とを比較すると，平均値は前者が 99.5 mm，後者が 88.3 mm，大人の最大が 110 mm，最小が 90 mm，子供の最大が 90 mm，最小が 87 mm で，5歳の幼児で大人のと同じ長さ（即ち 90 mm）の下顎を有するものがある．また彼自身の子供の下顎を測定したところによると，生後数日では 45 mm，三カ月で 60 mm，十一カ月で 75 mm であった．かくして，子供が母音らしい母音を発し得るようになる頃には，その下顎は大人のそれに近く成長していることが明らかとなった．Jespersen は，舌は下顎よりもいっそう大人のそれに近く発達している可能性があり，大人と子供の口腔共鳴室の大きさの差は普通に想像されているよりは遙かに小さいことは確実であると結論している[13]．私自身も自分の子供らについて下顎の発達状況を測定調査したところ，Jespersen の説くところと大体一致することを明らかになし得

年齢(満)	男				女			
	被測定者数	平均	最大	最小	被測定者数	平均	最大	最小
3	—	—	—	—	2	71	72	70
4	—	—	—	—	6	75	78	72
5	3	88.3	90	87	3	73	74	72
6	21	83	96	76	4	81	82	80
7	30	82.8	92	72	2	79.5	81	78
8	32	82.8	95	72	8	83.7	90	80
9	36	87.6	97	80	7	83.9	88	80
10	44	84.3	96	76	9	83	86	80
11	37	87	102	74	6	84.2	90	78
12	23	89	98	77	15	85.5	96	80
13	33	90.3	100	80	11	87.3	95	77
14	34	93.2	106	85	14	88.9	93	82
15	15	92.7	101	90	10	91.2	100	85
16	8	90.1	103	84	—	—	—	—
17	7	95.1	103	85	—	—	—	—
大人	20	99.5	110	90	20	93	106	82

た[14]．Viëtor らや Pipping らが，子供の口むろは大人のそれより遙かに小さいとしていたことが独断であったことは明らかである．

しかしながら，平均していえば，子供の口むろの方が大人のそれよりも多少小さいことも明らかであり，一方，子供の母音と大人の母音との間にもわずかの音色の差異が認められると思う．この音声器官の差異と音声の差異との間になんらかの関係があるか，あればいかなるものであるかを研究する必要があると思う(補注2)．また人種による音声器官の大きさの差異と言語音声の差異との相関関係も研究さるべきである．我々日本人と欧米人の声はかなり異るが，その原因は声帯の振動のしかたのみではなく，声帯の長さ大きさの差異および口むろの大きさの差異にもあるのではないかと想像されるから，実地研究が望ましい．アメリカにおける第二世(第三世ならばいっそうよいが)の日本人の英語の音声とイギリス系米人のそれとの精密な比較研究の如きも興味ある研究題目である．さらに厳密にいえば，同じ最小言語集団に属する大人の間にも，その発する言語音声にはわずかの個人差が認められ，それらのうちには，音声器官

§7 音声学の基礎的仮定

の形や大きさの個人差と関係のある要素もある可能性はある.

しかしまた，大きく見れば，諸人種間の音声器官には，一般音声学で問題となるほど著しい差異があるとは認められていないようである．この点に関し，Jespersen は次のようにいっている[15]．「全人類に共通なものの中には，第一に生理的基礎がある．音声器官は本質的な点においては，全人種を通じて同じように形造られている．もちろん口蓋の彎曲度や，鼻むろの大小・形状等に見出されるわずかな相違は，なんらの重要性もないように思われる．このような解剖学的原因に帰し得る発話的特徴を一つなりと指摘することに成功した者はない．ヨーロッパ人を親に持つ子供でも，その幼少時代をグリーンランドのエスキモー人の間や，あるいは南アフリカのバントゥー人の間で過せば，グリーンランド語やズールー語を，ちょうど土着人同様に話すに至るということもまた，証せられている．黒人の厚い突出した唇から必然的に生ずるに違いない唇音の発音上の微妙な相違でさえ，何ら特別な言語的重要性を有しないようである．また一方では，装飾として一片の金属で下唇を突っ張っておく風習のため，その言語中にはfやvのような音を持つことのできない種族のことを，なるほど書物で読むこともある．これに反し，鼻に環を通す風習も，それになずむ人人が鼻音を発するさまたげとはならないで，こういう風習によって魅力を増すことを要しない我々と同様に完全にその発音ができる．ユダヤ人，あるいはアメリカ南部諸州の黒人の発音の特定の特徴は，人種的特異点や，その発音器官の特定の形成にもとづいているという見解は確かに誤っている．こういう欠陥は，彼らが自分の周囲に話されている言葉を不完全に模倣するために生ずるものであることは疑いない．それは部分的には彼らの親たちの話す外国語の影響によるもので，その影響は彼らを通じて彼らの子供にまで及んでいる．これが事実であることは，人種上なんらの混淆もない場合でも，若い世代はその親たちの言葉から少しも影響を受けないで，その国の言語を模倣することに成功する事実を見ればわかる．こういう事実があればこそ，一般音声学という科学を立て，人間の音声が発せられる方法を説明し得ることになるのである．」このように Jespersen が述べている諸点について，さらに科学的に研究する必要がないというわけではないが，「同一と認められる音声は同一と認められる調音運動によって生ずる」という音声学の基礎的仮定は承認してよいと思われる．

この仮定は常に明らかな言葉で表明されているとは限らないが，音声学がそういう仮定の上に立つものであることは，十分諒解していなければならない．

註
(1) 〔1頁〕颯田琴次博士のお話による．
(2) 『音声学協会会報』第44号(1936年12月)の私の書評「小幡重一・豊島武彦『蒙古語の物理音声学的研究』を評す」を参照．
(3) 〔2頁〕*Proceedings of the 3rd International Congress of Phonetic Sciences*, Ghent, 1939(以下 *Proceedings III* と略称)，57頁以下参照．
(4) 〔3頁〕*LANGUAGE* 18, 228頁以下．
(5) *LANGUAGE* 17, 223頁以下．彼らの音韻論的解釈には，私は全面的には同意できない．/oh, ə, əw, əhr/ はそれぞれ /oə, ʌ, ʌw, ʌər/ に改むべきであると思う．しかしここに問題とする点に関して彼らの説を引用することは，不当ではない．
(6) 〔4頁〕もっとも，両者の区別は時間的長さの関係のみにあるのではないようである．Jespersen にしたがえば，それに続く子音との「つなぎ」は短母音においてかたく，長母音においてゆるい．また，単独に発音された [bæd] bad と [baid] bide とを比較すると，音調の降り方が前者において一層急なようである．
(7) 〔6頁〕Otto Jespersen: *Phonetische Grundfragen*, Leipzig & Berlin, 1904 (以下 *Grundfragen* と略称), § 107.
(8) 〔7頁〕1949年12月の文部省ローマ字調査審議会つづり方部会における田口㭧三郎博士の演述によると，同博士は有声の「イ」の formant が 4500 サイクルであることを実験的に確かめたという．これが有声の「イ」とささやかれた「イ」とに共通の要素である可能性があると思われる．
(9) *International Journal of American Linguistics* 13(1947年10月), 259頁．
(10) 〔8頁〕これらの器械のあるものについては，市河三喜博士編『英語学辞典』(研究社，昭和15年)に説明しておいた．
(11) 〔9頁〕L'abbé Rousselot: *Principes de phonétique expérimentale*, Paris, I 1897, II 1901(以下 *Principes* と略称)．
(12) *Grundfragen* § 124.
(13) 〔11頁〕*Grundfragen* § 88 以下．
(14) 〔12頁〕『金田一京助博士還暦記念論文集』中の拙稿．
(15) 〔13頁〕Otto Jespersen: *Mankind, Nation and Individual from a Linguistic Point of View*, Oslo, 1925, 208頁以下．訳文は，須貝清一・真鍋義雄両氏共訳「改訂増補人類と言語」292頁により，それに多少の私見を加えて改めた．
【補注1】〔7頁〕ソナグラフによる実験によって，有声母音とそれを「ささやき」で発音したオトとの間には，音響としての特徴に類似点(完全な相関関係)のあることが明らかとなった．服部四郎・山本謙吾・小橋豊・藤村靖「日本語の母音」(『小林理学研究所報告』7巻1号，1957年), Fig. 3 参照．(大修館書店『日本の言語学 II』p. 70, f.)】
【補注2】〔12頁〕服部らの上記論文 Fig. 6 参照．(上記『日本の言語学 II』p. 79.)】

第2章 音声器官

§1 音声器官

言語音声を発する運動に参加する身体の部分を音声器官*1)という．肺臓・気管支・気管・喉頭・咽頭・口むろ・鼻むろ及びそれらに隣接する諸器官がそれである．それは音声学上の名称であって，解剖学上の名称ではない．

§2 肺臓

肺臓*2)は空気で満たされた左右二つの伸縮自在の袋のようなもので，横隔膜*3)の上にあり，心臓・食道などとともに胸腔を満たしている．無数の極めて小さい空気で満ちた肺胞から成り，そのおのおのは肺胞管に連なり，この管が多く集まって気管支梢となり，さらに左右二本の気管支となり，合して気管となって喉頭に連なる．肺臓の中の空気は呼吸運動*4)によって常に外気と交替しているが，空気を吸いこむ運動すなわち吸息*5)と，吐き出す運動すなわち呼息*6)とはかなり異った運動である．吸息は外肋間筋*7)の収縮により肋骨がもちあがって胸腔が前と左右に拡がり，横隔膜が収縮して胸腔が下に拡がるとともに，胸腔に常に一杯になっている肺臓の中の空気の圧力が低まり，体の外の空気が鼻むろ（・口むろ）・咽頭・喉頭・気管・気管支を通じて肺臓内に流れこむことによって営まれる．吸息は主としてこの二つの筋肉（すなわち，外肋間筋と横隔膜）の収縮によって成立する．これに反し，呼息は主としてこれらの筋

- *1) または「発音器官」；エ organs of speech；ド Sprachorgane(das)；フ organes de la parole(le)；ロ органы речи, органы произношения.
- *2) エ lungs；ド Lungen(die)；フ poumons(le)；ロ лёгкие(лёгкое).
- *3) ôkakumaku；エ diaphragm；ド das Zwerchfell；フ le diaphragme；ロ диафрагма.
- *4) エ respiration.
- *5) エ inspiration 或は inhalation.
- *6) エ expiration 或は exhalation.
- *7) エ external intercostal muscles.

肉がゆるんで胸腔がもとの形に戻ることによって起る．ただし，特に強い呼気を送り出す場合には，胸腔を収縮させるために内肋間筋(及び腹筋)が収縮するが，注意すべきは，横隔膜はその際受動的にゆるむのみであって，しばしば誤って記述されるように直接呼気を強くする運動は営まない．吸息はこのように筋肉の収縮によって営まれるので，ゆっくりと長く続けることがそれほど容易ではないのに反し，呼息は諸筋肉のゆるみと肺の弾性とにより自然に起るので，呼気の流れ出し口の調節さえ適当であれば，ほとんど労力なくしてゆっくり長く続けることができる．言語音声はそのほとんどすべてが音声器官内における空気の流れにもとづいて生ずるが，この空気の流れを生ぜしめる最も有力な器官は肺臓である．肺臓そのものでは音声は生じないけれども，肺臓から流れ出る呼気に他の音声器官が作用することにより最も容易にしかも連続的に音声を発することができるので，言語音声は例外的な場合を除き呼気によって発せられる．

§2.1 吸気による発音 吸気による発音は稀であるが，日本語では，急いだ場合や静かに落ちついてしかも弱々しく話すときなどに，発話の一部分が吸気で発せられることがある．また，日本人の間には，丁寧にお辞儀をした後に吸気の長い [s:::] を発音しながら元の姿勢に戻る習慣がかなり広まっている．満洲ホロンバイルの蒙古人(新バルガ族)は，目下の者の長い話を聞きながらの応答として時々 [N:] (音調は平板的でやや高く，舌や唇は [ə] に近い位置をとる)を発し，数回に一回位の割合でその代りに吸気の [qχː] (或は [qʁ̞ː])を発する習慣がある．〚2〛 ヨーロッパでも yes(エ)，ja(ド)，oui(フ，疑わしい気持を表わす場合)のような間投詞が吸気で発せられることがあるという[(1)]．また，気持のよいとき，ことに飲食物に満足を覚えたときに吸気の [l̩] を発し，痛みを覚えたときに吸気の [f] を発するという[(1)]．スイスのある地方では若者たちが夜自分の声をわからなくするために吸気によってものをいう風習がある，と報ぜられている[(2)]．なお，注意すべきは，吸着音(舌打ちのオトなど)が吸気で発せられると記述されていることがあるが，それは誤りである(第6章§10参照)．

§3 気管支

気管支*1)は左右一対より成るが，気流を生ずる作用はなく，また正常の状態ではそれ自身が狭まって気流に作用することもないので，ここでは普通，言語音を生じない．SweetやPassyらによれば，アラビア語のḥすなわちḥā(無声音，Passyらの記号は[ʜ])および‛すなわち‛ain(有声音，Passyらの記号は[ɑ̯])は気管支内の呼気の通路を狭めることによって生ずる摩擦音であるという(例, [ʜalluf]《豚》, [ɑ̯ain]《眼》)が(3)，疑わしい．これらの子音は咽頭音であるとする説が有力である(第5章§6.2, 89頁参照).

§4 気　管

気管*2)は気管支と喉頭をつなぐ一本の管である．靱帯によって結合された多くの軟骨より成り，内壁は粘膜で蔽われている．自分自身ではその形を変えることができないので，ここでは言語音を生じないが，肺臓から送られる呼気の通路となり，長さの伸縮がきくので，その上端にある喉頭に上下運動の自由を与える．

§5 喉　頭

喉頭*3)は気管の上端，咽頭の下にあって，言語音声の重要な要素である「声」を出す声帯*4)をその中に有している．気管の最上端の軟骨上に位し，いわば喉頭の土台をなしている軟骨は，輪状軟骨*5)といい，やや指環に似た形をしているのでこの名がある．前方は幅が狭く後方は広い．その上に，もっとも大きい甲状軟骨*6)があって，二つの板状の部分から成り，両者は前方で結合

---

*1) bronkia; ギ βρόγχια; ラ bronchi; エ bronchia; ド Bronchien(die); フ bronches (la); ロ бронхи.

*2) trakêa, ギ τρᾱχεῖα; ラ trāchīa; エ trachea, windpipe; ド die Trachee, die Luftröhre; フ la trachée(-artère); ロ трахея, дыхательное горло.

*3) nodobotoke; ギ λάρυγξ; ラ larynx; エ larynx; ド der Kehlkopf; フ le larynx; ロ гортань(-и).

*4) エ vocal c(h)ords; ド Stimmbänder(das); フ cordes vocales(la); ロ голосовые связки.

*5) 前には「環状軟骨」といった．エ cricoid(あるいは ring) cartilage.

*6) エ thyroid(あるいは shield) cartilage.

してやや突き出た角(かど)をなし,この突起は成年男子において特に著しく,外からも容易に見え,俗に Adam's apple《喉仏》という.板状の部分は後方で広く開いており,この開いた部分へ輪状軟骨の幅の広い部分がはまりこんでいる.甲状軟骨はその後端に左右二つずつほぼ垂直に出た四つの角(つの)があり,二つは上に他の二つは下に出て,後者は輪状軟骨との間に関節をなしている.輪状軟骨の幅の広い部分の上縁に,左右一対の,底が三角形のピラミッド形をした小さい披裂軟骨*1)が関節によって接している.声帯の後端が附着しているこの軟骨は種々の運動をして,声帯を引き伸ばしたり,ゆるめたり,互いに離したり,近づけたりする.喉頭の前上方,甲状軟骨の上方にあるへらの形をした喉頭蓋軟骨*2)は喉頭蓋の支柱をなす.喉頭蓋*3)は発音運動にほとんど参加しないが,飲食に際して喉頭を蔽い飲食物の喉頭に入ることを防ぐ(ただし,正確にいえば,喉頭蓋が運動して喉頭を蔽うのではなく,喉頭自身がもち上って喉頭蓋に押しつけられるのである).これらの軟骨の中にある喉頭腔は全面粘膜に蔽われ複雑な形をしている.気管から喉頭へと行くにしたがい,輪状軟骨のあたりより左右から次第に狭まり始め,前後には拡がり気味となり,声帯に至って左右より最も狭くなる.声帯は水平に前後に張られた左右一対のひだで,披裂軟骨の運動と自身の筋肉の伸縮によっていろいろと形を変え,呼気(または吸気)が通る際に声やいろいろな噪音を発することができるが,休みの状態では部厚いひだの形をしている.(chord《絃》という名称はその作用に由来するもので,形はむしろ唇に似ているので,ドイツ語では Stimmlippen《声唇》と呼び,英語でも vocal lips ということがある.)前後の長さは成年男子では 20 mm くらい,女子や子供では 15 mm くらいである.両声帯間のすきまを声門裂といい,この関門を声門*4)という.声帯の上は直ちに深くくぼみモルガーニの室*5)を成している.その上はまた左右から狭まって二つのひだを成しており,形がやや声

---

*1) エ arytenoid(あるいは adjusting あるいは pyramid) cartilages.
*2) エ cartilage of epiglottis.
*3) 以前には「会厭(えん)」ともいった;エ epiglottis;ド der Kehldeckel;フ épiglotte(la);ロ надгортанник.
*4) エ glottis,ド die Glottis, die Stimmritze;フ la glotte;ロ голосовая щель(-и).
*5) エ ventricles or sacculi of Morgagni.

帯に似ているので仮声帯*1)と呼ばれる．仮声帯は声帯のように自由に形を変えることができず，その主な役目は声帯を保護してこれを潤った状態に保つことであると考えられていたが，声帯の調音運動にも多少補助的運動をなすことが明らかとなった．両仮声帯間の関門は仮声門*2)と称し，声門より広いので，喉頭鏡によって上の方すなわち咽頭の方から声帯を観察することができる．仮声帯の上は広くひろがり，喉頭蓋および咽頭へと続く．

§6 声　門

声門のうち，両声帯間の部分を声帯声門*3)といい，粘膜に薇われた披裂軟骨間の部分を軟骨声門*4)という．披裂軟骨は自由に運動して声門を開いたり閉じたりし声帯そのものの長さをも多少変えることができるが，その際，声帯声門と軟骨声門とはおのおの独立に開閉し得る状態にある．〖1, 1′〗

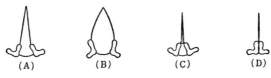

図 3

(A)図は喉頭の諸筋肉が休みの状態にある場合の声門の形状を示す．[f][s][ʃ][x]などのいわゆる無声子音の調音における(すなわち「息*5)」の場合の)声門の状態はこれに近い．呼気が特別に強くない限り，この状態の声門ではほとんどオトを発しない．(B)図は強い吸息，たとえば演説や独唱における中間的な短い音声休止で息を吸いこむ際の声門であって，短い時間内に多量の空気を吸いこむために，披裂軟骨が声門を大きく拡げている．(C)図は声帯声門が閉

---

*1) nise-seitai; 英 false vocal c(h)ords, ventricular bands《室皺襞》; 独 die falsche Stimmbänder, die Taschenbänder; 仏 cordes vocales supérieures(la); 露 ложные голосовые связки.

*2) 英 false glottis.

*3) 英 chord(あるいは ligamentous あるいは voice)glottis; 独 die Bänderglottis; 仏 la glotte ligamenteuse(あるいは interligamenteuse); 露 связочная щель.

*4) 英 cartilage(あるいは cartilaginous あるいは whispering)glottis; 独 die Knorpelglottis; 仏 la glotte intercartilagineuse(あるいは interaryténoïdale); 露 хрящевая щель.

*5) iki; 英 breath; 独 das Blasen; 仏 le souffle; 露 дыхание.

じて軟骨声門のみが開いている場合で，強い「ささやき*1)」(4)の際の声門の状態である．(D)図は声門が完全に閉じた場合，すなわち「声門閉鎖*2)」の状態を示す．軟骨声門が閉じて，声帯声門のわずかの隙間から呼気が流れ出る際に声帯を速かにかつ周期的に振動させると，「声*3)」という楽音を発する．[v][z][ʒ][ɣ]などのいわゆる有声子音及び有声母音の調音に際しては同時に声を生ずる(5)．声帯は，呼気の流れる方向すなわち上下に振動するのではなく，それとはむしろ直角の方向の運動すなわち開閉運動を営む．ただし，開く運動には同時に上方(呼気の流れる方向)への運動も多少加わる傾向がある．吸気の際には，声帯はそれとは逆のしかも速かな周期運動を営むことができないので，吸気による発話において声のかわりに現われるのは，著しく噪音の混じたオトである．声，ことに歌い声にはいろいろの種類があるが，「胸声*4)」と「頭声*5)」の二種に大別できる(六種の区別を認めた者もある)．学者によって多少説が異るが，前者においては声帯声門が全部開いており声帯全体が振動するのに対し，後者では軟骨声門と声帯声門の後部とが閉鎖し，声帯はその前部のみが振動するという．また後者は声帯のへりだけが振動するともいわれる(6)．胸声は倍音に富み，胸のあたりで振動が感ぜられ，発音者が椅子などにもたれている場合には椅子に触れて振動を感じ得ることがある．いわゆる「地声」は大体これに当る．頭声はこれに反し倍音が少なくかつ弱く，頭の辺だけで振動が感ぜられるような弱々しい感じを与える．「裏声」が普通これに当る．胸声は男子に，頭声は女子に多いが，同一個人でも高い声は頭声で，低い声は普通胸声で発する．頭声はまた falsetto(register)《仮声》ともいうが，後者は男子についていうことが多い．声帯の振動が楽音を発するほど速かでなく一回の振動ごとに生ずるオトが明らかに聞きわけられる程度になると，声帯のふるえ音とな

---

*1) エ whisper; ド das Flüstern; フ le chuchotement; ロ шопот.
*2) エ glottal stop; ド der Kehlkopfverschluss; フ occlusion laryngale(la); ロ гортанная смычка.
*3) koe; エ voice; ド die Stimme, der Stimmton; フ la voix; ロ голос, голосовой тон.
*4) munagoe; エ chest register, chest voice; ド die Bruststimme; フ la voix de poitrine; ロ грудной регистр.
*5) kasiragoe; エ head register, head voice; ド die Kopfstimme; フ la voix de fausset; ロ головной регистр.

§6 声門

る．これには，声帯を極度に弛緩させて，自分の出し得る最低音よりさらに低い声を出そうとすると生ずるものと，声帯を緊張させて生ずるものとある．〖1. ⇨3., 4.〗 発話の中のごく弱く発音された部分などに現われる「つぶやき声[*1)]」は，弱い低い声に声帯における摩擦音の加わるもので，弱く発せられる声帯のふるえ音に近づくこともある．これは多分喉頭の調音が普通の声の場合よりは弛緩しているためで，Czermak が初めて観察したように軟骨声門の開いている場合も少なくないであろう．[h]（たとえば日本語の「へ」[he] の子音）の喉頭調音については学者の説が一致していない．声門の開き方が「息」の子音 [f] [s] などよりは狭く声門で摩擦音が生ずるとする者（Jespersen の「非字母的記号」では「息」の声門の開きを ε3 で，[h] のそれを ε2 で，「声」のそれを ε1 で，「ささやき」のそれを εI で，声門閉鎖を ε0 で表わす），声門の開き方が [f] [s] と同じだとする者，同じだが [f] [s] よりは呼気が強いとする者，あるいは開放状態より声のための狭めへと移行するという者，などがある．しかし，国語によって [h] の喉頭調音が多少異る可能性が多い．弱い「ささやき」の喉頭調音は，上に示した強いささやきの場合とは異り，声門全体が狭い狭めを形成しているとも説かれる．いわゆる有声の 'h' [ɦ] は，声帯間の隙間が声の場合よりは広く，声帯は声の場合のような振動を不完全に営みつつ，両声帯間から漏れる呼気がここで摩擦音を発するものといわれ，また，声帯は声の場合のように振動するが軟骨声門が強いささやきの場合のように開いているともいわれるが，前者のような場合の方が多いであろう．日本語の h は普通，無声であるが，母音間（あるいは「ン」の後でも）にはしばしば有声の [ɦ] が現われる．たとえば，[hendʒi]（返事），[goɦendʒi]（御返事）．ことに [goɦaN]（御飯）ではほとんど常に有声の [ɦ] が現われ，しかもその摩擦音がしばしば弱まって [goaN] に近くなることがある．タタール語には [h] がなく [ɦ] のみがある．[ɦær]《各々の》．チェック語・アラビア語・ウクライナ語も有声の [ɦ] があって無声の [h] はないという．しかしこれらの諸言語はいずれも [x] ないし [χ] を有する．〖3〗

声門閉鎖を形成した声門の下の気圧が，肺臓の収縮（あるいは喉頭自身の低下など）により，その上の気圧より高くなると，呼気が急に声門を押しわけて

[*1)] ド die Murmelstimme.

流出し，声門破裂音*1)([ʔ]で表わす)を生ずることがある．咳の場合には特に強い声門破裂音が聞える．声門の下の気圧が上のそれより低くなる場合には，吸気の声門破裂音が生じ得る．声門が急に閉鎖して，流れ出しつつある呼気を急に遮断すると声門内破音(やはり[ʔ]で表わす)を生ずる．吸気を急に遮断することによっても声門内破音は生ずる．

　言語によっては，語頭(あるいは形態素《morpheme》の頭)の母音が声門破裂音[ʔ]で始まるものがある．ドイツ語はこの特徴を有するので有名である．たとえば，[ˈdiːzə ˈʔaltə ˈʔaiçə] diese alte Eiche, [ʔerˈʔinəruŋ] Erinnerung. 琉球語(首里・那覇方言など)では[ʔi]と[ji], [ʔu]と[wu]などが音韻的に区別されている．[ʔiːtʃi]《息》，[jiː]《絵》；[ʔuːbi]《帯》，[wuːki]《桶》．《4. ⇨1., 2.》 母音間にも[ʔ]が現われる．[taːʔiju]《鮒》．タタール語(カザン方言など)には[tæʔæssif]《残念》のように母音間や[mæsʔælæ]《問題》のように子音の後に声門破裂音の現われる例がある．《4. ⇨3.》 Sweet は呼気段落の頭の母音における声の始め方を 'gradual beginning'《ゆるやかな声立て》と 'clear beginning'《はっきりした声立て》と《5》にわけ，前者は，声門が息の状態から次第に狭められて声が発せられるに至るもので，英語その他の諸国語に普通に見られる声立て，後者は，声門がすっかり声のための位置をとってから呼気が送られて，急に声が始まるもので，ドイツ語の母音の声立てがそれであるとし，両者ともに強めが母音において始まるが，その入りわたりが強められると，前者においては母音の前に[h]を生じ，後者においては[ʔ]が生ずるとしている(7)．日本語(東京方言など)の声立てはむしろはっきりした方だが，ドイツ語や琉球語のように強い[ʔ]が普通聞えない．母音の声とめ《ending》にも，ゆるやかなのとはっきりしたのとある．日本語には両者ともに現われるが，「あッ」[aʔ]というときには特に強い声門内破音で止められる．南シナの方言には声門内破音[ʔ]で終る「入声」(四声の一種)のあるものがある．デンマーク語の stød は声門内破音のようである．[deˑʔl] del《部分》，[alʔ] al《すべて》(8)．《6》

　声門閉鎖を形成した喉頭は，それ自身が上下運動して，わずかながらも空気の流れを生ぜしめることができる．ことに，それより外のいずれかの部分(た

---

*1)　㋑ glottal explosive, glottal catch；㋣ der Kehlkopfexplosivlaut；㋺ le coup de glotte；㋺ гортанный взрыв.

とえば口蓋帆と咽頭壁との間および両唇の間)によって空気が外界と遮断されている場合には，その上下運動によって，この密閉された空気の気圧を大きくしたりあるいは小さくしたりすることによって，音声を発する原動力をつくることができる．

§7 咽　頭

咽頭*1)は，喉頭の上に位し，喉頭蓋によってそれとの間を限られ，舌根*2)と咽頭壁*3)との間にある空間である．ここには活発に運動する器官はないけれども，舌根が咽頭壁に向って狭めを形成したり，閉鎖を形成したりすることは不可能ではない．咽頭はまた左右からもその幅を多少ちぢめることができる．その空洞の形は母音によっていろいろ異り，この共鳴室の形の変化は母音の音色に影響を与える．声門が閉鎖し，(食道の入口が閉じ，)口蓋帆がもち上って咽頭壁に接して鼻むろへの通路を遮断し，後舌面がもち上って軟口蓋に接し口むろへの通路を遮断すると，咽頭は完全に閉じられた空間を形成する．ここに閉じこめられた空気は，喉頭の上下運動，舌の前後運動などによって，その圧力が増減し，音声を発する原動力となり得る．

§8 食　道

食道*4)はそれ自身ひろがったりちぢまったりするので，気流を生ぜしめることができるが，言語音声を発するための運動には普通参加しない．おくび(噫)は，食道内の空気がその入口をなす関門を押しあけて咽頭へ流れ出るときに出るオトで，この関門で破裂音が生ずると同時にそれがふるえるのが普通である．言語音声を発するときには，この関門は普通閉じているが，開いていて音声の音色にわずかではあるが影響を与えることもある[9]．

---

*1)　intô, nodoguci; ギ φάρυγξ; ラ pharynx; エ pharynx; ド der Rachen; フ le pharynx; ロ зев.

*2)　sita-no-ne; エ root of tongue; ド die Zungenwurzel; フ la racine de la langue; ロ корень языка.

*3)　intô-kabe; エ pharyngal wall; ド die Rachenwand; フ la paroi du pharynx; ロ стенка зева.

*4)　i-no-kuda; エ esophagus(oesophagus), gullet; ド die Speiseröhre; フ œsophage (le); ロ пищевод.

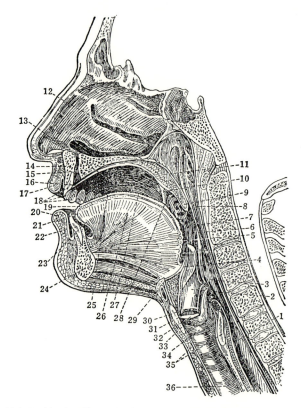

図 4 (1)食道 (2)上部喉頭腔 (3)と(6)を併せて咽頭 (4)喉頭蓋 (5)舌根 (7)右咽頭口蓋弓 (8)咽頭壁 (9)口蓋垂 (10)舌口蓋弓 (11)軟口蓋(口蓋帆) (12)鼻むろ (13)口むろ (14)上顎 (15)硬口蓋 (16)上歯茎 (17)上唇 (18)上歯 (19)舌端 (20)下唇 (21)舌尖 (22)下歯 (23)舌の裏面 (24)下顎 (25)前舌面 (26)舌 (27)中舌面 (28)奥舌面 (29)舌骨 (30)右仮声帯 (31)モルガーニの室 (32)右声帯 (33)甲状軟骨 (34)下部喉頭腔 (35)輪状軟骨 (36)気管

§9 口むろ

口むろ*1)は, 咽頭の前の方にあり, 両唇によって外界との間を限られ, 口蓋帆によって鼻むろへの通路(すなわち後鼻孔)を遮断され得る. その天井をなす

---

*1) kucimuro, 解剖学では「口腔」; エ oral(あるいは buccal)cavity; ド der Mundraum; フ la cavité buccale; ロ полость рта.

§9 口 む ろ

部分を口蓋*1)という．口蓋の前半部は硬く後半部は軟かい．人さし指を上の前歯の歯茎(解剖学名は「切歯の歯肉」)にあてがい，口蓋の正中線(左右の中線)に沿って次第に後方へすべらせると，ある点にいたって急に口蓋が軟かくなるのを確かめることができる．口蓋の硬い前半部は，骨を粘膜が蔽った部分で，左右と前が歯茎によって限られており，深い凹形をなしていて，形を変えることができない．これを硬口蓋*2)という．後半部は筋組織の上を粘膜が蔽ったもので軟かく，上下に多少運動することができ，下へさがっているときには，その後に咽頭と鼻むろとをつなぐ通路が開いているが，上へもち上ると，その後上の表面と咽頭壁との間で鼻むろへの通路を完全に閉鎖することができる．この軟かい後半部を軟口蓋*3)という．また，その動き得る点に目をつけて，これ(ことに後の方のよく動く部分)を口蓋帆*4)ともいう．その後縁の中央部に小さい突起状の口蓋垂*5)が垂れていて，口をあければ容易に見える．硬口蓋と軟口蓋との接する口蓋の最も高い部分のあたりを高口蓋*6)ということがあるが，解剖学名ではない．音声学で歯茎*7)というのは，普通上の前歯の内側の歯茎のことであり，歯あるいは前歯*8)といって上の前歯を指すことが多い．歯茎とは，舌に向って凸形をなしている部分でその頂を境にして前部(エ gums, ド das Zahnfleisch は普通この部分を指す)と後部とにわける．歯は，さきと裏とを区別する．

　Jespersen は，口むろの上側の諸部分に対して，非字母的記号として次のようなローマ字を当てている．

---

*1) kôgai; エ palate; ド der Gaumen; フ le palais; ロ нёбо.

*2) kata-kôgai; エ hard palate あるいは front palate; ド harter Gaumen; フ le palais dur; ロ твёрдое нёбо.

*3) yawa-kôgai; エ soft palate あるいは back palate; ド weicher Gaumen; フ le palais mou; ロ мягкое нёбо.

*4) kôgaihan; エ velum; ド das Gaumensegel; フ le voile du palais; ロ нёбная занавеска.

*5) nodohiko, 以前には「懸雍垂(けんよう)」といった; エ uvula; ド das Zäpfchen; フ la luette; ロ язычок.

*6) taka-kôgai; ド der Hochgaumen.

*7) haguki, 解剖学では「歯肉」; エ teeth-ridge, arch-rim, alveolar arch, alveoli; ド der Zahnfortsatz, der Zahndamm, die Alveolen; フ gencives(la); ロ дёсны(десна).

*8) ha あるいは maeba, 解剖学では「切歯」; エ teeth, front teeth; ド Zähne(der), die Vorderzähne; フ dents(incisives, la); ロ зубы(зуб).

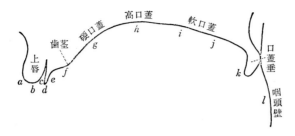

図 5

　下顎*1)は前後左右にも多少運動するが，上下に大きく開閉運動を行い，唇や舌の運動とともに，口むろの容積を大きくしたり小さくしたりする。舌*2)は下顎の上に附着した大きな筋肉のかたまりより成り，自由に形を変えたり運動したりして，多くの言語音声の調音にあずかる重要な音声器官である。舌を前に長くのばした場合に，その尖端になる部分を舌尖*3)といい，それより下の舌の裏側の部分を裏面*4)といい，舌尖のすぐ後の舌の上面を舌端*5)という。舌端は，舌が休み状態にある時にだいたい上の前歯の歯茎に対している部分である。同様に，硬口蓋に対している部分を前舌面*6)といい，軟口蓋に対している部分を奥舌面*7)という。両者の中間部すなわち高口蓋に対している部分を中舌面*8)ということがある。咽頭壁に向っている舌のもっとも奥の部分を舌根という。舌が扁平な形をしているとき，その上下両面の接する縁から舌尖・舌端を除いた

---

*1)　sitaago; エ lower jaw; ド der Unterkiefer; フ la mâchoire inférieure; ロ нижняя челюсть(-и).
*2)　sita; エ tongue; ド die Zunge; フ la langue; ロ язык.
*3)　sita-saki; エ point あるいは tip; ド die Zungenspitze; フ la pointe de la langue; ロ кончик языка.
*4)　ura あるいは「下面」; エ lower blade; ド die Unterfläche der Zunge; フ la face inférieure de la langue; ロ нижняя спинка языка.
*5)　sita-hazi; エ blade; ド das Zungenblatt; フ la couronne, la face supérieure de la langue; ロ передний край языка.
*6)　maezitamen; エ front of tongue; ド die Vorderzunge; フ le milieu ou le dos antérieur de la langue; ロ передняя спинка языка.
*7)　okuzitamen または「後舌面」; エ back of tongue; ド die Hinterzunge; フ le fond ou le dos postérieur de la langue; ロ задняя спинка языка.
*8)　nakazitamen; ド die Mittelzunge; ロ средняя спинка языка.

§10 鼻むろ

部分，すなわち，概略前歯以外の歯に対している部分を舌縁*1)という．音声学において，舌の各部分にこのようないろいろの名称を与えるのは，舌が音声器官として非常に重要な役割を果たすからである．唇*2)は一番外側にあって，それが閉じているときには口むろと外界とを遮断するが，下顎の協力によって，あるいはそれとは独立に，自由に上下左右に開閉し，前後にも運動することができ，口むろから外界への通路の形をさまざまに変化させる．

口むろの諸器官は，咽頭以下からくる呼気(あるいはそこへの吸気)に対していろいろに働いてオトを出すことができ，声を帯びた気流に対して共鳴室の役目も演ずるが，それ自身でも，オトの原動力となる気流を生ぜしめることができる(第6章§10)．また，鼻むろへ流れ出る(声を帯びた)気流に対しても，附加的共鳴室のはたらきをなす([m][n]などの場合)．

§10 鼻むろ

鼻むろ*3)は口蓋帆以上鼻孔*4)にいたる空洞をいう．中央に壁すなわち鼻中隔があって，左右二つの通路すなわち鼻道にわかれる．鼻孔は唇のように自由な運動ができず，鼻むろの中には舌のような運動をする器官がなく，鼻むろ自身も外から力を加えない限りそれ自身では形を変えない．口蓋帆が垂れ下っているときには，呼気はここへ流れ出し，特有の共鳴音を生じて，言語音声に特殊の音色を与える．しかし鼻むろ自身形を変えないので，ここで生ずる共鳴音は一様である．鼻むろは声帯で生じた声のエネルギーを小さくするはたらきもなすようで，同じ強さで発音された[i][u]の方が[m][n]よりもオトとしての強度が大きい．

§11 調音器官

吸気による発音や吸着音などの例外を除いて，言語音声は普通肺臓から送られる呼気に対して，喉頭以上の諸器官がいろいろの仕方で作用することによっ

---

*1) sitaberi; 工 rim of tongue; フ côtés de la langue(le); ロ боковые части языка.
*2) 工 lip(s); ド Lippen(die); フ lèvres(la); ロ губы(губа).
*3) hanamuro, 解剖学では「鼻腔」; 工 nasal cavity; ド der Nasenraum; フ la cavité nasale; ロ носовая полость(-и).
*4) hana-ana; 工 nostrils; ド Nasenlöcher(das); フ narines(la); ロ ноздри.

て発せられる．声門で生じた声あるいはいろいろな噪音に対して，声門以上の諸器官は共鳴室の作用をなしてその音色を変えたり，あるいはこれに噪音を加えたりし，声門をオトなく通った呼気に対しては，[k] や [s] などの場合のように，なんらかの噪音を発するようにはたらく．声門より上のすべての音声器官の，音声を発するためのこのような働きを調音*1)といい，声帯を除くそれより上のすべての音声器官を調音器官*2)という．（ドイツ語ではしばしば das Ansatzrohr《附属筒》という名称が用いられる．）ただし，呼気（あるいは吸気）に対し声帯が声を出したり，いろんな噪音を発したりするように働くことを喉頭調音*3)ということもある．また，例えば [p] における唇，[s] における歯茎のように，ことに子音に関して，それに特有の著しい噪音を発する場所を調音点*4)ということがある．それがかなり広い範囲にわたるときは調音域*5)という．母音においては，口むろ・咽頭（・鼻むろ）などの諸器官が，声帯で生ずる声に対して共鳴室を形作るのであるが，それにもかかわらず，[i] は [u] よりも調音点が前だ，というふうに言われることがある．この場合の調音点は，舌が口蓋に対して最も狭いせばめを形作る場所を，あるいは単に舌の位置を漠然と，指すに過ぎない．一方，言語音声を発するのには呼吸器官の調節も重要な役割を演ずるから，これをも含めて調音というべきだとの説もあるが，本書においては，声門より上の諸器官のはたらきのみを調音と呼ぶこととし，声帯のはたらきについては，特に喉頭調音という．調音と区別して，一般に言語音を発することを発音ということにする．

註
(1) [16頁] Paul Passy; *Petite phonétique comparée*, Leipzig & Berlin, 1922³(以下 *Petite phonétique* と略称), §266.
G. Noël-Armfield: *General Phonetics*, Cambridge, 1924³(以下 *General Phonetics* と略称), §134.
(2) Otto Jespersen: *Lehrbuch der Phonetik*, Leipzig und Berlin, 1926⁴(以下 *Lehr-*

---
*1) artikulation あるいは「分節」; エ articulation; ド die Artikulation; フ articulation(la); ロ артикуляция.
*2) エ articulatory organs.
*3) ド die Kehlkopfartikulation.
*4) エ point of articulation.
*5) エ region of articulation.

buch と略称), §7.6.
(3) [17頁] Henry Sweet: *A Primer of Phonetics*, Oxford, 1906³(以下 *Primer* と略称), §31.
Petite phonétique §225.
(4) [20頁]「ささやき声で話す」場合には，声門が終始この形をとっているのではなく，「声」の構えの代りに「ささやき」の構えが現われるに過ぎない．ささやき声で発音した [ga](蛾) と [ka](蚊) とがはっきり違っているのはこのためである．すなわち，前者は [g] の始めから [a] の終りまで有声であるから，ささやき声で発音した場合にも [g] の始めから [a] の終りまで声門は「ささやき」の状態にある．これに反し，ささやき声で発音された [ka] では，声門は [k] の持続部において「息」の構えをとっており，その破裂にややおくれて [a] において「ささやき」の構えをとる．概略的にいえば，「ささやき声」では有声音の代りにささやき音が現われ，他はそのまま残るのである．〚7〛
(5) ある音が有声であるか無声であるかは，器械実験によれば明確にわかるが，次のような簡単な方法によっても確かめることができる．ある音を長く発しながら，指さきで喉仏にさわると，有声音では声帯の振動を感じ，無声音では感じない．また，同様にして，両手で両耳を蔽うと，有声音では声の大きなオトが聞えるが無声音では聞えない．このような方法で，[s:](「ス」の子音だけを長く引っ張る．「スー」と発音すると短い [s] の後に長い母音が続くから不可) が無声であり，[m:](両唇を閉じたまま発音する)，[i:](すなわち「イー」)，[e:] などが有声であることを確かめよ．同様にして，[v:] が有声，[f:] が無声であることを確かめ，無声の [m̥:][i̥:][e̥:] を発することを試みよ．〚1'〛
(6) 田口㳝三郎博士の説によれば，「肺臓内の空気が声門を通って適当な形の噴流となり，ここに音響学上の共鳴器，すなわち声腔(口腔と鼻腔とを合せていう)が存在する時は声となる．声帯が開閉してこの噴流を断続すれば地声(あるいは胸声)をつくり，声帯がまさに触れんとする附近で振動すれば裏声(あるいは頭声)となる」という(文部省ローマ字調査審議会つづり方部会における演述．1949年12月)．
(7) [22頁] *Primer* §117 以下．
(8) *Lehrbuch* §6.22.
(9) [23頁] Kenneth L. Pike: *Phonetics*, London, 1944, 130頁．

第3章 単　　音

§1 オ　ト

音声器官のはたらきによって生ずる言語音声は，音響すなわちオトの一種である．故に，その物理的性質は，物理学の一部門をなす音響学[*1)]の法則によって説明できるはずである．

オトは我々が聴覚器官によって知覚する空気の振動である．なんらかの物体の運動が，それをとりまく空気を振動させ，その振動が四周にひろまる様子が，池の中に投げこまれた石がその水面に波をおこし，それがまわりにひろがる様子に似ているので，この空気の振動をしばしば波になぞらえ，空気の波動とか音波とかいう言葉を用いるが，オトにおける空気の振動と，波における水の振動とは，次の点で異る．波においては，水の粒子の振動が波の進む方向に対して垂直の方向におこるが，オトにおいては，空気の粒子の振動がオトのひろまる方向と同じ方向におこる．すなわち，水面の波は高低波であり，オトはいわば粗密波である．また，波は平面上にひろまるが，オトは立体的にひろまる．しかし，オトにおける振動を図に示すには，空気の粒子の運動距離を縦軸に，時間を横軸にとり，波形の曲線を以てするのが普通であり，それが便利である．

§2　楽音と噪音

音響学ではオトを大別して楽音[*2)]と噪音[*3)(1)]の二種とする．楽音とは，笛・オルガン・ピアノなどの楽器のネの如きがそれで，噪音とは，障子やドアをしめるオト，のこぎりをひくオト，釘を打つオト，などがそれである．

[*1)]　エ acoustics; ド die Akustik; フ acoustique (la); ロ акустика.
[*2)]　gakuon; エ musical sound.
[*3)]　sôon; エ noise.

§2 楽音と噪音

楽音は単純音*1)と複合音*2)の二つにわける．単純音とは音叉のオトのように最も単純な振動すなわち単絃運動によって生ずるオトであって，その振動は図6のような波形として示すことができる．すなわち，ここでは一定の規則正し

図6

い運動が，周期的に繰り返される．この振動の幅を振幅と言い，ほかの条件が一定であるとき，単純音の強さ*3)は振幅が大きいほど大きくなる．その高さ*4)は，1秒間の振動(すなわち，振動体が中心点からたとえば右へ振れて元へ戻りさらに左へ振れて元の中心点まで帰る間の運動)の回数すなわち振動数が大きいほど高くなる(2)．複合音とは単純音の複合したものであって，いくつかの単純音に分析することができ，それらの単純音をその複合音の部分音*5)という．部分音のうち振動数の最も小さいオトを基本音*6)といい，そのほかのオトを上音*7)という．上音の振動数は基本音の振動数の整数倍である場合とそうでない場合とあるが，整数倍である場合にはこれを倍音*8)という．基本音の高さが同じでも上音の数や高さ・強さが異る場合には，その複合音は波形(音波の形)を

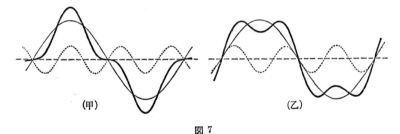

図7

*1) エ simple tone. 「純音」《エ pure tone》ともいう；ド der Ton.
*2) エ compound tone. 「成音」《ド der Klang》ともいう．
*3) または「強度」；エ intensity；ド die Intensität, die Stärke；フ intensité(la)；ロ интенсивность.
*4) エ pitch；ド die Höhe；フ la hauteur；ロ высота.
*5) または「分子音」；エ partial tone(s).
*6) または「基音」；エ fundamental tone.
*7) zyôon: エ overtone.「陪音」という人もある．
*8) baion あるいは調和倍音；エ harmonics.

異にし,「音色*1)が違う」という印象を与える.たとえば,ヴァイオリンのネと,笛のネとは,高さと強さが同じでも,音色が異る.「アー」「エー」「オー」などという母音はだいたいにおいて楽音であるが,同じ高さ・強さで発音してもはっきり区別できるのは音色が違うためである.部分音の数と種類とが同じでも,その組合せの位相が異ると複合音の波形は違ってくるが,音色には影響しない(図7参照.(甲)と(乙)は部分音の組合せの位相のみが異なる).楽音は,音響学的には,「音波の構成が周期的であり,振動数を正確に測定し得て,周期函数で表わし得るオト」と定義される.

噪音はこれに反し,「非周期的な構成要素を有し明確な振動数を認め得ないオト」のことである.ささやき声で「パ」といったときの破裂音,「ス」の子音だけ長く[s::]("スー"に非ず)と発音した場合のオト,などは噪音である.噪音の振動は不規則的非周期的であるけれども,やはりほぼ一定の音色・高さなどを有することがある.たとえば,「ス」の子音[s]と「シ」の子音[ʃ]とは音色を異にし,前者の方が高い.

§3 聴覚域とオトの聞きわけ

すべての空気の振動を我々はオトとして感ずるのではない.振動数の非常に小さいもの あるいは大きいもの,強度の非常に小さいもの あるいは大きいものは,オトとして感じない.図8はアメリカのベル電話研究所で100人の普通の聴力を有する人々について測定した結果[3]で,縦は強度(「バール」は1気圧の約100万分の1),横は振動数を示す.曲線(1)は聞え得る弱いオトの限界,

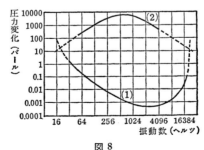

図8

---

*1) neiro; エ timbre; ド die Klangfarbe, die Timbre; フ le timbre; ロ тембр.

曲線(2)は聞え得る強いオトの限界である．聞きわけ得る高さの差も，オトの振動数によって異り，高いオトや低いオトでは耳は次第に鈍くなるが，振動数500ないし4000の範囲のオトに対しては鋭く，約0.3％の差があれば聞きわけ得る．これに反し，強さの差に対しては我々の耳は鈍く，最もよく聞きわけ得る範囲においても，一割以内の強さの差は聞きわけ得ず，ことに低いオトに対しては強さの差は極めて聞きわけにくい．言語では振動数90ないし10000のオトが利用されるが，言語音声のエネルギーの5分の4に相当するオトは振動数1000以下で，それより上のオトがいろいろの明瞭な音色を加える．だいたいにおいて，我々の耳が最もよく聞きわけ得る範囲のオトが言語音声として利用されているわけである．

§4 言語音声

　言語音声は楽音と噪音の組合せからできている．たとえば，[abara](肋) という発音は，概略的にいうと，最初の [a] で楽音が聞え，[b] において強い破裂的噪音，次の [a] で楽音，[r] で弱い破裂的噪音，最後の [a] で楽音が聞える．音声器官の運動を見ると，ちょうどこれに呼応して，最初の [a] では口が大きく開かれているが，[b] において両唇が閉じた後に破裂し，次の [a] でまた口が大きく開かれ，[r] において舌尖が歯茎に向って弾くような運動をすると同時に下顎も多少上にもち上り，最後の [a] においてまた元のように口が大きく開かれる．肺臓からは呼気が送り続けられ，声帯は始めから終りまで声を発するための振動を続ける．このように，音声器官特に調音器官が一定の位置をとったり一定の運動をしたりするときに，それに呼応して特定のオトを生ずる故に，音声学では音声器官特に調音器官の働きを重要視する．

§5 単 音

　[aba] と発音するときの音声器官の運動をさらに詳しく観察すると，最初の [a] が発せられるときには，下顎が大きく開き，両唇は上下左右に大きく開かれ，舌は扁平な形をとって口むろの容積を大きくし，口蓋帆は上へもち上って鼻むろへの通路をさえぎり，声帯は振動して声を出し続ける．ごく瞬時ではあるが，調音器官はこのような一定の位置をとり，声帯は一定の運動をつづけ，

肺臓からは呼気が送り続けられる．[b]においては，下顎が多少閉じ，両唇が瞬時閉鎖を形づくり，口むろに溜った空気の圧力が主なる力となってその閉鎖が破裂し，下顎と両唇が元の[a]の位置をとるとともに，すべての調音器官はまた瞬時[a]のための位置をとり，声帯は声を発する振動を続ける．[b]においては，舌と口蓋帆はほとんど積極的な運動を営まず，声帯の振動は多少弱まるにしても継続される．肺臓からは[aba]の発音全体を通じて呼気が送り続けられる．故に，[a:]（すなわち「アー」）という発音と[aba]という発音とを区別づけるものは，概略的にいって両唇の運動であるといえる．[aba]における両唇の運動を概略的に図示すると図9のようになる．すなわち，[a]において開いていた両唇が[b]の閉鎖へと閉じて行き，瞬時閉じていた後に破裂して，再び[a]のための位置をとる．

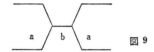
図9

　調音器官が一定の位置をとっているかあるいは一定の運動を繰り返している瞬間に生ずるオトは「単音」と呼ばれる．[aba]においては二つの[a]における楽音がそれであり，[b]の両唇が閉じている瞬間に聞える弱い声もそれである[(4)]．[ama]（すなわち「アマ」）の[m]においては，両唇が閉じ口蓋帆が垂れ下っている間に，[b]におけるよりも強く[a]よりも弱い声が聞え，[asa]（すなわち「アサ」）の[s]においては，舌端が歯茎の前部との間に狭めを形成し，口蓋帆が鼻むろへの通路をふさぎ，声門が呼気のために開放されているときに，舌端および前歯において鋭い摩擦的噪音を生ずる．それらの楽音や噪音は単音である．またロシヤ語の[rat] рад《うれしい》の[r]では，舌尖が歯茎に向って弾くようなふるえるような運動を繰り返しており，その間声帯は振動を続けている．ドイツ語の[Ra:t] Rat《忠告・意見》では，口蓋垂が奥舌面に向って同じようなふるえ運動を繰り返し，声帯が振動を続ける．故に，これらの単音[r][R]においては，楽音と噪音との混合が聞える．

　調音器官が一定の位置をとっている場合には，声帯のはたらきによって幾つかの単音が生じ得る．たとえば，[ha]（すなわち「ハ」）においては，調音器官は終始ほぼ同じ位置をとっているが，声門が[h]においては開いており（Jespersen の記号では ε2)，[a] においては声を発する振動を続けている (ε1)．そこで，[h] においては噪音，[a] においては楽音が聞え，そのおのおのは単音である．

§6 わたりと持続部

別の種類の二つの単音を連続して発するためには，必然的に調音器官あるいは声帯あるいは両者の運動がおこる．たとえば，上の [aba] においては，[a] から [b] へ移るのに両唇が急に閉じて行き，[b] から [a] へ移るには両唇が急に開く(破裂する)．調音器官(および声帯)のこのような運動，およびそれによって生ずるオトを「わたり」[*1)]という．そして，[aba] の例でいうと，[a] から [b] へのわたりは，[a] の「出わたり」[*2)]であり，同時に [b] の「入りわたり」[*3)]であるという．同様に [b] から次の [a] へのわたりは，[b] の出わたりであると同時に [a] の入りわたりである．これに対し，調音器官(あるいは調音器官と声帯)が一定の位置を保っている(あるいは一定の運動を繰り返している)瞬間をその単音の「持続部」[*4)]という．

§7 わたりのオトは口むろの空気の通路がより狭い単音に属する

§7.1 [sa] という発音では，単音 [s] の持続部で鋭い摩擦的噪音が聞え，[s] から [a] へのわたりでは著しいオトは聞えない．[ma] という発音では，単音 [m] の持続部で，[a] の場合よりは弱いがかなりはっきりした楽音(こえ)が聞え，[m] から [a] へわたる際に弱い破裂的噪音(以下には破裂音あるいは外破音[*5)]という)が生ずる．[ba] という発音では，単音 [b] の持続部で [m] の場合よりも弱い声が聞え，[b] から [a] へのわたりで強い破裂音を生ずる．[pa] という発音では，[p] の持続部では，すなわち両唇の閉鎖が保たれている間は，

---

*1) 英 glide; 独 das Gleiten, der Übergang; 仏 le son transitoire; 露 переходный звук.
*2) 英 off-glide; 独 der Abglitt, der Ausgang; 仏 la détente, métastase[(5)]; 露 отступ, рекурсия.
*3) 英 on-glide; 独 der Anglitt, der Eingang; 仏 la tension, arrivée(la), catastase[(5)]; 露 приступ, экскурсия.
*4) 英 retention; 独 die Haltung, die Stellung; 仏 la tenue; 露 выдержка.
*5) 仏 le bruit d'explosion.

なんらのオトも生じないが，両唇が破裂して [a] へわたるときに著しい破裂音を生ずる．[sa][ma][ba][pa] を比較すると，いずれにおいても，調音器官が瞬時ある一定の位置をとった(すなわち [s][m][b][p] の持続部)後に急速に [a] のための位置へと移り，さらに [a] のための位置を瞬時保つ，という点が共通である．[s] はだいたいその持続部における噪音によってそれと認められ，[m] はその持続部における楽音と出わたりの破裂音とによってそれと認められ，[b] は持続部におけるオトよりもむしろ出わたりの破裂音によってそれと認められると，概略的に言うことができる．しかるに，[p] は出わたりの破裂音のみによってそれと認められる，と言わなければならない．[p] の持続部がなければその破裂音は生じ得ないが，持続部そのものにおいてはなんらのオトも生じないから，持続部で生ずるオトを単音と定義すると，この [p] は単音ではないということになる．しかしそれは慣用に反する．

　[sa][ma][ba][pa] という発音における [a] を比較すると，いずれも持続部において楽音を生じ，それが著しく類似しているために概略的に同じ単音と認められるのであって，その入りわたりに聞えるオトの相違は単音 [a] とは関係のないもので，これらのオトはかえって [s][m][b][p] に属すると認められる(6)．すなわち，空気の通路がヨリ狭い単音([p] も仮りにその中に数えるならば)からそれのヨリ広い単音へわたる際のオトは前者の単音に属すると認められる．

　§7.2　[as] という発音では，単音 [s] の持続部で鋭い摩擦的噪音が聞え，[a] から [s] へのわたりでは著しいオトは聞えない．[m] を破裂させない [am] という発音では，単音 [m] の持続部で弱い楽音(こえ)が聞えるが，[a] から [m] へのわたりにおいても，ごく弱い瞬間的噪音，すなわち内破音[*1)]を生ずる．[b] を破裂させない [ab] という発音では，単音 [b] の持続部で，[m] の場合よりも弱い声が聞え，[a] から [b] へのわたりで強い内破音を生ずる．[p] を破裂させない [ap] という発音では，[a] から [p] へのわたりにおいて，すなわち両唇が閉鎖して呼気を急に遮断するときに著しい内破音を生ずるが，[p] の持続部では，すなわち両唇の閉鎖が保たれている間には，なんらのオトも生

[*1)]　フ le bruit d'implosion.

§7 わたりのオトは口むろの空気の通路がより狭い単音に属する

じない．これらの [as][am][ab][ap] を比較すると，いずれにおいても，調音器官が瞬時 [a] のための位置をとったのちに，急に [s][m][b][p] のための位置へと移り，さらに瞬時そのままの位置を保つ，という点が共通である．[s] はだいたいその持続部における噪音によってそれと認められ，[m] はその持続部における楽音と入りわたりの弱い内破音によってそれと認められ，[b] は持続部におけるオトよりもむしろ入りわたりの内破音によってそれと認められると，概略的にいうことができる．しかるに，[p] は入りわたりの内破音のみによってそれと認められる，と言わなければならない．[p] の持続部がなければその内破音は生じ得ないが，持続部そのものにおいてはなんらのオトも生じないから，持続部で生ずるオトを単音と定義すると，この [p] は単音ではないということになる．しかし，それは慣用に反する．

[as][am][ab][ap] という発音における [a] を比較すると，いずれも持続部において楽音を生じ，それが著しく類似しているために，概略的に同じ単音と認められるのであって，その出わたりに聞えるオトの相違は，単音 [a] とは関係のないもので，これらのオトはかえって [s][m][b][p] に属すると認められる(6)．すなわち，空気の通路がより広い単音からそれの より狭い単音([p] を仮りにその中に数えるならば)へわたる際のオトは，後者の単音に属すると認められる．

§7.3 [adl]([dl] はたとえば英語の [midl] middle などの [dl] のように)という発音では，[d] の持続部の後に破裂は舌尖ではおこらず舌縁すなわち舌の両側(または片側)でおこり，直ちに [l] の調音に移る．[dl] を通じて，舌尖は歯茎についたまま離れない．それにもかかわらず，この側面破裂*1)によって生ずる破裂音，すなわち [d] から [l] へのわたりにおいて生ずる破裂音は，単音 [l] ではなく単音 [d] に属すると認められる(6)．[adn]([dn] はたとえば英語の [redn] redden などの [dn] のように)という発音では，[d] の持続部の後に破裂は舌ではおこらず口蓋帆上面と咽頭壁との間でおこり，直ちに [n] の調音に移る．[dn] を通じて，舌(すなわち舌尖と舌縁)の形成する閉鎖はそのまま保たれる．それにもかかわらず，口蓋帆上面と咽頭壁との間で起る破裂によって

---

*1) ＝ lateral plosion.

生ずる破裂音*1), すなわち [d] から [n] へのわたりにおいて生ずる破裂音は, 単音 [n] ではなく, 単音 [d] に属すると認められる(6). [ats]([ts] はたとえば英語の [hæts] hats などの [ts] のように) という発音では, [t] の持続の後に破裂は舌尖全体では起らず舌端のしかも [s] の幅の狭いせばめの部分だけで起り, 直ちに [s] の調音に移る. それにもかかわらず, この破裂音すなわち [t] から [s] へのわたりにおいて生ずる破裂音は, 単音 [s] ではなく [t] に属すると認められる(6). 同様に, [t] を破裂させない [ast] という発音では, [s] の調音の後に直ちに [t] の閉鎖がおこり, [s] の摩擦的噪音の後に [s] から [t] へのわたりにおける内破音が聞える. そしてこの内破音は単音 [s] ではなく [t] に属すると認められる(6). すなわち, これらの場合にも, わたりにおいて生ずるオトは, 空気の通路のより狭い単音([t] も仮にその中に数えるならば)に属すると認められる(補註1).

§7.4 [p][t][k] などの「無声閉鎖音」では, 持続部において何らのオトも生じない. それにもかかわらず, それらを単音とみなすのが慣用である. しかし, それらの「単音の存在」は, その出わたり或いは入りわたり或いは両者において生ずるオトのみによって確認されるのであり, また [b][d][g] などの「有声閉鎖音」でも, 持続部において聞えるオトよりもむしろ わたりにおいて生ずるオトによってそれと認められるのであるから, 持続部において生ずるオトのみを単音というのは不適当である.

§8 わたり的単音

[aba] という発音がはやく弱く営まれると, 持続部が零に近づくこともあり, さらに両唇が閉鎖を形作らず狭めを作るに過ぎなくなることもある. この場合には, 破裂音ではなく摩擦的噪音が聞えるので [aβa] で表わされ得る. これらのいろいろの音声連続は, 単なる [aː] という発音がだいたい楽音の連続であるのとは異り, 概略三つの部分, すなわち二つの [a] における楽音と [b] あるいは [β] における噪音とが認められ, 三つの単音よりなると言われる. また「新た」という単語の [ara] という発音も三つの単音より成るといわれる(6)が,

---

*1) ェ faucal plosive あるいは velic plosive.

§8 わたり的単音

その際の調音器官特に舌尖の運動を観察すると，最初の [a] において下顎の歯茎の附近にあった舌尖が，いわば [r] において上へもち上り，上顎の歯茎へ向って上から弾くような運動をしながら下へ下り，次の [a] においてまた元の位置をとる．この間，舌尖は言わば [r] において瞬時も一定の位置をとることなく運動を続けるから，[r] には言わば持続部がない．また [aja]（綾）という発音も三つの単音より成るといわれる[6]が，その際の調音器官特に舌の運動を観察すると，最初の [a] において下顎に押しつけられたように扁平な形をしていた舌の前部が，いわば [j] において基本母音の [e] 程度にもち上り，直ちに次の [a] の位置へともどる．この間，舌は言わば [j] において瞬時も一定の位置をとることなく運動を続けるから，[j] には言わば持続部がない．また，[ɦafiɦa]（母）という発音の [afiɦa] という部分も三つの単音より成るといわれる[6]が，この場合には調音器官は終始 [a] の場合とほとんど同じ位置をとっており，概略声帯の働きのみによってこれら三つの単音が成立する．すなわち最初の [a] においては声帯は声を発するための振動を営んでいるが，次の有声の [ɦ] においてはこの振動を不完全に営みつつ声門で摩擦的噪音を生ずる程度に声門を開く運動を行い，次の [a] でまた元の位置にもどって声を発するための振動を営む．この間，声帯は [ɦ] においてほとんど一定の位置をとることなく運動を続けるからこの有声の [ɦ] にはほとんど持続部がない．これらの [β][r][j][ɦ] に共通の点は，それらが，第一の [a] から第二の [a] へのわたりによって生ずるオトではなく，調音器官および声帯がそれらのために特別の運動をする点にある．前三者においては調音器官が呼気の通路をせばめるための運動をする．

英語の [njuː] new という発音における舌の運動を観察すると，[n] の持続部においては舌尖が歯茎の後部について閉鎖を形作り，同時に前舌面が [ɪ] の場合の位置に近くもち上っているが，舌尖の破裂がおこると直ちに舌尖は下の歯茎のところへ位置をしめ，前舌面は破裂後絶えず運動を続けつつ，始めは [ɪ] よりやや持ち上るように動き，後に次の [u] のためのくぼんだ位置へと速かに移って行き，それと入れ違いに後舌面が [u] のための位置へと速かにもち上り，この位置をしばらく保つ．このために [n] と [uː] との間に [j] 式のオトが聞えるが，それは [n] から [uː] への直接的なわたりによって生ずるオトではなく，舌がそのために言わば特別のまわり道的運動をなすことによって生ずる．

しかも [n] から [uː] に至る間に，[j] において呼気の通路が特に狭められるのではない．

§9 単音の定義

調音器官が一定の位置をとっているか一定の運動を繰り返している瞬間，および気流の通路のヨリ広い位置からその位置へ，ならびにその位置からより広い位置へわたる際に生ずるオトを併せて単音という(補註1)．調音器官が前後の単音とは関係のない独立の運動を営む瞬間に生ずるオトも単音という．ただし，調音器官および声帯がほぼ一定の位置をとっていても，呼気圧の弱まり(強さの谷)ができるごとに，それが単音の境目となる．たとえば，[aːː][mːː][sːː] という発音の途中に呼気圧の谷が二つできると，[aaa][mmm][sss] という三つずつの単音の連続となる．〖8〗 [kataaʃi](片足)，[amma](按摩)，[hassaN](発散)などにおける二つずつの(概略的にいって)同じ単音の連続は，このようにして成立する．

持続部のある単音を「持続音」[*1]といい，持続部のない単音を「わたり音」[*2]という．

持続音といっても，その持続部における音声器官のはたらきが常に一様であるわけではない．[pa][ba][sa] などの [p][b][s] においては，音声器官が持続部を通じて次第に緊張して行き，[ap][ab][as] などの [p][b][s] においては，それらが逆にゆるんで行く(8)．すなわち，それらはある意味でわたり音的性質を有するとも言い得るのであって，この点から見ても，わたり音という単音を認めることは適当であると考えられる．

いわゆる重子音たとえば [amma][alla][assa] の [mm][ll][ss] においては，上に述べたように，これら二つの子音の境目に強さの谷ができるが，それと同時に，その谷の直前の子音では音声器官が次第にゆるんで行き，直後の子音ではこれが緊張して行く傾きが著しい．

[*1] zizoku-on; ェ held sound, static sound[(7)]; ド der Stellungslaut; フ le son de position; ロ установочный звук, задержанный звук.

[*2] watari-on; ェ gliding sound, kinetic sound[(7)]; ド der Übergangslaut, Gleitlaut; フ le son de transition; ロ переходный звук.

§10 単音の数に関する疑い

　ある音声連続がいくつの単音より成るかについては，たいていの場合学者たちの意見が一致するが，不一致を来す場合もないことはない．

　その一つは，あるオトがわたり音であるか わたりであるか疑問となる場合である．日本語(東京方言など)の「ヤ」においては，舌が「イ」の場合とほとんど同じ位置から [a] の位置へと，始めゆるやかに後にはかなり速かにわたって行き，ついで [a] の位置が瞬時保たれるから，だいたいわたり音＋持続音よりなると認められ，[ja] で表わすことができる．同じく「ギャ」においては，前舌面と硬口蓋との間の閉鎖が瞬時保たれた後に破裂して，舌は速かに [a] の位置へと動き，ついで [a] の位置が瞬時保たれる．二つの単音の間には，上の [j] に似たわたりが聞え，これをわたり音 [j] と見る学者は少なくない．同じく「ビャ」においては，両唇が閉鎖し，舌が「イ」の場合とほとんど同じ位置をとっている持続部の後に，両唇が破裂し，それに瞬時おくれて舌が [a] の位置へとわたり，ついで [a] の位置が瞬時保たれる．故に，口蓋化した [b](持続部において舌が [i] あるいは [j] の位置をとっている [b])と [a] との間には，「ギャ」の場合よりは長い [j] 式のわたりが聞え，多くの学者によってこれが「ヤ」の [j] と同一視されて単音と認められる．しかし，このわたりは「ヤ」の [j] よりは明らかに短い．しかも，口蓋化した [b] の位置から [a] の位置へ調音器官が動くのにぜひ必要な運動によって，このオトは生ずるのであるから，これは単音ではなく，わたりと見るべきであろう．しかし，この種のわたりが「ヤ」の [j] の程度あるいはそれ以上長いときには，舌が [j] のための独立の運動を営むものと認めて，この音声連続は [bja] という三つの単音の連続より成ると見なければならないであろう．けれども，どの程度より短いとわたりと認めてよい，という点に関する十分科学的な標準があるわけではない．

　また，京都方言[9]その他の「ツ」[9]は，舌端の前部と歯茎の前部との間の閉鎖が瞬時保たれた後に，舌端の破裂がおこり直ちに [s](「ス」の子音)に近い位置を経て「ウ」に近い位置へとわたり，この最後の位置が瞬時保たれる．舌端の破裂の後，「ウ」に近い位置がとられるまで，舌は常に動いて行き，かつこの破裂音の後に聞える [s] に近い噪音は，[su](すなわち「ス」)の [s] より短いので，この「ツ」は，破擦音＋母音という二つの単音より成ると説く学者が

少なくない．しかし，上述の舌端と歯茎との間の閉鎖の位置から「ウ」に近い母音のための位置へわたるには，[s] 式の位置を通過する必要はないから，舌端が [s] 式のオトのために独立の運動を営むものと見て，「ツ」は [tsu] という三つの単音の連続より成るものと見るべきであろう．

　日本語(東京方言など)の [a͡i]（「愛」すなわち「ア」にアクセントの頂点がある場合)では，唇・下顎・舌が瞬時「ア」のための位置をとってから，「イ」のための位置へとかなり速かにわたって行き，しかも「イ」のための位置が保たれることはほとんどない．これを [ai̯] で表わし，「二重母音」という^(補註2)．しかし，[i̯] のために舌(および下顎)が独立の運動をするのであるから，この [i̯] はわたり音すなわち単音であることに疑いはない．英語のたとえば [ei] という二重母音では，だいたいにおいて，舌が常に動いているから，全体が一つのわたり音ではないかとの疑いが起るかもしれない．けれども，たとえば [neim] name という音声連続において，[n] から [i] へわたるには [e] を通過する必要なく，[e] から [m] へわたるには [i] を通過する必要はないと言い得るから，[ei] は二つのわたり音の連続であると認められる．いわゆる二重母音はいかなるものでも，二つの単音より成ると見ることができる．[ĕað] のような「三重母音」が三つの単音より成ることはいうまでもない．しかし，英語の [ei] は，方言によって舌の動きが非常に少なく，アメリカなどの一部の方言では [e:] のような単純な長母音もその代りに行われている．[e:] は一つの単音より成ると認めなければならないが，[e:] と [ei] との間には，判然としない中間的段階もあり，[e:] を発音する人たちでも，条件によっては多少二重母音的に発音するという[10]．このような場合には，二つの単音であるか一つの単音であるか音声学的には決定の困難なこともあり得る．

　このように，二つの単音間のわたりであるか独立のわたり音であるか，あるいはまた二つの単音の連続であるか一つの長い単音であるか，決定の困難な場合もあるが，概していえば，ある音声連続がいくつの単音より成るかは明らかなのが普通であるという点においても，単音は音声的単位であるといえる．しかし，単音をさらに小さい単位に分析することはできない．故に，単音は音声的最小単位である(167頁以下の補説参照)．

§11 単音族

　我々が「肋(あばら)」という単語を発音するときに生ずる音声は我々がそこに何らの差異を認めない時でも，厳密にいうと，同一の個人においても一回ごとに異ると考えなければならない(11)．また，実際に音声的差異をそこに認め得る場合もある．たとえば，[b] の破裂音が強かったり弱かったりすること，あるいは破裂音の代りにほとんど摩擦音に近いものが現われたりすること，あるいはまた [r] の噪音が強かったり弱かったりほとんど聞えなかったりすることを観察により確認し得る場合がある．はっきりした発音では [b] や [r] の噪音が強く，ぞんざいな発音ではそれが弱い．この単語の発音は，このようにいろいろの音声であるにもかかわらず，同一の(最小)言語集団に属する我々は，それらが同じ単語に該当するものであり，同じ音(おん)より成っている，と認める．単音とは，空気の振動という客観的出来事である音声に関する単位であって，上の「肋」という単語に該当するいろいろの音声連続は，いずれも五つの単音より成ると認められるが，それでは，上のいろいろの [b] あるいはいろいろの [r] はそれぞれ同一の単音と認むべきか，あるいはおのおの別の単音と認むべきか，という問題がおこり得る．発音者たちは主観的にそれらをそれぞれ同一の音と認めるであろうが，音声学者は客観的事実にもとづいて単音を規定しなければならない．故に，上の発音における破裂音の強い [b] と摩擦音の [β] とは別の単音と認めなければならない．また，破裂音の強い [b] と弱い [b] との区別を明らかに認め得るとすれば，それらも互いに別の単音であると認めなければならない．しかし，これら三種の単音(すなわち，破裂音の強い [b] と弱い [b]，摩擦音の [β])の間には無限の中間音が存在し得るから，それらについてはどう判断すべきかが問題となる．ここでも我々は便宜的な，多少非科学的な態度を以て満足しなければならない．すなわち，概略的な記述では同じ破裂的閉鎖音 [b] とされる単音も，さらに詳しい記述では破裂音の強いものと弱いものとにわけられるし，さらに精密な観察によってそれ以上の区別が記述されることもあり得る．

　一方，これらのいろいろの [b]，いろいろの [β] を，互いに関係のない個々独立の単音とすることは，言語音声を対象とする音声学ではかならずしも適当ではない．そこで，次のような記述方法も必要となる．すなわち，ある個人

が速くものろくもない一定の速度ではっきり[12]発音した場合の，たとえば [abara] という音声連続は五つの単音より成ると認め，それらを「典型的単音」といい，速い発音，弱い発音，ぞんざいな発音などで，それらの単音に該当する位置に現われる単音を，それらの「弱まり音」という．たとえば，[aβara] の [β] は [abara] の [b] の弱まり音である．

「ラジオ」という単語の単独の発音の最初の単音は，一部の東京方言およびその他の多くの方言の話し手たちにおいて，舌尖および舌の裏面が歯茎の後部に触れて弱い閉鎖を作り弱い破裂音の生ずる一種の破裂的閉鎖音である．しかるに「このラジオ」という発音において，「ラジオ」という単語の頭に現われる単音は，それとは著しく異り，「あばら」の [r] に近い弾き音である．〚10. ⇨ 1.〛 しかし，速くものろくもない一定の速度のはっきりした発音において，このように閉鎖音と弾き音とが現われるのであるから，その関係は，上の [b] に対するその弱まり音 [β] の関係とは異る．このように，同じ単語(自立語)に該当する音声連続の同じ位置に現われる二種の単音が，その音声連続が単独であるか あるいはさらに長い音声連続の一部分を成すかという条件によって全く規則的に入れかわる場合には，発話(段落)すなわち呼気段落の頭または末尾に現われる単音を「基本的単音」と呼び，その他の位置に現われる単音をその「代り音」という．たとえば，[hoɴ](本)の [ɴ] は「基本的単音」であり，[hommorau](本貰う), [hontoru](本取る), [hoŋkau](本買う), [hoĩjomu](本読む), [hoŭwasureru](本忘れる)などの [m][n][ŋ][ĩ][ŭ] などはその「代り音」である．ただし呼気段落の中間にも，基本的単音の現われることがある．たとえば，関西方言などの「聞えんラジオ」という場合の「ラ」の第一単音は，「ラジオ」という単独の発音のそれと同様，一種の破裂的閉鎖音である．〚10. ⇨2.〛

基本的単音およびその代り音，ならびにそれらの弱まり音は一つの「単音族」をなす，という．ある一つの単音族の典型的にして基本的な単音を，その単音族の「代表的単音」と呼ぶ．単音族の記述は，単に代表的単音についてなすか，あるいはさらにその代り音，弱まり音に言及する．

§12 ある言語の単音の記述

　弱まり音，代り音という概念を取り扱うことは，既に音韻論的考え方に一歩踏み出したようなもので，音声学と音韻論とを無関係な学問とすることができない所以を，我々はここにも見る．しかし，二つ（あるいはそれ以上）の単音が同じであるか否かという認定は，全く客観的になされなければならない．たとえば，[noraʃiŋoto]（野良仕事）の [r] と，[konoraʒio] の [r] とが同じ単音と認められる場合もあり，[konnainu]（こんな犬）の [a] と，[konnɑobi]（こんな帯）の [ɑ] とが異る単音と認められる場合もあり得る．代表的単音が同じであると認められる二つ（あるいはそれ以上）の単音族は，同じ単音族であると言い得る．例えば [raʒio]（ラジオ）の [r] と，[rakuda]（駱駝）の [r] とは同じ単音と認められるから，それらの代表する単音族は同じであると言い，[raʒio] の [r] と [karada]（体）の [r] とは異るから，それらの代表する単音族は異ると言う．〘11〙

　同一の最小言語集団に属する人々は，ほとんど同じような発音をするのが普通である．それらの発音は音声としても非常に類似しているばかりでなく，音声学ではそれを発する調音運動もほとんど同じであると仮定する（第1章§7）．故に，数名あるいは数十名の個人の発音に関する観察にもとづいて，その「言語集団の言語の単音（単音族，あるいは代表的単音）を記述する」ことがある[13]．

§13　Sievers の Einzellaut, Grammont の phonème,「音」

　外国の学者などには，上に説明した単音に当る術語をやや異る意味に用いる者がある．たとえば E. Sievers は次のようにいっている[14]．「厳密に理論的にいうと，次のように答えるべきであろう．Einzellaut《単音》とは，言語作り《Sprachbildung》の一定の諸要因の一定の共同によって，しかもこれによってのみ生ずるところの，分離し得べきある物（たいていオト）のことである．しかし実際には，完全に厳密にこの命題通りの意味に Einzellaut という術語を用いた人はない．上の定義によって与えられる無数の Einzellaut を概観し得るように，ある数の類似した音声《Laute》を一つの群にまとめて，それを Einzellaut と呼ぶのが常であった．」そして，いろいろの高さや強さの a や，いろいろの強さの f, s, ch をそれぞれ同一の言語音《Sprachlaut》とし，ma, me, mi の m は

舌の位置がそれぞれ a, e, i に近づいていておのおの多少異るけれども同一の言語音として, 一般論においてはそれらの言語音を取り扱うのに対し, 諸言語に現われるいろいろの変種を確認するのは記述音声学の任務である, としている. M. Grammont も次のように述べている(15).「『人』という種は〔実在の〕人々とは無関係のものでは決してなく, その一部をなさない人は一人もいないといえるようなものである. 同様に, P という種はすべての言語のすべての p を含み, さらに実在するとしないとにかかわらず可能な一切の p をさえも含む. すなわち, phonème P《P音》の音声学的研究は, 他のすべての音に対立してこの音を構成するところの一切の特徴を記述し, P であることをやめずにそれが受け得る一切の変化, 言語が異るに従って異り得る一切のニュアンス, また同一の言語において, それの占め得る位置, それが遭遇する近隣・接触・結合, それが果し得る職能に従って異り得る一切のニュアンスをもまた観察するであろう.」しかし, [p] についてはこのようにいうことができても, [c][k][q] の境界の如きは, 音韻論的観点を導きいれない限り, これを決定すべき科学的標準がない. けれども, 調音点や調音の仕方の近似した単音をまとめて一つの名称を与えることは, いろいろの点で便宜が多い. このような近似した単音の一群を「音おん」と呼ぶ. かくして, 我々は, 特定の言語とは関係なく, [p]音, [m]音, [k]音, [i]音, などという名称を用いる.「無声音」「閉鎖音」「両唇音」などの「音おん」はさらに概括的な名称である.

§14 音　素

音韻論でいう「音素*1)」は, 上に説明した単音族あるいは音とは異る概念を表わす. 音素とは一つの言語(最小言語集団の)の音声的構造の観察ならびに考察によって解釈的に抽象される仮説的単位である. たとえば日本語(東京方言・大阪方言など)の,

　　　　[sa](サ),　　　　　　[su](ス), [se](セ),　　　[so](ソ)
　　　　[ʃa](シャ), [ʃi](シ), [ʃu](シュ),　　　　　　[ʃo](ショ)

という諸音節の第一単音(すなわち子音)は精密にいうと一々異る単音としなけ

---

*1)　onso, fonêm; エ phoneme (segmental phoneme); ド das Phonem; フ le phonème; ロ фонема.

ればならないが，概略 [s] と [ʃ] の二種類の音に大別できる．しかし，これらの諸音節は，音韻論的には次のような音素連続に該当すると解釈される（音素ならびにその連続を表わす記号は / / の中に入れて示す．⌒でつないで示した二つの音素は合して一つのフォーン《phone》をなす）[16]．

/sa/（サ），/si/（シ），/su/（ス），/se/（セ），/so/（ソ）

/s⌒ja/（シャ），　　/s⌒ju/（シュ），　　/s⌒jo/（ショ）

ある音節を構成する単音の数と，それが該当する音素連続の音素の数が一致する場合でも，一つの単音が一つの音素に該当するのではない．たとえば，[mi]（実）は /mi/ と解釈されるが，概略的にいうと，[m] の両唇の閉鎖と鼻音性ならびに [i] に見られる弱い鼻音化が /m/ に該当し，[m] の口蓋化（すなわち，その持続部において前舌面が [i] の場合のようにもち上っていること）と [i] の鼻音化を除いた要素とが /i/ に該当するといえる．このように，音素は単音・単音族・音などとは異る音韻論的概念を表わす術語である．

註

(1) 〔30頁〕ドイツ語では Geräusch という．ドイツ語の Lärm の訳語である「騒音」と区別するために「非楽音」ということもある．昭和18年，文部省制定の師範学校教科書科学用語としては「噪音」の代りに「非楽音」を用い，音響を分って楽音と非楽音とにすることに決定し，日本音響学会でもこれに賛成したが，非楽音という術語はまだ広く行われていない．騒音というのは，楽音であると非楽音であるとを問わず，あまりに強烈であるかあるいは不快の感を与えるので作業能率に影響妨害を及ぼすような音響（都市の騒音の如き）をいう．（日本音響学会編『音響技術便覧，第4冊』昭和23年，オーム社，第2編3頁．）

(2) 〔31頁〕振動数の単位として，ドイツでは Hertz《ヘルツ》を用いる．記号は Hz. N ヘルツのオトとは，毎秒往復振動の数が N のオトである．近年，電気音響学が発達し，ヘルツの代りに cycle per second《サイクル毎秒》が単位として用いられるようになった．記号は ~．【その後，またヘルツに戻った．】

(3) 〔32頁〕小幡重一博士『音楽愛好者の為の音響学』（内田老鶴圃，1931）による．

(4) 〔34頁〕ドイツの学者らのいわゆる Blählaut がそれである．音声学的に訓練のない人はそれを聞きとることが容易ではないから，[b] を長く続けて発音しながらこれを観察するといい．すなわち，両唇を破裂させることなく閉鎖しながら [b] を発音し続けると，肺臓から口むろへ送りこまれる空気は流れ出し口がないので，頬をふくらませながら口むろにたまり，しまいに発音が不可能となる．その間，声帯が振動し続けて声を発するのを明らかに聞きとることができるであろう．あたかも，声門を通して空気を送りその上にできた口のない袋をふくらませる《ド aufblähen》ときに生ずるオトであるから，Blählaut という．〖12〗 Sievers は，ほかの有声音（た

とえば [a][m][v])の場合よりも弱まった声すなわち「つぶやき声」《ド die Murmelstimme》がこの Blählaut として現われることが多いようだとしている．Eduard Sievers: *Grundzüge der Phonetik*, Leipzig, 1893⁴（以下 *Grundzüge* と略称），§ 332.

(5) [35頁] Maurice Grammont: *Traité de phonétique*, Paris, 1933（以下 *Traité* と略称），36頁.

(6) [36〜39頁] これは，すべての言語の話し手たちに関していい得る事実のようであるが，それにもかかわらず，それは純客観的な事実ではなく，言語的事実である．このように，単音は物理的事実にもとづいて定義することができるにもかかわらず，音韻論的単位である「音素」《phoneme, 厳密には segmental phoneme》や私の提唱する phone と密接な関係にある単位である点は，特に注意を要する．

(7) [40頁] Harold E. Palmer: *The Principles of Romanization*, Tokyo, 1930, 17頁以下.

(8) *Traité* 36頁-45頁．なお本書第8章§5参照．

(9) [41頁] 東京方言を例にとらなかったのは，この方言の「ツ」は [tsɯ̈] であって，[ɯ̈] と [s] とは調音の仕方が近いので，この場合の [s] は [t] から [ɯ̈] へのわたりだという異論の出る可能性があるからである．《9》

(10) [42頁] *LANGUAGE* 17 の George L. Trager と Bernard Bloch の論文の 235 頁註 21 によれば，beat, bait, boot, boat ではほとんど純粋の長母音 [iˑ, eˑ, uˑ, oˑ] が聞かれるが，bead, paid, food, load および bee, bay, too, go ではやや二重母音的であり，being, baying, doing, going は明瞭なわたり音 [j] あるいは [w] が両母音の間に聞えるという．

(11) [43頁]「二つの物および二つの出来事が全く同じであることはない」というのは，科学の基礎的な譲歩的仮定である．W. Freeman Twaddell: *On Defining the Phoneme*(Language Monographs, No. XVI), Baltimore, 1935, 37頁.

(12) [44頁]「一定の速度ではっきり」という基準は十分科学的ではないが，そのような条件で一人の個人の発音した音声には，ほとんど差異の聞きわけられないほど同じと認められる単音が繰り返し現われるから，現在のところこの程度の規定で十分であろう．

(13) [45頁] Harold E. Palmer は前掲書の39頁以下において，神保格教授の説を引用しつつ，concrete sounds すなわち具体的音声に対して，abstract sounds を認め，たとえば「雨」という単語をいろいろな人々が何回も繰り返して発音した concrete sounds から，その最初の部分の common factors を抽象して「アメ」という単語の「ア」と呼ぶことができるとし，これを abstract sound of the first degree と呼んでいる．Daniel Jones も Concrete and Abstract Sounds (*Proceedings* III) において，この説に賛成し，「一人の個人が同じように《in the same manner》発音した多くの具体的 u」から抽象した u という abstraction of the first degree について考えることができ，音声学書で speech-sound《ことば音》というのは普通これであるとしている．Jones が，「一人の個人が同じように」という条件をつけたのは進歩であるが，これでは，発音の仕方が異るごとに別の abstract sound が考えられる

第3章　単　音

こととなる．普通の速度のはっきりした発音で，同じような単音が繰り返し現われるのは，ある言語の話し手の発音運動の社会習慣的型が一定しているからで，その動揺の範囲すなわち単音族の範囲がほぼ一定しているのもそのためである．類似したいくつかのテニスボールが存在するのとは事情が異る．我々は，個々の具体的代表的単音のほかに，それらから抽象された抽象的代表的単音を考えることができ，普通の音声学書で speech-sound というのはこの両者を指すことが多いが，大切なのは，具体的と抽象的との区別ではなくて，ここに説いた単音族に関係のある諸概念の区別である．H. E. Palmer が前掲書において提唱した free phonemes という概念は，ここに説いた「単音族」のそれに近いが，弱まり音と代り音とを区別せず，それらに関する何ら明確な概念も含まれていない．

(14) *Grundzüge*, §111 以下．

(15) 〔46頁〕*Traité*, 10頁．

(16) 〔47頁〕詳しくは拙著『音韻論と正書法』(1951年，研究社)，【『新版 音韻論と正書法』(1979年，大修館書店)】参照．

(補註1) 〔38, 40頁〕[nd] あるいは [mb] という単音連続において，口蓋帆が咽頭壁との間に閉鎖を形成するときに生ずる内破音は，[d] あるいは [b] に属すると認められる．[nr] あるいは [mr] という単音連続におけるわたりにおいては，舌尖あるいは両唇と口蓋帆と二つの調音器官が運動する．舌尖あるいは両唇の破裂音は [n] あるいは [m] に属すると認められるが，口蓋帆・咽頭壁間の内破音は [nd] あるいは [mb] におけるそれと同じもので，もし聞えるとすれば，[n] あるいは [m] にも [r] にも属すると認め難い．[nr][mr] という単音連続が [ndr][mbr] に変化し易いのは，舌尖あるいは両唇の破裂よりも口蓋帆の閉鎖が先におこるためだと普通説明されるが，[nr] あるいは [mr] のわたり自身に [d] あるいは [b] を思わせる口蓋帆・咽頭壁間の内破音が含まれているのは注意すべきである．また，[sn] という単音連続のわたりにおいては，肺臓を除き三つの器官が運動する．すなわち，舌尖（舌端を含む）が [s] の狭めから閉鎖へ，口蓋帆が閉鎖から [n] のための開放へ，声帯が息の状態から声の状態へ，移行する．声帯においては著しいわたりのオトを生じないが，舌尖では弱い内破音を生じそのオトは [n] に属すると認められる．しかるに口蓋帆・咽頭壁間において生ずる破裂音は，舌尖の破裂しない [tn] という単音連続のわたりにおけるものと同じで，[tn] においてはこの「鼻的破裂音」《faucal plosive》は [t] に属すると認められるけれども，[sn] におけるこの鼻的破裂音は [s] にも [n] にも属すると認め難い．単音連続 [sn] においてこういうわたりのオトが聞えるのは注意すべきであるが，それにもかかわらずそれが /sn/ という音素連続に該当することを妨げない．喉頭化子音（第6章§8）では口むろでおこる破裂音の直後に声門破裂音が聞え，吸着音（第6章§10）では，次の母音へのわたりにおいて，唇や舌でおこる破裂音の後に奥舌が軟口蓋から離れるオトや口蓋帆が鼻むろ通路を閉じるオトが聞え得るが，それらの噪音群全体が一つの音素に該当するのが普通である．

【(補註2) 〔42頁〕こういう「二重母音」の代わりに [ai] という二音節母音連続を発音す

る東京人を見出したが,さらに「二重母音」を発音する東京人のあることも確認し得た.】

第4章 音声記号

§1 音声記号

音声を記述したり あるいはそれについて考察したりする際に，これを記号で表わす必要があり，またそれによって多くの便宜を得る．このような記号を音声記号[*1)]という．今までに考案された音声記号は三種に大別することができる，(1) 単音(あるいは音，または音素)を主として普通のローマ字(あるいはロシヤ字)で表わすもの．(2) 単音(または音)を従来の字母とは関係のない新しい記号で表わし，かつその記号を字母的に用いるもの．(3) 単音を発する際の音声器官の働きを分析的に表わし，記号を字母的に用いないもの．第一種と第二種のものは，音の長さ・強さ・高さを表わす記号をも有する．

§2 正書法と音声記号

ローマ字などはいわゆる表音文字であるけれども，それを用いた英・独・仏語などの正書法[*2)]は，かならずしも字母が正確に音に対応しない．英語の正書法はことにその不規則さが著しく，[kʌt] cut, [kʌm] come, [ˈkʌzn] cousin, [dʌz] does, [blʌd] blood のように同じ音(この場合，単音)をいろいろの字母で表わす例や，cat [kæt], any [ˈeni], want [wɔnt], can't [kɑ:nt], call [kɔ:l], came [keim], along [əˈlɔŋ] のように同じ字母がいろいろの音を表わす例が多く，はなはだ不統一である．音声記号はこのような不統一を排除し，単音(音・音素)とそれを表わす記号との間に整然とした一対一の対応関係を成立せしめよ

[*1)] 一般には「発音記号」「発音符号」ともいう；エ phonetic signs (あるいは symbols)；ド die Lautzeichen (das)；フ écritures phonétiques (la)；ロ фонетические знаки (あるいは символы)．

[*2)] 「正字法」ともいう；エ orthography；ド die Rechtschreibung, die Orthographie；フ orthographe (la)；ロ орфография, правописание．

うとする.

§3 第一種の音声記号

第一種の音声記号は，単音(音・音素)を主として普通のローマ字あるいはその他の字母で表わそうとするもので，種類は極めて多いが，いずれも一つの言語(あるいは方言)を表わすためのものではなく，数多くの言語あるいは方言，あるいは世界中の言語に現われる音(単音)を表わし得るように工夫されており，同じ音(単音)は同じ記号で表わそうとしている点が共通である．これらは音声字母*1)とも呼ばれる.

§3.1 種々な記号
R. Lepsius の Standard Alphabet (*Das allgemeine linguistische Alphabet*, 1855; *Standard Alphabet*, 1860)は普通のローマ字を用いるが，ā=[aː], ă=[a], ḝ=[ɛ], ę=[e], ã=[ã], ǫ=[œ], ọ=[ø], ṳ=[y] のように補助記号を用い過ぎた点に欠陥があり，J. A. Lundell の考案したスウェーデン語方言字母(*Det svenska landsmålsalfabet*, 1878)は補助記号が少なく，書くのに便利なようにできているけれども，ɏɏɏ, аɑɑɑɑ, ɳɳɳɳɳɳ のような字が多く印刷に不便であり，O. Bremer のドイツ語方言字母(*Deutsche Phonetik*, 1893)もローマ字を変形した活字が多く印刷に不便である．J. Gilliéron と J. Rousselot が使用して有力なものとなったフランス語方言字母は，かなり洗煉されてきてはいるが，他の国語の表記には不便な点がある．たとえば，u で [y] すなわちフランス語の m*u*let, bur*eau* などの u の表わす母音を表わし，[u] は特別の字母 *u* で表わし，*ɕ ǰ* でそれぞれ [ʃ][ʒ]，すなわちフランス語の ch, j を表わす．そのほかこの種の音声記号は種類が極めて多く，語族ごとに，言語ごとに，あるいは学者ごとに異るものが用いられている例さえ少なくないが，もっとも有力でもっとも普及しているのは国際音声学協会*2)所定の「国際音声字母*3)」で，わが国でもこれが行われている．しかしアメリカの学会では，それとは多少異る音声字母が用いられており，ソ連邦では「ロシヤ言語学字

---
*1) ェ phonetic alphabet.
*2) フ L'Association Phonétique Internationale; ェ The International Phonetic Association; ド Der Weltlautschriftverein.
*3) ェ The International Phonetic Alphabet.
*4) ロ Русская лингвистическая азбука.

母*4)」が行われている．それらの音声字母の表と説明を巻末に附録として加えた．アメリカの音声記号は一例として Pike の *Phonemics* に見えるものを採り，「ロシャ言語学字母」は Polivanov の *Vvedenie* によった．【「序」vi. 参照】

§3.2 **国際音声字母の由来** 国際音声字母の起源はイギリスの音声学者 A. J. Ellis にまで遡る．彼は学問上使用するためと英語の正書法を改革するために種々音声記号を考案した結果，かえって普通の印刷所にある活字のみを用いるようになった．彼はそのような音声記号をいろいろこしらえたが，一般民衆に使用させるためのいわゆる Glossic は字母の音価を主として英語のそれにもとづいて定め，学問上の使用のための Palaeotype(その著 *On Early English Pronunciation* [1869 以降] に用いている)は母音を表わす字母の音価はラテン語のそれによっている．字の不足は主として，ɟ のように逆の活字を使ったり，大文字(およびその逆にしたもの)や斜字体の活字，二重字を使ったりして，補っている．H. Sweet は最初 Ellis の Palaeotype を使用していたが *Handbook of Phonetics* (1877)でこれを改良したほとんど普通のローマ字ばかりによる Romic という音声字母を用いた．その欠点は二重字を用いるばかりでなく，同じ h の字母が，kh=[x], th=[θ], dh=[ð] などでは摩擦音性を示し，rh=[ɹ̥]，lh=[l̥], nh=[n̥] などでは無声を示し，sh=[ʃ] (s=[s] を比較)，ih=[ɨ] (i=[i] を比較)，æh=[ə] (æ=[ɛ] を比較) などでは調音法の相違を示すように，同じ字が違った意味に用いられる点である．*A Primer of Phonetics* ではこの点をよほど改良し，二重字は lh=[l̥], nh=[n̥] のようなある種の無声子音を表わす場合に限って用いている(63頁図23を見よ)．Sweet の大きい功績は Romic Notation を Broad Romic (Notation)《簡略ローミック記号あるいは表記》と Narrow Romic (Notation)《精密ローミック記号あるいは表記》とに区別したことである(上掲 *Handbook* §307)．国際音声学協会の前身である The Phonetic Teachers' Association は 1886 年に設立され，その年の 5 月に Paul Passy の編集により機関誌 *Dhi Fonètik Titcer* の発行を始めたが，最初は英語教育のための音声学を主として取り扱った．しかしその会員の顔ぶれは初めから国際的で，1886 年 6 月には Otto Jespersen が，7 月には Wilhelm Viëtor が，9 月には Henry Sweet と J. A. Lundell が入会している．間もなく，一般音声学的問題を取り扱おうという要望がおこり，1887 年 5 月にはフランス語やドイツ語のテキスト

も掲載され，雑誌名も *dhə fɔnetik titcer* と改められた．設立後最初の二年間は，会として一定の音声記号を有せず，機関誌編集者 Passy は Sweet の Broad Romic に手を加えたものを用いていたが，1886 年 6 月に掲載された Passy あての Jespersen の手紙によって，あらゆる言語に適用し得る音声字母を考案しようという提案が公にされて以来，他の会員達も熱心にこれに賛意を表し，二年以上にわたった相談の結果，最初の「国際音声字母」が 1888 年 8 月の機関誌に発表された．会務は最初パリ在住の委員会によって処理されたが，1888 年以来，選出による国際的評議会がその任に当り，音声字母も 1889 年以降同評議会によって絶えず改良されて今日に至った．しかし，結果において，国際音声字母は，Sweet-Passy の字母の改良発展であるといえる．1925 年 4 月のコーペンハーゲン会議では，かなり多くの点に関する改訂案が提出されたが，その一部分が正式に採用されているに過ぎない．わが国では，国際音声字母は明治時代に既に紹介されたが，大正 15 年(1926 年)に音声学協会(1935 年より「日本音声学協会」，1949 年より「日本音声学会」)が設立されてからは，この字母の普及に努めたので，効果があがっている．一方，第二次世界大戦後も，国際音声学協会は London (W. C. 1.) の University College の Department of Phonetics に事務所を置き活躍を続けている模様であって，国際音声字母は依然として最も有力な音声字母の体系であり，その歴史より見てもその内容より見ても将来性があると考えられるし，またわが国の伝統および現状にかんがみても，この字母体系の普及をはかるのが適当であると思う故，本書においては終始この記号を用いることとする[(1)]．なお，国際音声学協会は，1889 年に L'Association Phonétique des Professeurs de Langues Vivantes と改名し，1897 年に L'Association Phonétique Internationale という現在の名称となった．機関誌の名は，1889 年以来 *Le Maître Phonétique* となっている[(補註1)]．

§3.3 精密表記と簡略表記と音韻記号 H. Sweet の Broad Romic は，各言語における単音の実用的に必要な区別のみを認め，できるだけ簡単な記号を用いるもので，一言語(方言)の記述に用いられ，Narrow Romic はいろいろな言語・方言の単音を比較したり音声一般について論ずる場合に用いるものである．前者は (　) に，後者は [　] に入れて区別する．たとえば，E *finny* (i) = [i], F *fini* (i) = [i] は英語の finny, フランス語の fini の i で表わされる母音は，Broad

§3 第一種の音声記号

Romic ではともに (i) で表わすけれども，Narrow Romic では，フランス語の母音は narrow であるから [i]，英語のは wide であるから [i̞] で表わすべきであることを示す．Narrow Romic では，英語の n は [n˧] で，フランス語の n は [n˩] で表わされる[2]．

D. Jones の Broad Transcription《簡略表記》と Narrow Transcription《精密表記》との区別は，Sweet の Romic の二種の区別から発達したもので，前者は一つの phoneme を常に同じ一つの字母で表わすもの，後者は phoneme の副成員《subsidiary members》に対して特別の音声記号を用いるものとしている[3]．Jones が phoneme というのは，前の章に言及した「音素」とは異り，類似の単音族をひとまとめにしたようなものである[4]．しかし，Jones のこの概念は，「音素」の概念の発達する一つの基礎となった．

前の章に述べたように，観察が精密になればなるほど多くの単音を区別することができるから，それらを一々別の字母で表わすことは全く不可能である．故に国際音声字母による表記法の原則は，ほぼ同じ音と認められる単音は同じ記号で表わし，細かい差異はそれに補助記号を加えて表わすのであるが，厳密にいうと，それでも数多くの単音の微細な区別を表記し分けることはとうていできない．一方，一つの言語(方言)の音声を表記する場合には，現われる単音族の種類は限られており，弱まり音や代り音の現われる条件はほとんど一定しているから，おのおのの単音族の代表的単音を表記し分ければ十分であり，しかもその音価をいちいち精密に表わす必要はない．たとえば，日本語(東京方言など)の「エ」は基本母音の [e] と [ɛ] の中間音であって精密には [ɛ̝] で表わすべきであるが，同じ音声的環境においてそれとは別の音と(東京人に)認められる [e] あるいは [ɛ] が現われるわけではないから，簡略的に「エ」は e で表わして差支えない．故に，実際には [e][e˕][ɛ̝][ɛ] などいろいろ異る単音であるものを，一つの言語の音声を簡略的に表記する場合には，同じ e の記号を以て表わしても差支えない．したがって，同じ記号 e が，日本語の表記では [ɛ̝] を表わし，フランス語の表記では [e] を表わし，シナ語の表記では [ɛ] を表わすということがおこるが，簡単な説明を加えるだけで十分誤解を防ぐことができる．簡略表記法はこのような理由と音韻論的考察とから発達した．さらに音韻論的考察が進むとともに，発音運動の社会習慣的型は極めて体系的に解

釈し得ることが明らかとなり，音韻記号が発達してきた．簡略音声表記はこのように音韻記号の母胎となったが，それにもかかわらず両者が互いに異ることは，前の章の終りに説明した通りである．

§3.4　Jones の基本母音と基本子音

国際音声字母の表音法の根本方針は，それがいかなる言語(方言)に現われるものであるかを問わず，同じ単音と認められるものは同じ記号で表わすことである．上述の如く，簡略表記ではさらに別の原理も考慮に入れられるが，精密表記ではこの根本方針によって記号が選ばれる．故に，基準となるべき単音とそれを表わす音声記号とを定め，任意の単音はそれらと比較しつつ記述しこれを表わす音声記号も同じ比較によってきめるようにすると都合がよい．

§3.4.1

D. Jones の cardinal vowels《基本母音》はこの目的をもって考案された．彼はこれについて，以下のように説明している(5)．Cardinal vowel No. 1 [i] は母音の性質を失わずに舌ができるだけ前へ，できるだけ上へもち上げられ，唇が左右上下に開かれた母音．呼気圧力が一定であっても，舌が少しでもよけいにもち上ると摩擦音 [j] となる．No. 5 [ɑ] は母音の性質を失わずに後舌部ができるだけ低く下げられ，できるだけ後へ引かれ，かつ唇が円められない《unrounded》母音．呼気圧力が一定であっても，舌が少しでも余計に後へ引かれると口蓋垂摩擦音 [ʁ] の一種となる．No. 2 [e], No. 3 [ɛ], No. 4 [a] は前舌母音で，基本母音 No. 1—No. 5 が聴覚印象上一系列をなし，おのおのの間の聴覚印象的間隔が等しいように(あるいは非常に訓練された耳をもつ人がこの間隔を等しく発音することができる程度にほとんど等しくなるように，といった方がよい)選ばれた(6)．No. 6 [ɔ], No. 7 [o], No. 8 [u] は後舌母音で，No. 1—No. 5 という等間隔母音の系列をさらに継続するように選ばれた母音で

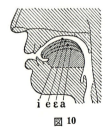

図 10

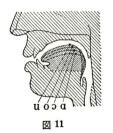

図 11

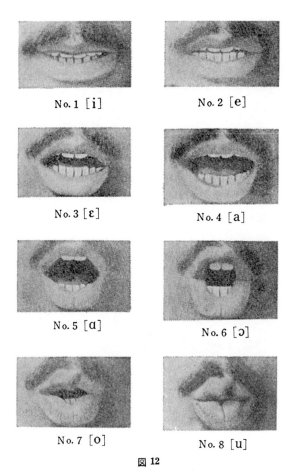

図 12

ある．これら八つの基本母音は舌の前部あるいは後部が著しくもち上げられたものか，あるいはできるだけ下げられたもので，いずれも [ə] のような中舌母音からはできるだけ遠ざかっている．これらの母音の舌の位置は図10・図11に示すようであるが，基本母音 Nos. 1, 4, 5, 8 の図はレントゲン写真図[7]によったもので，その他の母音の位置は概略的に描かれた．基本母音の唇の位置は図12に示すようである．[i] から [e] へ，さらに [ɛ] へ，さらに [a] へと移って行くと，舌がほぼ等しい間隔を以て下って行き，[ɑ] から [ɔ] へ，さらに [o] へ，さらに [u] へと移って行くと，舌はほぼ等しい間隔を以てもち上って行くが，その間隔は前の場合より小さい．[i][e][ɛ][a][ɑ] の音色の相違は主に舌の位置の相違によって生じ，唇の位置の相違はほとんど影響を与えない．しかるに，[ɑ][ɔ][o][u] の音色の相違は，舌の位置の相違と唇の位置の重要な相違との両者の組合せによって生ずる．この理由によって，[ɑ][ɔ][o][u] における舌の位置の間隔は，[i][e][ɛ][a] における舌の位置の間隔より小さいと言う．基本母音を習うにはこれを熟知する教師に就くか，レコード[8]によるべきである．〚13〛そういう学習の機会のない学生のために，基本母音に最も近い実在の母音を下に示すが，注意すべきは，これらの母音が基本母音を決定するのではなく，逆に基本母音との比較によってこれらの母音が記述さるべきことである，と Jones は述べている．(E は英国南部の教養ある人々の普通の発音，F は普通の教養あるパリ人の発音，G はベルリンの普通の教養ある人々の発音である．)

基本母音	それに最も近い母音
No. 1 [i]	F s*i* [si]; G B*ie*ne [ˈbiːnə]
No. 2 [e]	F th*é* [te]; E (スコットランド方言) d*ay* [deː]
No. 3 [ɛ]	F m*ê*me [mɛːm]
No. 4 [a]	F l*a* [la]
No. 5 [ɑ]	E h*o*t [hɒt] の唇の円めをとって生ずる母音に近い．
No. 6 [ɔ]	G S*o*nne [ˈzɔnə]
No. 7 [o]	F r*o*se [roːz]; E (スコットランド方言) r*o*se [roːz]
No. 8 [u]	G g*u*t [guːt]

Jones は，以上を primary cardinal vowels《第一次基本母音》と呼び，さらに

§3 第一種の音声記号   59

secondary cardinal vowels《第二次基本母音》として次のものを記述している.

(1) 基本母音 [i] と [e] の唇の調音だけを狭い円め《close lip-rounding》
に変えてできる母音 [y] と [ø]

(2) 基本母音 [ɛ] と [ɑ] の唇の調音だけを広い円め《open lip-rounding》
に変えてできる母音 [œ] と [ɒ]

(3) 基本母音 [ɔ][o][u] の舌の位置を変えずに唇を上下左右に開いてで
きる母音 [ʌ][ɤ][ɯ]

さらに central vowel《中舌母音》では [i] と [u] の中間の舌の位置を有する張唇母音 [ɨ] および円唇母音 [ʉ] を基本母音と認め, [e] と [o] あるいは [ɛ] と [ɔ] の中間の舌の位置を有する母音も考え得るが, そういう基本母音を認める必要はほとんどあるまい, といっている (なお第7章§3.1参照).

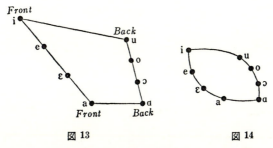

図 13　　　　　　　　図 14

八つの第一次基本母音の舌の位置を図式的に示せば図13のようになる. 黒点は各母音における舌の最高点の相対的位置を示す. しかし, この図は実際教授の便宜上図式化したもので, 科学的正確さのためには図14のようなものが必要であろう, という. ただし, このうち [i][a][ɑ][u] における舌の最高点

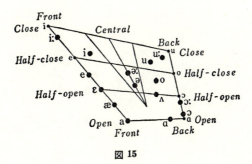

図 15

のみがレントゲン写真によって確められた．基本母音は，いずれもできるだけ中舌的位置から遠ざかったものであるから，いずれかの実在の母音の舌の位置（最高点）はこの四辺形内かあるいは辺上に位し，外に出ることはないとしている．英国南部方言に現われる母音の舌の位置は図15のようにして示されている（小さい点は基本母音，大きい点が英語の母音を示す）．

　Jones の手順は，厳密にいうと，いろいろ批判の余地がある．[i] と [ɑ] の舌の位置のみを音声生理学的に規定し，[u] のそれを聴覚印象的に規定したのは不当である．なぜ [e][ɛ][ɔ][o] の舌のレントゲン写真をとらなかったか．また，母音の音色は，咽頭および口むろの共鳴室の形によって決定するもので，舌の最高点のみを問題とするのは正確ではない．このように，いろいろ批判すべき点はあるが，基本母音にもとづく母音の記述方法が，実用的にはかなり便利であり，科学的必要もある程度まで満たし得るものであることは，認めなければならない．

　§3.4.2　子音のあるものについても，記述の基準となるべき単音，すなわち基本子音を定めると都合のよい場合がある．D. Jones は次のような cardinal consonants《基本子音》を認めている．図16は基本歯裏音 [t]，図17は基本歯茎音 [t]，図18はそり舌音の t，図19は基本硬口蓋音 [c]，図20は前寄りの

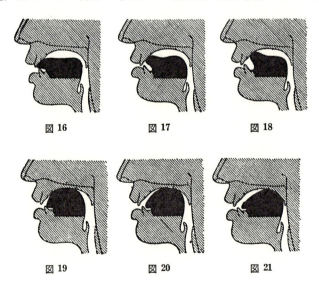

図16　　図17　　図18

図19　　図20　　図21

[k], 図21は基本的 [k] を示す．しかし，子音は普通，音声器官の行う運動の単なる記述のみからも習得し得るとして基本子音をあまり重要視していないが，これを正確に把握するにはやはり口頭の教授が必要であるとしている．

§3.4.3 基本母音や基本子音を定め蓄音機レコードその他によってその普及をはかることは，国際音声字母の使用を効果的ならしめるために，必要なことである．

§4 第二種の音声記号

第二種の音声記号の代表的なものは A. M. Bell の Visible Speech (「視話法」と訳されたことがある)で，その著 *Visible Speech* (1867) に詳しい説明が見える．これは個々の単音(音)を，その調音の位置・様式を象徴的に示す記号で表わすのを原則とする．H. Sweet はこの記号をやや改良した自分の記号を Organic Notation《器官的記号》と呼び，*A Primer of Phonetics* (1890, 1906[3]) で詳しく説いている(ただし 1877-9 年に発表した Russian Pronunciation なる論文に既にこの記号を用いているが，ここでは Revised Visible-Speech と称し，1880-1 年の Sound Notation という論文では Revised Organic Alphabet といっている)．これによれば，母音を表わす記号は voice-symbol《声の記号》I を種種に変形したもので，[i][u] のような high vowels《高母音》はその上部に，[æ][ɔ] のような low vowels《低母音》はその下部に，[e][o] のような mid vowels《中母音》は上部と下部に，点(narrow の記号)または鉤(wide の記号)の加わった記号で表わし，[i][æ] のような front vowels《前母音》を表わす記号はその点または鉤が右を向き，[u][ɔ] のような back vowels《後母音》を表わすものは左を向き，[ɨ][ə] のような mixed vowels《混合母音》の記号はそれが左右両方を向いている．round vowels《円唇母音》の記号には横線が加わる(図22参照)．子音を表わす記号の基幹をなすのは open-throat symbol《開放声門の記号》O の一部をとった C であって，調音様式の同じものは同じ形をしており，調音の位置の相違により ɑ (back stop=[k])，ᴐ (front stop=[c])，ʋ (point stop=[t]，ᴅ (lip stop=[p]) のようにその向きを異にし，それぞれ調音の位置を象徴的に表わしている．調音点が同じでも，調音の様式の異る子音の記号は ѡ (摩擦音の [x])，ω (側面音の [l])，ϖ (閉鎖音の [d])，ꙋ (鼻音の [n]) のように形を異に

1 high-back- narrow ﻷ ʌ.	7 high-mixed -narrow Ꭲ ï. Welsh *u*n. Ꭲ˧Russ. s*y*nŭ.	13 high-front -narrow ſ i. Fr. s*i*.	19 high-back- wide ﻷ·*a*.	25 high-mixed- wide Ꭲ *ï*.	31 high-front- wide ſ *i*. b*i*t. see sſɷ. ſ˞ pit*y*, f*ea*r.
2 mid-back- n. ﻻ a. b*u*t.	8 mid-mixed- n. ϟ ë. G. gab*e*. occ. Am. *ea*rth ϟ*ɪ*.	14 mid-front- n. [e. G. s*ee*. Sc. s*ay*. [˞Dan. s*e*.	20 mid-back- w. ﻻ *a*. f*a*ther.	26 mid-mixed- w. ϟ *ë* bett*er*.	32 mid-front- w. [*e*. m*e*n. s*a*y sſɾ˞
3 low-back- n. ﻻ ɐ. Cockney p*a*rk.	9 low-mixed- n. Ꭵ ä. s*i*r.	15 low-front- n. [æ. *ai*r.	21 low-back- w. ﻻ *v*. Norw. m*a*t.	27 low-mixed- w. Ꭵ *ä*. how. Port. c*a*- m*a*.	33 low-front- w. [*œ*. m*a*n.
4 high-back- n.-round. Ϟ u. G. g*u*t. Ϟ˞Sc. b*oo*k.	10 high-mixed- n.-round Ϟ ü. Swed. h*u*s.	16 high-front- n.-round ſ y. Fr. p*u*r.	22 high-back- w.-round Ϟ*u*. p*u*t. too ɷʇɿ.	28 high-mixed- w.-round Ϟ *ü*.	34 high-front- w.-round ſ *y*.
5 mid-back- n.-r. Ϟ o. G. s*o*. Ϟ)Swed. s*o*l.	11 mid-mixed- n.-r. Ϟ ö.	17 mid-front- n.-r. { ə. Fr. p*eu*. {) G. *ü*ber.	23 mid-back- w.-r. Ϟ *o*. b*oy*. no ɿʇɘ).	29 mid-mixed- w.-r. ϟ *ö*. Du. bet*er*.	35 mid-front- w.-r. {: *ə*.
6 low-back- n.-r. Ϟ ɔ. l*aw*. ϸ Swed. s*å*.	12 low-mixed- n.-r. Ꭵ ɵ̈.	18 low-front- n.-r. { œ. Fr. p*eu*r.	24 low-back- w.-r. Ϟ *ɔ*. n*o*t.	30 low-mixed- w.-r. Ꭵɵ̈. Swed. *u*pp.	36 low-front- w.-r. { *œ*. {) G. g*ö*tter.

図 22

		VOICELESS.								
		1 Throat	2 Back	3 Front	4 Point	5 P.-teeth	6 Blade	7 Bl.-point	8 Lip	9 L.-Back	10 L.-teeth
Open		ɔ‿ ɪh Ar. ḥa	ᴐ x G. ach	ɔ ç G. ich	ɔ rh Icel. hr	ᴗþ thin	s s	ᴣʃ fish	ɔ ɸ	ᴐʍ what	⋌ f
Divided		...	ɛ lh	ᴈ λh	ᴈ lh	ᴈ·			ᴈ		
Stop		x Glot. stop	ᴅ k	ᴅ c Hung. ty	ᴅ t	ᴅ· F. t	ᴅᶴ sᶫ	ᴅ ɹ	ᴅ p		
Nasal		...	⌐ ŋh	ᴧ ñh	ᴊ nh Icel. hn	ᴊ·			⊦ mh		

		VOICED.								
		11	12	13	14	15	16	17	18	19	20
Open		ɪ‿ ɹ Ar. 'ain	ɛ ʒ G. sagen	ɘ j you	ɘ r	ᴗð then	ᴣ z	ɛ rouge	ɘ β South G. w	ᴐ w	⋌ v
Divided		...	ɛ l Russ. palka	ᴈ λ Ital. gl.	ᴈ l	ᴈ·			ᴈ		
Stop		...	ᴇ g	ᴇ ɟ Hung. gy	ᴇ d	ᴇ·	ᴇ·, sᶫ	ᴇ ɹ	ᴇ b		⋺ l Du. w
Nasal		...	ᴧ ŋ sing	ᴧ ñ Ital. gn	ᴊ n	ᴊ·			⊦ m		

図 23

する．有声音の記号は無声音の記号に上述の voice-symbol I の変形したものが加わる(図23参照)．そのほか，長さ・強さ・高さ・わたり等々を表わす記号がある．これらの記号はローマ字と同様に左から右へ並べて長い文の発音も表わすことができる．この種の記号はローマ字とは異り，音声生理学的見地からは形が極めて合理的であるが，単音の微細な差異(たとえば [c] から [k] を経て [q] に至る一系列の閉鎖音の無限の変種)を表記しわけ得ない点ではローマ字と同等であり，その上，印刷上の困難が大であり，書くにも不便でかつ記憶も容易ではなく，ことに母音の記号が，Bell-Sweet の説に従わない音声学者には使用が困難である，等の欠陥がある．単音を表わす記号は，そのおのおのの形が音声生理学的に合理的である必要はかならずしもなく，見わけやすく記憶しやすいことがむしろ必要条件であるから，その点だけからも，この種の記号は第一種の記号のように普及し得る資格を有しない．

§5 第三種の記号

§5.1 Jespersen の Analphabetic Notation

第三種の音声記号として有名なのは O. Jespersen の Analphabetic Notation*1)《非字母的記号》で，1884 年に発表，その後次第に改良して *Lehrbuch der Phonetik* (1926⁴) に最も新しい体系が詳説されている．彼は Bell-Sweet の記号の欠陥の一つはその字母的性質にあるとして，各単音の個々の調音要素を明瞭に示すけれども字母的に用いない非字母的記号を考案した．長い文の発音の表記にはもちろん字母的記号を用いるべきで，この記号は単音または単音連続における音声器官の働きを一目瞭然たらしめるためのものであるとしている．この記号は，ある一つの単音を表わすのに，一々の音声器官の働きを分析して示し，その単音の調音に重要な役目をつとめる調音器官はもちろん，その際に積極的な働きを示さないものまでも表記する．まず，a から l までのローマ字で調音の位置を表わし，α から ε までのギリシャ字は調音器官を，ζ は肺臓・気管などの呼吸器を表わす．調音器官を表わすギリシャ字の次の 1 から 8 までの数字は空気の通路の大きさを表わし(だいたいにおいて数字が大きいほど通路も大きく，<1 は 1 よりもやや狭く，

---

*1) ド Analphabetische Zeichen.

＞1は1よりもやや広いことを表わす)，ζの次の数字は呼気圧の大きさを表わし(数字が大きいほど呼気圧が大きい)，＋は呼気を，÷は吸気を表わす．Rは調音器官のふるえを，Vはそのくぼみを表わす．点あるいは二点(・あるいは‥)はその調音器官が同じ状態あるいは同じ運動を続けることを示す．──は調音器官の運動あるいはわたりを示し，出発点・到着点はその前後の記号で表わされる．その状態に達しないことは（または）で表わす．音声器官が休みの状態にあることは″で表わす．この記号は調音を分析的に表わすのには便利であるが，音の高さなどを表わすのには不便であり，音声器官のその他のいろいろの働きも十分表わせない．印刷上の困難はないが，Jespersenの説に賛成しない者には用いがたい点があり，記憶も容易ではない．また，単音の調音の説明に一々このような記号を必要とするわけではなく，これを精密に説明するにはこの記号だけでは不十分である．しかし，ことに調音点(本書26頁参照)の説明などにはこの記号の便利なことがあるから，本書においては随時これを使用するであろう．

§5.2 Pikeの Functional Analphabetic Symbolism　K. L. Pike が考案した Functional Analphabetic Symbolism[9]《機能的非字母記号》も第三種の音声記号である．Jespersen のものよりいろいろの点で進歩しており，普通の言語音声ばかりでなく，音声器官で発し得るあらゆるオトを表わし得るようにしてある．それは音声記号として進歩しているばかりでなく，発音運動の機能に対する理解そのものの進歩をも意味している．まず，productive mechanism《発出機構，M で表わす》と controlling mechanism《調節機構，C で表わす》とを明瞭に区別した点が特徴をなしている．前者に属するものとしては，普通に注意されている air-stream mechanism《気流機構, a》のほかに，percussion mechanism《衝撃機構, p》，induction mechanism《誘導機構, i》，scraping mechanism《搔擦機構, s》を挙げている．「衝撃機構」とは，空気が静止しているときに音声器官(たとえば両唇)が閉鎖を作ったり開放したりしてオトを発する機構のことで，子供がたわむれに舌鼓を打ちつつ舌の裏面を下顎に打ちつけて生ずるオトも衝撃音の一種であり，「誘導機構」とは，たとえば唇を大きく開きながら[ŋ]を続けて発音するときに口むろを通じてもオトがひびいてくる場合[10]の如きをいい，「搔擦機構」とは音声器官のある部分とある部分とが擦り合って(たとえ

ば歯ぎしりの場合)オトを発する機構のことをいう.「気流機構」は空気の流れを生ずる機構で, 発音運動においては, 収縮する肺臓による機構がもっとも著しく注意に上るものである. Air-chamber(空気部屋, すなわち空気をその中に蓄えた音声器官の一部分のこと)の壁の一部分がその部屋を小さくするか大きくするように運動するときには, その部分は気流の initiator《起し手, I》となる. 肺臓が最も頻繁に働く起し手であるが, Pike はその外に, 喉頭(声帯)・舌・唇・食道などが起し手となることを注意し, 一々それを表わす記号を設けている. さらに気流の方向が egressive《外行的, De》であるか ingressive《内行的, Di》であるかをも記号で示す.「調節機構」に関しては, valvate stricture《弁的閉窄, V》すなわち気流の通路(あるいは空気部屋の壁)を完成するような閉鎖(たとえば, [s][i] などのような完全な口むろ音における口蓋帆と咽頭壁との間の閉鎖)の存在するものをすべて記述し, 次に degree of air-stream interruption《気流遮止の程度, I》が complete(完全, c, すなわち閉鎖音の場合)であるか partial(部分的, p, すなわち継続音などの場合)であるかを示し, 後者をさらにいくつかにわけて記述する. Stricture《閉窄》とは, 空気の通路の完全なあるいは部分的な遮止のことであるが, rank of stricture《閉窄の位》を三つに大別し, 口むろにおけるものを primary《第一位, P》とし(primary が二つあれば一方を sub-primary《副第一位, Ps》とする), 鼻むろにおけるもの(口蓋帆上縁と咽頭壁との間のものをも含む)を secondary《第二位, S》, 喉頭におけるものを tertiary《第三位, T》とする. Acme stricture《最頂閉窄, A》とは, その単音において最も重要な役割を演ずる閉窄のことである. Features of stricture《閉窄の特徴》に関しては, point of articulation《調音点, p》を 13 区別し, articulator《調音者, a》を 17 にわけ, degrees of articulation《調音の程度, d》を長短・広狭いろいろにわけ, types of articulation《調音様式, t》は normal(尋常の, n, すなわち持続音におけるように), flap《弾音的, f》, iterative《反復的, i》, spasmodic(痙攣的, s, 咳やしゃっくりなどにおけるように)の四つを区別し, relative strengths《相対的強さ, r》は articulating movements《調音運動, a》の強さと acoustic impressions《聴覚印象, s》の強さとを記述し, shapes of articulators《調音者の形, s》は 14 を区別し, adjuncts(附属閉鎖, j, すなわち調音点における狭窄を成立せしめる附属的閉鎖, たとえば [l] の調音における舌

尖の閉鎖)を 5 にわけている．Segmental type《単音としての型，S》は 8 を区別し，function phonetically《音声的機能，F》は，the segment in the syllable《音節における単音，S》のそれを 8 種に，a syllable in a stress group《強め段落における音節，G》のそれを 3 種にわけて記述する．単音(または音節)等を記述する非字母的記号はこの程度に詳しくなって意義あるものといえようが，記憶が困難だから普及しがたいであろう．また，これとても決して完全とはいいがたいが，さらに改良を加えることができる．本書においては随時この記号を用いて説明の便をはかるであろう．

§5.3 上に説明した二種の非字母的記号の使用例を一つずつ示して，本章を終ることとする．歯茎音の [t] は Jespersen の記号を用いれば，

$$\alpha''\beta 0^f \gamma''\delta 0\varepsilon 3\zeta +$$

となる．α'' は唇が動かず，$\beta 0^f$ は舌尖が歯茎について閉鎖を形成し(p. 26 参照)，γ'' は舌の上面が働かず，$\delta 0$ は口蓋帆が咽頭壁との間で閉鎖を形成し，$\varepsilon 3$ は声門が「いき」の位置をとり，$\zeta +$ は肺臓から呼気が送られることを表わす．同じ音が Pike の記号を用いると，

$$Ma\,Il\,De\,CV\,ve\,Ic\,AP\,paatdtl\,n\,ransfs\,SiFSs$$

となる．その意味は，発出機構(M)は気流機構(a)で，起し手(I)は肺臓(l)，気流の方向(D)は外行的(e)，次に調節機構(C)としては，弁的閉窄(V)として口蓋帆上縁と咽頭壁との間の閉鎖(v)ならびに食道の閉鎖(e)があり，気流遮止の程度(I)は完全(c)で，頂点第一調音(AP)は，調音点(p)が歯茎(a)，調音者(a)が舌尖(t)，調音の程度(d)は長さが長く(tl)，調音の様式(t)は尋常(n)すなわち持続音であり，調音運動の相対的強さ(ra)は尋常(n)，調音者の形(s)は扁平(f)で伸びており(s)，単音として(S)は器械的(i)すなわち聞えない，音節中における単音としての機能(FS)は syllabic contoid《音節形成的子音類》(s)である，ということになる．この記述でもわかるように，これは [t:] を破裂させないで単独で発音した(というよりもその調音の構えを保った)場合を表わしたものである．

註
(1) [54頁] 本書では，*The Principles of the International Phonetic Association, being a description of the International Phonetic Alphabet and the manner*

of using it, illustrated by texts in 51 languages, London, 1949 (以下 *The Principles* と略称) に見えるものによる。【この新版では, *Journal of the International Phonetic Association* に附せられた 1979 年現在の the International Phonetic Alphabet を用いる。】
(2) [55 頁] H. Sweet: *Sounds of English*, Oxford, 1923², §10.
(3)　D. Jones: *An Outline of English Phonetics*, Leipzig, 1932³ (以下 *Outline* と略称), §200.
(4)　拙著『音韻論と正書法』(研究社)。【本書第3章註(16)参照。】
(5) [56 頁] *Outline* §131 以下。
(6)　上の註(1)に言及した *The Principles* (4頁以下) には「i-e, e-ɛ, ɛ-a, a-ɑ の聴覚的隔りの程度が概略等しいように」とある。
(7) [58 頁] *The Principles*, 5頁註によれば, 元の写真はロンドンの University College の the Department of Phonetics に保存されている。その縮小写真は D. Jones の *The Pronunciation of English* (new edition, Cambridge University Press) に, それより大きい複製 (ただし, [i] [a] [u] の写真) は *the Proceedings of the Royal Institution*, Vol. XXII (1919) の 12, 13 頁に見られる。
(8)　Double-sided record No. B 804, published by the Gramophone Co., 363 Oxford street, London, W.
(9) [65 頁] Kenneth L. Pike: *Phonetics, A Critical Analysis of Phonetic Theory and a Technic for the Practical Description of Sounds*, London, 1944 (以下 *Phonetics* と略称) に詳しく説明してある。
(10)　[ŋ] を発音する場合, 呼気は鼻孔を通して流れ出し, オト (この場合声) も主としてここを通って外界へ伝播することは, 一方の鼻孔をふさぐとオトが小さくなることによってもわかるが, 唇を大きく開きながら [ŋ] を発音しつつ, 手で唇を蔽ったり取り除けたりしてみると, 微弱ではあるがオトが口むろからも響いてくることがわかる。
【(補註1) [54 頁] 現在この学会の名称は The International Phonetic Association (University College, London, WC1E 6BT) で, 機関誌名は *Journal of the International Phonetic Association* となっている。】

第5章　個々の調音器官のはたらき

§1　発音運動

　発音運動とは，音声器官が言語音声を発する運動をいう．これをさらに広い意味に，すなわち音声器官がオトを発する運動の意味に解することもある．

　前の章に説明したPikeのいわゆる「衝撃機構・誘導機構・掻擦機構」によるオトは，言語音声として用いられた例が見出されないし，言語音声発出におけるこれらの機構の役割も，無視してよいほどに小さいものである．言語音声はほとんど気流機構によって生ずるといってよい．しかも，その大部分が，肺臓の収縮によって生じた呼気に調音器官が作用して生ずるものであることは，第二章において説いた通りである．本章では，主としてこの調音運動を細説する．音声記号は，国際音声字母のほかに前述の二種の非字母的記号をも用いるが，その略称は次のようである．

　　　AN＝Jespersenの非字母的記号
　　　FS＝Pikeの機能的非字母記号

§2　両　唇

　唇．調音者としての非字母的記号はAN α，FS 1．上下両唇より成り，自由に運動し，いろいろの形をとることができるが，ここでは言語音声を発する際の形や運動のみについて述べる．まず，両唇の調音について説く．

　§2.1　閉　鎖　[p][b][m]の持続部では両唇が閉鎖の状態を保っている．AN(α0)，FS(CIcAP$p$lal)．詳しく観察すると，無声閉鎖音の[p]においては肺臓から送られた呼気が直接口むろの気圧を高くするのに反し[1]，有声閉鎖音の[b]の場合には声門が声を出す状態に狭まっているので[p]の場合ほど口むろの気圧が急に高まらず，したがって[b]における両唇の閉鎖は[p]の場合ほど力を入れては行われない．有声鼻音の[m]においては呼気が鼻孔を通し

て外界へ流れ出し，口むろの気圧はほとんど高まらないので，閉鎖の力は一番弱い．[p][b][m] における唇の形の僅かな差異は，外からの観察によっても確かめることができる．口むろの気圧が高くなると頬もふくらんでくる．

また，詳しく観察すると，[pa] という場合の [p] においては，両唇が閉鎖の状態 (a0) を保つとはいうものの，持続部を通じて，口むろの気圧は高くなる一方であるから，両唇の閉鎖を保つ力はますます強くなるのが普通である．[p] の破裂しない [ap] という発音では，[p] の持続部の最初の瞬間において口むろの気圧は高くなって行くが，発音の努力が弱まり消滅するとともに気圧も低くなるのが普通である．

[pa]（たとえば，日本語の [パ]）という発音の [p] の持続部においては，なんらのオトも聞えない．その出わたりにおいて生ずる瞬間的噪音すなわち破裂音は，Pike のいわゆる「衝撃音」も混じっているが，主として，口むろに溜った空気が急激に流出するときに生ずるオトである．[ap] という発音の，破裂しない [p] の入りわたりにおいて生ずる瞬間的噪音すなわち内破音は，衝撃音も混じっているが，主として，流出しつつある空気が急激に塞止められるときに生ずるオトである(2)．

口むろおよび咽頭内の気圧が高く閉鎖の力が強いほど出わたりの破裂音が強いのが普通である．この破裂音の強い閉鎖音は fortis《硬音》といい，それの弱い閉鎖音を lenis《軟音》という（複数はそれぞれ fortes, lenes）．だいたいにおいて [p] は fortis，[b] は lenis であるが，常にそうであるとは限らない．琉球語今帰仁村字与那嶺方言の [p'ana:]《花，鼻》の [p'] は息の閉鎖音であるが，呼気が弱く，気圧が弱く，したがって出わたりの破裂音も弱い.〖14〗 また有声の [b] でもタタール語（カザン方言）の [baĭ]《富める》のは日本語（東京方言などの）[baĭ]（倍）より破裂音が弱い.〖15〗 Sievers(3) にしたがうと，南ドイツ方言ことにスイス方言には無声無気の [p][t][k] に fortes と lenes の区別があり，Jones(4) にしたがえば，無声無気の破裂的閉鎖音に呼気の強いものと弱いものと二種あり，前者はイギリス人にも [p][t][k] の一種と聞えるもので，フランス語の [pɛːr] père，[taːr] tard，[kɑ] cas などの閉鎖音がそのよい例であり，後者はイギリス人には [b][d][g] のように聞えるもので，北部ドイツに通常行われているはっきり有声の [b][d][g] の代りにドイツの多くの地方の方言

§2 両　　唇　　　　　　　　　71

で聞かれる音がそれであるとして，[ɓ][ɗ][ɠ]で表わしている(なお第6章§7.2参照)．ただし，呼気の強さは破裂音の強さとかならずしも並行しない．喜界島阿伝方言の[pʻana]《鼻》の[pʻ]は呼気がそれほど弱くないのに，閉鎖はそれをしっかり食い止めるように営まれず，閉鎖した唇が次第にふくれ気味となり，したがって口むろ内の気圧はあまり高まらず，破裂音も弱い．持続部において両唇の間から呼気が漏れれば両唇摩擦音の[ɸ]になるような音である(なお第8章§3参照)．〚16〛

[imi]と[omo](たとえば，日本語の「イミ」と「オモ」)との二つの[m]における唇の形は詳しく観察すると異る．[i]においては口角が左右へ引かれ，[o]においてはそれが中央に向って左右から近寄せられるので，[imi]の[m]では口角が左右へ引かれ，[omo]の[m]ではそれが左右から近寄せられている．[ipi]と[opo]との二つの[p]，[ibi]と[obo]との二つの[b]においても，同様な差異が認められる．ANでは[opo][apa][ipi]の三つの[p]の唇の調音を $\alpha 0^a$, $\alpha 0^b$, $\alpha 0^c$ のようにして表記しわける．

§2.2 狭　め　火を吹き消すときのように両唇が上下から狭まりその間に僅かのすきまを残しているとき，強い呼気がここを通ると，摩擦的噪音を生ずる．両唇摩擦音[ɸ](無声)，[β](有声)における唇の構えはだいたいこのようである．AN($\alpha 2$), FS(CIpfAPpl$a$lsf, pf=partial frictional, f=flat)．〚17〛　日本語でも，ことに関西以西の諸方言の話し手には「フ」を[ɸu]のように発音する人が多い．また，弱く発音された「危ない」は[aβunai]のようになることが多い．ドイツ語の wie, was などの w は中部および南部ドイツでは[β]と発音される．オランダ語の wat, wrocht も[βat][βrɔxt]と発音され，スペイン語の母音間の b も[β]である(167頁の補説参照)．

つぼめつつ著しく前へ突き出された両唇間で閉鎖を形作ることは多少困難の傾きがある．シナ語(北京)の「書舗」(Wade式ローマ字で shu¹pʻu⁴)という語の発音における第二の子音は両唇の閉鎖音が期待されるところであるが，前後の母音[u]において両唇が著しく突き出されるので，それに挟まれた子音は無声の両唇摩擦音であるのが普通である．この子音は[ʍ]で表わすこともできるが，ANを以てすれば($\alpha<1$)となるであろう．すなわち($\alpha 1$)よりも狭い狭めを有する(なお第6章§2参照)．〚18〛

§2.3 ゆるい狭め [β] の唇のせばめがゆるんでやや広くなると，ことに有声音においては摩擦的噪音がほとんど聞えなくなる．日本語(東京方言・京都方言)の [wa](輪) などの [w](有声) の唇の調音はこれに近い．この [w] の唇の狭めは，前から見ると，上下に狭く横に長い形をしている．しかるに，英語の [wil] will, [wɔːk] walk などの [w](有声) は，口角が左右から中央へ引き寄せられ，唇は前へ突き出され，前から見て丸いすきまを形作る．AN(α1). FS (*CIpfAPplalsr* あるいは *CIpv*…, r=rounded, v=nonfrictional). 《19》 その無声音は [ʍ] で表わされ，which, what などを [ʍitʃ][ʍɔt] と発音する方言がある(ただし，国際音声学協会では [ʍ] の代りに [hw] を用いることをすすめている)．《20》 日本語と英語の [w] の唇の形の大きな違いは注意を要する．また，英語の [w] は，強く発音されるときは摩擦的噪音を生ずるが，日本語の場合はそれがほとんど聞えない．

カザンタタール語の [q] には唇の狭めが伴い([qædær]《まで，ほど》の場合にはことに著しく，精密には [qʷadær] と表わすべきである)，その唇の形は日本語の [w] に似ているけれども厳密にいうと多少異る．日本語の [w] では唇が僅かながらも前へ突き出される傾きがあるが，タタール語の [q] ではその傾きが全然なく，両唇がむしろ前歯に蔽いかぶさるようになる(第6章§2参照)．《21》

[w] で表わされる音の両唇の調音は，多くわたり的である．たとえば，日本語の [wa](輪) の [w] においては，両唇が最初はゆるやかに後には速かに [a] のための位置へわたって行く(すなわち開いて行く)のが普通である．この [w] において摩擦音が聞えないのは，こういう調音の仕方にも原因がある．[awa](泡) の [w] においては両唇が閉じて開く運動をしており，両唇の形作る狭めも [wa](輪) の [w] のそれの程度に達することなく，それよりずっと広い．摩擦音的 [w]，持続的な [β] においては，いわば持続部において，両唇がむしろ狭まって行く傾きを示すことが少なくない．

§2.4 側面音 両唇の側面音，すなわち両唇が中央において閉じ，その両側または片側から呼気が流れ出る(AN αI)ような調音も可能であるが，実在の言語の代表的単音の調音としては，例が見当らないようである．スペイン語のbがしばしばこのように調音されるという．

§2 両　　唇　　　　　　　73

§2.5 **ふるえ音**　両唇のふるえ音，すなわち両唇を不規則的に振動させて(AN αR)生ずる噪音は，普通の言語音声としては利用されないようである．このふるえ音を発するには強い呼気を要する．ドイツその他では，温さ・寒さ・嫌悪軽蔑，などを表わす間投音として，あるいは馬に対する「とまれ」の合図(書物には prrr と書かれる)として，両唇のふるえ音が用いられるという．ロシヤ人やタタール人が馬を止めるときに発する音は，[p]の破裂後に直ちに長い有声の両唇ふるえ音が続く．同じく，ひどく寒いときに発する音は，有声両唇摩擦音で始まって有声両唇ふるえ音へと移る(5)．〖22〗

§2.6 **母音の唇**　「エ」と「オ」との調音における唇の形を比較すると著しく異る．「エ」においては口角が左右へ引かれ，唇が上下に開かれ気味となるので，前から上下の前歯がよく見える．「オ」においては口角が左右から中央へ引き寄せられ，唇が前から見て円い形をとる．前者の如き母音を張唇*1)といい，後者の如き母音を円唇*2)という．後者におけるような唇の形を円め*3)という．

基本母音の [i][e][ɛ] の唇を比較すると，いずれも張唇であるが，唇の開きは次第に大きくなって行く．同じく，[u][o][ɔ] の唇を比較すると，いずれも円唇ではあるが，唇のつぼめは次第に大きくなって行く(p. 57. 図12参照)．Jespersen は，これらの唇の開きに対して，次のような記号を当てた(6)．

　　α3 [y][u],　　α5 [ø][o],　　α7 [œ][ɔ]
　　α4 [i],　　　α6 [e],　　　α8 [ɛ][ɑ]

唇の開きの程度を数字によって示そうとしたのはよいが，[y]と[u]，[ø]と[o]，[œ]と[ɔ]の円めを同じ性質のものと見たのは承認しがたい(7)．Sweet は rounding《円め》を outer rounding《外的円め》と inner rounding《内的円め》とにわけた(8)．外的円めとは front vowels(前舌母音，すなわち [y][ø] など)の円めで，唇が上下から互いに近づけられるが，内的円めとは back vowels(奥舌母音，すなわち [u][o] など)や mixed vowels(混合母音，すなわち [ʉ] など)の円めを指し，口の両角が左右から中央へとつぼめられ，頬もこの運動に協力している

---

*1) hiroge-kuci; エ spread.
*2) maru-kuci; エ round(ed), lip-rounded.
*3) marume; エ rounding; ド die Rundung; フ arrondissement(le); ロ огубление.

ようだ，としている．Rousselotが自分自身(Cell-frouin出身のフランス語の話し手)の円唇母音の唇の形(両唇の形作る孔の上下の幅と左右の幅)を測定した結果[9]は，Sweetの説を裏づけると見ることができる．すなわち(単位はmm)，

前舌母音 [y]{上下 1.5／左右 6.0} [Y]{3.0／10.5} [ø]{4.0／14.0} [ö]{5.5／22.5} [œ]{8.0／29.0}

奥舌母音 [u]{上下 2.5／左右 6.0} [U]{4.5／13.0} [o]{6.0／15.0} [ò]{8.0／23.0} [ɔ]{11.5／31.0}

のようであって，前舌母音の円めの方が奥舌母音のそれより，上下の幅が多少狭い．のみならず，奥舌母音の円めは唇が前へ突き出されるのに，前舌母音のはそうではない傾きがある[10]．

[i]においては，両唇が左右にひろげられ口の両角が左右に引かれるが，[ə]（たとえば英語の [əˈlɑːm] alarm の [ə]）では唇が積極的にはたらかない．このような唇の形を弛唇*1)という．円唇*2)に対して張唇と弛唇とあわせて非円唇*3)という．

§2.7 唇の運動の分析 要するに，唇の調音を精密に記述するには，そのはたらきを少なくとも次のように分析しなければならない．

{消極的(弛唇)／積極的{拡げ{上下への／左右への}／狭め{上下からの／左右からの}／突き出し}}

たとえば，近畿方言などの「ウ」は円めがあると言われるが，上下からの狭めが著しく左右からのそれは目立たず，突き出しもごく少ないから，フランス語・ドイツ語・ロシヤ語・シナ語(北京)・朝鮮語などの [u] の上下左右からつぼめ前へ突き出す円めとは著しく異る．〚23〛

ドイツ語やフランス語の [ʃ] の唇は，左右からは狭められ，上下へは拡げられて，前へ突き出される．このような唇の形は通常，円めとは呼ばれない．〚24〛

唇は，また，内へ引いて，両唇を上下の前歯で嚙むようにすることもできるが，言語音声の調音において唇がこのような運動をすることはない，といって

---

*1) yurumi-kuci; 英 neutral or passive; 仏 neutre.
*2) 英 rounded; 独 gerundet; 仏 arrondi; 露 огубленный.
*3) 英 unrounded; 独 ungerundet; 仏 non arrondi; 露 неогубленный.

よい．ただ，両唇の吸着音（たとえばキッスの音）では，両唇が多少内へ吸い込まれるようになる．

§3 唇と歯

唇と歯との調音．歯（前歯）に対する記号は，調音点としては AN(d)，FS(d)，調音者としては FS(d) で AN には記号がない．下の前歯が上唇に触れることもできるが，言語音声には普通そういう調音は見られない．上の前歯と下唇との調音が最も普通のものである．

§3.1 狭め 下唇が上の前歯の尖に軽く触れているときに，声を伴わない呼気（「いき」すなわち ε3ζ+）が口むろのみを通して送られてきて，歯と唇との間の隙間（および歯の間の隙間）を通ると，鋭い摩擦的噪音を生ずる．英語・ドイツ語・フランス語・シナ語（北京）などの [f] がそれである．$AN(\alpha 2^d)$．両唇摩擦音 [ɸ] の例が稀であるのに，この [f] の例は方々の言語に見出されるが，それは，よく聞える [ɸ] を発するためには両唇に力をいれて調音する必要があるのに対し，[f] を発するには上歯に下唇を当てがうだけで十分であり，且つ [ɸ] よりも [f] の方が鋭くよく耳立つためである，と考えられる．〚25〛

[f] と同じ調音で，声を伴った呼気が口むろのみを通して送られてくると [v] で表わされる摩擦音を生ずる，英語やフランス語の v がそれである．ドイツ語の北部方言やデンマーク語の [v] では，下唇が上の前歯の外側の下端に触れるという．AN の記号は，前者の $(\alpha 2^d)$ に対し，後者は $(\alpha 2^{dc})$ あるいは $(\alpha 2^{cd})$．ロシヤ語やドイツ語の [v] は英語やフランス語の [v] よりも呼気が弱いので，摩擦的噪音も弱い．同様の調音で，摩擦音の聞えない音は [ʋ]（有声）で表わす（なお第8章§3参照）．〚26〛

§3.2 閉鎖 上の前歯の間に隙間のある人の多くは，これと下唇との間で完全な閉鎖を作ることができない．しかし，声を伴った呼気が鼻むろを通して流れ出るときは，前歯間の隙間で噪音を生ずることはほとんどなく（すなわちこの隙間から流出する呼気がごく僅かで），事実上 $AN(\alpha 0^d)$ で表わし得る調音が可能となる．このような鼻音は [ɱ]（有声）で表わす．笑いながら話すと [m] の代りに [ɱ] の現われることが多い．〚27〛 同様に，両唇の [p][b] のかわりに前歯と下唇の閉鎖（摩擦）音の現われることもある．

上の前歯と下唇とが堅く接すると同時に，上唇も上から蔽いかぶさって下唇との間に閉鎖を形作ることもできる．AN($\alpha 0^{b,d}$).

§4 下　顎

下顎．AN(A)，FS 無し．基本母音 [i][e][ɛ] を続けて発音すると，両唇が次第に開いて行くと同時に，下顎も次第に開いて行くのが認められる．

　下顎が母音の調音にどれほどの役割を演ずるかということについては，大いに議論があった．Sweet, Western, Trautmann, Grandgent, Forchhammer 等は，母音の開きの程度は主として下顎によって規定せられるといい，Bell, Techmer, Sievers, Viëtor, Storm, Klinghardt, Jespersen, Rousselot 等は，上下両顎の角度は母音の形成にあまり重要な意味を有しないという[11]．後の説を唱える学者は「鉛筆の端をくわえながら同じ両顎の角度を以てあらゆる母音を自由に発音することができる」という事実を好んで引用する．これに対し，A. Western は「問題は我々が何をなし得るかという点ではなくて，我々が実際に何をなしているかという点にある」と反対したが，Viëtor はこれに対し，「しかしちょうど私の自然の発音において 1-2 mm という均一の両顎の間隔を以て私はすべての母音を発音する」と報いている[12]．しかし，不明瞭な発音では，下顎があまり動かないとしても，明瞭な発音では，各言語の各母音の調音に互いに異るほぼ一定の両顎角度を必要とするようであって，鉛筆をくわえたくらいの両顎の角度ではどうにかあらゆる母音を発することができるが，厳密にいうと自由に発音した場合と全く同じ音色の母音を出し得るわけではない．ただ，鉛筆を利用する実験は，両顎の角度が母音の調音に対し決定的な意味を持っていない場合のあることを物語るものといえよう[13]．

　下顎は上述の上下運動のほかに，水平に前後左右に運動することもできる．左右の運動は言語音声の調音には意味を有しないようであるが，前後の運動は多少注意すべき場合がある．ドイツ語やフランス語の [i] では，下顎が上へ角度を狭めると同時に前へも寄っており，同じく [u] では同様に顎の角度は小さいが，同時に後へ引かれている．

§5 舌尖とその附近による調音

舌尖は，外へ出て上唇の上や下唇の下，あるいは上唇と上の前歯との間や下唇と下の前歯との間に触れることも，上へ内へ曲って軟口蓋から口蓋垂の近くまで触れることもでき，また左右の奥歯や左右の口角にも触れることができて，その運動は極めて自由である．しかし，左右への運動は，言語音声の調音には見られないようである．

舌尖の調音には，そのすぐ後の舌端やすぐ下の裏面が共にはたらくことが多い．AN は舌の裏面，舌尖・舌端，の三者を併せて β で表わす．FS は舌尖を t，舌端を c で表わす．

§5.1 閉鎖

まず，舌尖およびその附近が調音者となって閉鎖を形作る場合について考えてみる．

上唇と舌尖(舌端)との閉鎖 (AN $\beta0^b$) は普通の言語音声の調音には見られないが，間投音のそれには例がある．《28》 たとえば，ロシャ語の тьфу (t'fu) と書かれる間投詞の頭(かしら)の音は $(\beta0^b)$ で始まり $(\beta2^b)$ が続くように発音されることがある．

上の前歯の尖と舌尖(舌端)との間の閉鎖 (AN $\beta0^d$) は，歯の間に隙間のある人は完全に作ることができない．英語の th の個人的な変種にこういう調音があるという．

上の前歯の裏と舌尖との間の閉鎖．AN $(\beta0^e)$．狭義の dental《歯音》すなわち歯裏音の [t](無声)，[d](有声)，[n](有声鼻音)の舌尖の調音がそれ．歯茎音と区別するために [t̪][d̪][n̪] で表わすことがある．ロマン諸語[14]・スラヴ諸語の [t][d][n] はこれであるといわれる．日本語のもこれに近く[15]，ロシャ語のも日本語のに酷似している．シナ語(北京)・朝鮮語・蒙古語・タタール語などのも調音点は日本語のに非常に近い．《29》

上の前歯の歯茎の前部と舌尖との間の閉鎖．AN $(\beta0^{fe})$．ドイツ語北部方言やデンマーク語の [t][d][n] の舌尖の調音がそれで，舌は普通上の前歯には全然触れないという[16]．日本語「ツ」(東京方言等の [tsɯ] または近畿方言などの [tsu])の子音の閉鎖は舌端の前部と歯茎の前部との間で形成される．

上の前歯の歯茎と舌尖との間の閉鎖．AN $(\beta0^f)$．英語の [t][d][n] の舌尖の調音が典型的のものとされる．精密記号では歯裏音と区別するために [t][d]

[n]で表わす(167頁の補説参照)．調音点が AN の(f)にあっても舌尖が上へ曲らず舌が扁平のまま調音する (FS $paatss$, a=alveolar, t=tongue tip, s=straight) と，出わたりの破裂音の音色は($\beta 0^e$)の場合とあまり変らないが，舌尖が上へ曲って舌がやや凹形をなしつつ調音する (FS $paatsr$, r=retroflex) と，ことに [t] [d] の場合その出わたりの破裂音の音色が上の場合と異ってくる．英語の調音は普通後者である．こういう調音の音を特に alveolar あるいは gingival《歯茎音》あるいは supradental《上部歯音》という．〚29〛 喜界島阿伝方言の [ti] の [t] は ($\beta 0^e$) であるが，[nʟ] の [n] は ($\beta 0^f$) (FS $paatsr$) である．〚30〛〚31〛

調音点がもう少し後のものは post-alveolar《後部歯茎音》と呼び，英語の[trai] try, [drai] dry の [t][d] の閉鎖がそれである．日本語の「ラ行子音」は母音に先立たれないとき，ゆるい閉鎖音であって，調音点は[リ]の場合が一番前で($\beta 0^f$)くらい，[ロ]が一番後で($\beta 0^{gr}$)の程度である．舌尖およびそれに続く舌の裏面が調音にあずかる．〚32〛 石川県地方に($\beta 0^{fg}$)ないし($\beta 0^{gr}$)で FS($paatsr$) の[t]がある．「来ると」「すると」という場合の「ト」の[t]がそれである．

調音点が(g)より後で，調音者が舌尖およびそれに続く裏面である場合には，retroflex《そり舌音》という．インドの Hindi 語にそり舌音の [t](無声閉鎖音)，[d](有声閉鎖音)があり，Marathi 語にそり舌音の [ɳ](有声鼻音)があるという．〚33〛 シナ語(北京)の「知」「吃」(Wade 式ローマ字で chih[1], ch'ih[1] で表わされる)という音節の頭の子音の閉鎖は，舌の裏面と(g)附近とで形成され，舌尖はその際(g)よりも後に位するであろう．〚34〛

閉鎖の力は [p][b][m] の場合とほとんど同じように，無声閉鎖音の [t] 等において最も強く，有声閉鎖音の [d] 等がこれにつぎ，有声鼻音の [n] 等において最も弱い．しかし，日本語の「ラ行の子音」は，普通の後部歯茎音の [d] よりも，送られる呼気が弱く，閉鎖の力も破裂音も弱い．

§5.2 狭め

舌は両側が巻き上って，舌尖のところに小さい孔を形成し，全体が管の形をとることができる．しかし，この運動は骨が折れるから，言語音声の調音において，舌が自分自身でこのような形をとることはないようである．けれども，唇・歯・歯茎・硬口蓋などと舌尖およびその附近との間でいろいろの形の狭めを形作ることは，極めて容易である．以下この種の調音とそれによって生ずる摩擦音について記述する．いずれも口むろのみを通して呼気が

§5 舌尖とその附近による調音

送られるときに明瞭な摩擦的噪音を生ずるのであるけれども,一々はその旨記述しない.

舌尖(舌端)と上唇との間で狭めを形作ることはできるが,そういう調音による言語音声の例は稀である.

舌尖あるいは舌端が上の前歯の尖に,あるいは舌尖が上の前歯の裏に近づいて(あるいは軽く触れて),両者の間に幅の広い狭めを形作り,左右の舌縁は奥歯などに密着して空気が横に漏れないようにし,口むろのみを通して送られてくる呼気が舌尖附近を通るときに生ずる摩擦音は [θ](無声),[ð](有声)で表わされる.AN($\beta 2^e$) あるいは ($\beta 2^d$),FS($p$iat$csfs$) あるいは ($p$datsfs, i=interdental, c=blade, f=flat, s=straight).〚35〛 アイスランド語の [θ],[ð] は ($\beta 2^d$) であるというが,英語の(例えば [θiŋk] think, [ðæt] that)は ($\beta 2^e$) が普通である.($\beta 2^d$) は歯間音*1),($\beta 2^e$) は歯裏音*2)ということがある.日本語の土佐方言では「土佐」がしばしば [toθa] と発音され,奈良県吉野郡北部の方言に [eða](枝)[kaðe](風)という発音がある.これらの [θ][ð] は ($\beta 2^e$) である.〚36〛 ことに ($\beta 2^d$) の [θ][ð] と [f][v] とは調音者が違うだけで調音の仕方が非常に似ているので,聴覚印象は非常に近い.〚37〛

[s](無声音),[z](有声音)は歯裏音の [θ][ð] より鋭い摩擦音である.舌端が上の前歯の歯茎の附近に対して調音するのが普通であるが,狭めは,幅がごく狭く,前後には長いので,AN では ($\beta 1$) で表わす.上下の前歯は密着するか僅かの隙間を残す程度に保たれ,左右の舌縁は奥歯などの歯茎に密着するが,[θ][ð] の場合と異り,前舌面が多少凸形となる.調音点の細い狭めを通る呼気は,この狭めでも鋭い摩擦音を生ずると同時に前歯に吹きつけられてさらに鋭い摩擦音を生ずる.調音点は国語によって多少異るが,日本語(東京方言など)の「サ」「ス」「セ」「ソ」の子音 [s] は,だいたい歯茎の前部と舌端とで調音される.Jespersen は諸国語の [s] を次のように表記しわけている[17].

  アイスランド語・フランス語 $\beta 1^{ef}$
  デンマーク語・ドイツ語 $\beta 1^{fe}$

---

*1) ha-no-aida-on; ㋑ interdental; ㋥ interdental, der Zwischenzahnlaut; ㋠ interdental; ㋺ межзубный.

*2) ha-no-ura-on; ㋑ post-dental; ㋥ postdental; ㋠ postdental; ㋺ зазубный.

英語 $\beta1^f$

歯の裏と舌端との間で調音されても，狭めの幅が狭いと(すなわち $\beta1^e$)，[θ][ð]とは異り[s][z]に近い印象を与える摩擦音を生ずる[補註1]．

日本語(東京方言など)の「ザ」「ズ」「ゼ」「ゾ」(母音に先立たれない場合の)の子音は[z]ではなくて，同じ調音点の閉鎖音から[z]へわたって行く破擦音[dz]である．だいたい，「ツ」の子音である破擦音[ts]の有声音であるといえる．多くの日本人は純粋の摩擦音[z]を発するのに非常に練習を要する．〚38〛

舌尖が調音する[s][z]は多少音色を異にする．英語には上に説明したものの他に，舌尖が歯茎に向って調音する[s][z]がある(図24と図25を比較せよ)．

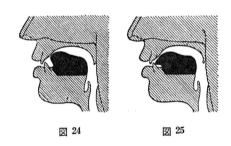

図 24   図 25

調音点が歯茎より後になるとだんだん[s][z]的な摩擦音が発しにくくなる．舌尖が上を向き，舌の裏面も調音にあずかると，[ʂ](無声音)，[ʐ](有声音)で表わされる摩擦音となるが，舌のこの部分では，[s]に必要な，幅の狭く長さの長い狭めを作るのが困難なのと，調音点と前歯との間に空間ができやすいので，音色が[ʃ][ʒ]で表わされる摩擦音に似てくる．シナ語(北京)のsh, j (Wade式ローマ字)，ロシャ語のш, жで表わされる子音はこの種の摩擦音である．ただし，シナ語のjは狭めがやや広く摩擦的噪音も弱い．

ANで表わせば，

  シナ語(北京)の sh (「是」shih⁴ の子音)　　$\beta2^{gh}$

      j (「日」jih⁴ の子音)　　$\beta24^{gh}$

  ロシャ語の　ш (шапка, шуба)　　$\beta2^g$

      ж (жарко, жить)　　$\beta2^g$

のようになろう．〚39〛

§5.3 ゆるい狭め　東京方言などの[sɯ](ス)，[dzɯ](ズ)，[tsɯ](ツ)の母

音 [ɯ̈] の舌の形は [s] のそれに近いが，舌端と歯茎との間の狭めは [s] のより広い($\beta 34^{fe}$)．声を伴った呼気が送られてくるときは著しい摩擦音を生じないが，「息」が送られてくると(すなわち [ɯ̈] の場合) [s] に似た鈍い噪音を生ずる．東北方言のあるものでは「キ」の母音が中舌的な [ɨ] であるが，その舌端の調音は上の [ɯ̈] に近いので，先立つ [k] の気音によって [s] に近い噪音を生じる．それを [kˢɨ] のように表わすことがある．《40》

南部英語の red, rich, arrive などの r は摩擦的《fricative》であるといわれ，[ɹed][ɹitʃ][əˈɹaiv] のように [ɹ] で表わされる．舌尖および舌の裏面が歯茎の後部(fg)に向って狭めを作ると同時に，前舌面が凹形をなし舌全体が左右から中央へ縮められる．Jespersen は $\beta 2^{fg}$ とするよりも βz^{fg} という特別の記号を用いた方がよいとしている．摩擦的噪音も [ɹ] よりはずっと弱い(167頁の補説参照)．ただし，[dɹai] dry の [ɹ] は摩擦音が強く，[tɹai] try の [ɹ] は前半あるいはほとんど全体が無声である．《41》

§5.4 側面音　舌尖が口むろの天井部の正中線上のいずれかの部分(e ないし h)に密着し，その両側から呼気が流れ出て生ずる音を舌尖側面音*1)という．AN(βɪ), FS(*at*sl, l=with lateral air escape)．普通は舌の両側から呼気が流れ出るが，左右いずれかの片側から流れ出る調音も個人的には見られる．《42》前者を両側音*2)(AN βɪ, FS *at*sljll, ll=bilateral)といい，後者を片側音*3)(AN βi, FS *at*sljl, 後の l=unilateral)という．音色には大した差異がない．調音点は，英独仏語の場合それぞれの言語の [t][d][n] のそれと同じであるのが普通だが，それらよりも少し後のこともある．歯の裏および歯茎の有声側面音は [l] で表わし(精密表記では歯裏音は [l̪]，歯茎音は [l] で表わす)，そり舌音(AN βɪᵍ ないし βɪʰ)の有声側面音は [ɭ] で表わす．後者の例は Marathi 語の ळ や朝鮮語の [mul]《水》などに見られる．《43》　有声の舌尖側面音は普通摩擦的噪音を生じないが，狭めが狭いと摩擦音を生ずることがある．AN(β<ɪ), FS (lpol, p=partial, o=fricative oral, l=lateral)．有声音は [ɮ] で表わし，Zulu 語の dhla《ェ eat》の dhl がそれ．《44》　蒙古語(新バルガ方言)の [gɔl]《河》，

*1)　sokumen-on; ェ lateral; ド lateral; フ latéral; □ боковой.
*2)　ryôgawa-on; ェ bilateral.
*3)　katagawa-on; ェ unilateral.

[oːlʌ]《山》などの [l] はかなり摩擦的である.〚45〛　無声音は [ɬ] で表わし，ウェールズ語の Llangollen の ll や Kaffir 語の hlamba《ェ wash》の hl にその実例が見出され，ウェールズ語のには口蓋化があるという.〚44〛　フランス語の [pœpl̥] peuple, [tabl̥] table などの [l̥] は無声音であるが，摩擦的噪音はやや弱い.

日本語のラ行の子音は方言によって [l] であることがある．東京人の中にも「歴史」「ランプ」などの語頭の子音（母音に先立たれない場合の）として [l] ($\beta\mathrm{I}^{\mathrm{fg}}$) を有するものがある.〚46〛　熊本方言などの「リ」「ル」の子音は破裂的閉鎖音であるが，「ラ」「レ」「ロ」の子音は側面音である.

§5.5　**ふるえ音，弾き音**　舌尖のふるえ音．舌尖が弾くような運動を比較的速かに数回繰り返す音をいう．有声音は [r] で表わす．AN(βR), FS(*attitv*, i=iterative, t=trill, v=vibratory trill)．それが楽音でなく噪音であるのは，声を発する声帯の振動とは異り，この種の運動が多少不規則でありかつ速かでないからである（1秒間に 15 回ないし 35 回くらい振動する）．この運動は，上を向いて多少巻き上げられた舌尖が，呼気によって前下へ弾かれると同時に，自分の弾力によってまた元の位置に戻ろうとするのを，さらに呼気によって前下へ弾かれる，というふうにして営まれる．どの言語でも，普通の会話では，振動は多くて 4-5 回の程度であるという．舌尖は弾力性があるように薄く保たれるべきで，力が入り過ぎているとこういう運動は起らない．調音点も，歯茎の後部あたりがこの運動にもっとも都合がよく，あまり前 (AN $\beta\mathrm{R}^{\mathrm{e}}$) やあまり後 (AN $\beta\mathrm{R}^{\mathrm{h}}$) では困難である．典型的な [r] (AN $\beta\mathrm{R}^{\mathrm{fg}}$) はロシヤ語・イタリア語・ポルトガル語などに見られる．ドイツ語やフランス語でも，俳優・演説家・歌手は [r] を発音する．日本語でも江戸っ子のベランメー言葉のラ行子音に [r] に近いものが聞かれる．ロシヤ語の方言には [r̥tɔm]《口で》などに無声の [r̥] が聞かれる.〚47〛

ふるえ音の [r] を発しながら，調音点における狭めを狭くすると，同時に摩擦的噪音を混ずるようになる．無声の [r̥] ではふるえ音と同時に摩擦的噪音が聞える．チェック語の ř は摩擦的ふるえ音であるといわれ，[ɪ] で表わされる.〚48〛

舌尖が歯茎あるいはその附近に対して前下へ向って弾くような運動をただ一

回だけ営むものを弾き音という．[ɾ] で表わす．スペイン語には [pero] pero と [pero] perro の区別がある．日本語の母音間のラ行子音も普通弾き音である．〚49〛

そり舌のふるえ音 [ɽ]（有声）はシナ語(北京)の強く発音された「二」「児子」(Wade 式で êrh⁴, êrh² tzŭ⁰) などに聞かれる．[ʌɽ]．〚50〛 Hindi 語のड़は [ɽ] で表わされるが，弾き音であるという．東部ノールウェー語の「厚い l」もこの種の弾き音である．

§5.6 そり舌母音 舌尖は母音の調音には普通積極的役割を演じない．下の前歯に触れているか ([i][e] などの場合)，その歯茎よりも下の部分に触れている ([u] の場合)（ただし第5章 §5.3 参照）．アメリカ英語のそり舌母音 (far, first などの母音) では舌尖が硬口蓋に向ってもち上っている．AN ($\beta 4^g$)．国際音声字母では [fɑ˞ː] far, [fɑ˞ːst] first のように，特別の記号 [e̢][ɛ̢][ɑ̢][ɔ̢][a̢] をもって表わす (167頁以下の補註参照)．ただし事情がゆるせば，記号の節約のため [aɪ][ɔɪ][uɪ][əɪ]で表わしてもよく，[ar][ɔr][ər] などで表わすこともできる．〚51〛 シナ語(北京)の「知」「吃」「詩」「日」(Wade 式でそれぞれ chih¹, ch'ih¹, shih¹, jih⁴) などの母音も同様にそり舌母音である．これらの音節の子音は，既に述べたように，程度の高いそり舌音 (AN β^{gh}) であるが，母音はその舌の形をあまり変えずに保ちながら舌尖および舌の裏面による狭めをほとんど摩擦的噪音のなくなる程度に拡げたもので，中舌面は多少中舌的な [ɿ]（英語の [bɪt] bit の [ɪ] よりは後）のようにもち上る．AN ($\beta 4^{gh} \gamma 45^h$)．〚52〛

§6 舌の表面による調音

前舌面・(中舌面)・奥舌面・舌根の調音．AN はこれらを総称して die Zungenfläche《舌の表面》といい γ で表わす．FS は前舌面《middle or front part of tongue》を m，中舌面《mid-back part of tongue》を a，奥舌面《back part of tongue》を b，舌根《root of tongue》を r で表わす．舌全体を前後左右に動かすことができるので，前舌面と上唇との間で閉鎖を形作ることもできるが，調音は，休みの状態において相対している部分，たとえば，前舌面と硬口蓋，奥舌面と軟口蓋の間で行われるのが普通である．

上述の舌尖の参加する調音が「舌尖的[*1]」と呼ばれるのに対し，舌の表面と

歯茎・口蓋との間の調音は「舌背的*2)」という．舌背的調音にあっては，舌尖は普通下の前歯の歯茎附近にあって積極的なはたらきを示さない．

§6.1 閉　鎖　舌背的閉鎖の調音点は，歯茎から軟口蓋の後縁に至るまで，その数はほとんど無限である．また，舌尖的閉鎖と異り，舌の表面で形成される閉鎖は前後の幅が広い．

日本語(東京方言等)の「チ」「チャ」(及び「ジ」「ジャ」)の子音の閉鎖は舌端および前舌面の前部と歯茎の後部との間で形作られる．この破擦音の閉鎖部分は[ȶ](「ジ」の閉鎖音は[ɟ]）で表わす学者がある．厳密にいうと，「チ」の閉鎖音よりも「チャ」「チュ」「チョ」のそれの方が調音点がごくわずか後である．AN($\gamma 0^f$)「チ」，($\gamma 0^{fg}$)「チャ」．「ニ」「ニャ」の子音における舌の調音もほぼ同様である．これらの音は「歯茎硬口蓋音*3)」というべきである．〚53〛

前舌面と硬口蓋(AN g 附近)との間で閉鎖の形作られる音は [c](無声閉鎖音)，[ɟ](有声閉鎖音)，[ɲ](有声鼻音)で表わされ，「硬口蓋音」と呼ばれる．シナ語(北京)の「基」「七」(Wade 式ローマ字で chi¹, ch'i¹)の子音の閉鎖は，前舌面と硬口蓋(AN fg ないし g)との間で形成される．〚54〛　ハンガリー語の ty, gy は($\gamma 0^g$)であるという．〚55〛

日本語(東京方言等)の「キャ」「ギャ」，「キュ」「ギュ」，「キョ」「ギョ」等の子音は($\gamma 0^{gh}$)ないし($\gamma 0^{hg}$)である．「後部硬口蓋音*4)」というべきで，事情によっては [c][ɟ][ɲ] で表わして差支えないものである．〚56〛

奥舌面と軟口蓋との間で調音される閉鎖音・鼻音は「軟口蓋音」と呼ばれ，[k][g][ŋ]で表わされるが，調音点はいろいろ異る．Jespersen は，ドイツ語の [k][g] の調音点はほぼ次のようであろうとしている(18)．

　　　[ki, gi] 硬口蓋の後部(hi)
　　　[kɑ, gɑ; kl, gl; kn, gn] 硬口蓋と軟口蓋の境目附近(ih) あるいは(i)
　　　[ku, gu] 軟口蓋(i) あるいはせいぜい(ij)

日本語の「カ行音」「ガ行音」の子音も調音点が一々異る．東京方言ではだい

---

*1)　sitasaki-teki;　英 apical;　仏 apikal;　独 apical;　露 апикальный, корональный.
*2)　sita-no-se-teki;　英 dorsal;　仏 dorsal;　独 dorsal;　露 дорсальный.
*3)　英 alveolo-palatal.
*4)　英 post-palatal.

たい次のようであろう．

「キ」(h), 「ク」(hi), 「ケ」(ih), 「カ」(i), 「コ」(ij)
私の発音では次のようである．

「キ」(hg), 「ケ」(hi), 「ク」(ih), 「カ」(i), 「コ」(ij)
これらの子音は，簡略記号ではいずれも [k] で表わされる．〚57〛 それに対する有声音の [g]（すなわち「ガ行の子音」）および有声鼻音の [ŋ]（東京の一部その他に行われる [kaŋami]（鏡）, [kaŋi]（鍵）, [kaŋo]（籠）などの [ŋ]）の調音点も，その違い方は上に示した [k] のそれと全く同様である．〚58〛〚59〛 タタール語（カザン方言）には母音間の [ŋ] がある．[jaŋa]《新しい》, [miŋa]《私に》．

奥舌面と軟口蓋の最後部（口蓋垂を含む）との間で調音される閉鎖音・鼻音は「後部軟口蓋音*1)」あるいは「口蓋垂音」といい，[q][ɢ][ɴ] で表わされる．〚60〛 AN($\gamma 0^{kJ}$)ないし($\gamma 0^{k}$)．[q] の実例としては，アラビア語の ق，エスキモー語の [qaqqaq]《山》, [ɢ] の実例としては，ペルシャ語の ق の一種の発音，アラビア語の غ の一種の発音，[ɴ] の例としては，エスキモー語の [eɴina]《エ melody》や [aɴoɴe]（グリーンランド方言，《風》）などが挙げられる．タタール語（カザン方言）には [q]（[qɑtə]《堅い》, [qʷadær]《ほど，まで》）, 蒙古語（新バルガ方言等）には [ɢ]（[ɢɑr]《手》）の例がある．ただし，これらは($\gamma 0^{jk}$)ないし($\gamma 0^{ij}$)であろう．日本語（東京方言など）の単独に発音された「パン」「本」などの「ン」は，舌全体がどこにも力のはいらない極めて弛んだ形をして，奥舌面の上に口蓋帆が弛んで垂れ下り，両者の間，少なくとも軟口蓋の最後部と奥舌面との間でゆるい閉鎖の形作られる鼻音で，[ɴ] で表わすことができる(19)．〚61〛

舌根と咽頭壁との間で閉鎖を形作ることも可能である．こういう調音によって生ずる閉鎖音は「咽頭音」と呼ぶべきである．AN($\gamma 0^{l}$)．それに対応の鼻音はない．何となれば，ここで閉鎖が作られると，呼気は口むろへも鼻むろへも流出し得ないからである．

§6.2 狭 め 次に，舌の表面による調音によって生ずる摩擦音について説明する．呼気はいずれも口むろのみを通して流出するもので，一々その旨記

---

*1) ェ post-velar.

述することは省略する.

　まず第一に注意にのぼるのは, [ʃ](無声音), [ʒ](有声音)で表わされる音である. [ʃ]は英語の sh, ドイツ語の sch, フランス語の ch で表わされる音がその代表的なものであり, [ʒ]はフランス語の j, 英語の [ˈpleʒə] pleasure の [ʒ] が代表的なものとされる. 既に述べたように, [s][z]には, 舌尖が調音にあずかるものとあずからないものとあるが, [ʃ][ʒ]にも同様にいろいろの変種がある. それにもかかわらず, [s][z]と[ʃ][ʒ]とにはそれぞれに共通にしてしかも互いに異る音色がある. [s]と[ʃ]との調音の差異に関する諸学者の意見は極めてまちまちであるが, そのうちの観察を誤っているものを除外しても, おのおのの学者が個々の言語あるいは方言の [s] と [ʃ] との調音の差異の一部のみを把握し得ているために, このように意見の不一致を来すのであると思う. Jespersen は, [ʃ]が大きく二種に区別でき, その両者に共通にして [s] とは異る点があるとして次のように述べている[20].「[[ʃ]においては]調音する舌の部分が, 休み状態において調音点【原文には「口むろの天井の該当の点」】にちょうど対している部分ではない. [s]においては, いわば, 舌の一部がその向いのものと作用するのに対し, 舌のその部分が向いのものの隣人と作用すると, その結果は [ʃ] となる」と述べながらも, 次のような制限をつけ加えている.「上顎の【前】歯自身が触れられると, 舌のかなり後の部分が作用しても常に [s] 種の音を生ずるし, 軟口蓋の方へ行くと, 摩擦音が生ずる場合には, 常に [s] よりもむしろ [ʃ] の印象を与える.」そして, この両極端を除けば, 上に述べたことはよく当てはまるとし,「さらに, [ʃ] 音においては, うつろな騒がしいオトを生ずる空洞(鍋形凹み・匙形凹み)が常にできる」といっている. しかるに, [ʃ]の二種類については, その調音を AN で次のように表現しわけている[21].

　　　$\beta*1^{f}\gamma V$　英語の sh, クロアート語(, フランス語)
　　　$\alpha 5^{a}\beta V\gamma*1^{f}$　ドイツ語の sch(, フランス語)

＊は調音者が休み状態において該調音点に対している部分でないことを表わし, V は空洞を表わす. しかしながら, 前者(すなわち $\beta*1^{f}\gamma V$)における Jespersen のいわゆる「空洞」は, この [ʃ] の音色にあまり関係をもっていない. かえって, ここにおいても調音点の狭め($\beta*1^{f}$)より前に小さい空洞ができ, ここで特

有の鈍い摩擦的噪音を生ずるのが観察され，この点で後者の(βV)と共通している．私は，この空洞こそあらゆる[ʃ]を特徴づけるものであると思う．これに反し[s]ではこの種の空洞がないか，あっても，調音点の狭い長い狭めで生ずる摩擦的噪音を鈍らせる役割を演じない．[ʃ]の狭めはそれに較べて幅がやや広く長さがやや短いのが普通で，幅の広い呼気がこの空洞に吹き込まれ，上下の前歯に当るのであるが，[s]では幅の狭い呼気が普通上の前歯に直接当ってここでも鋭い噪音を生ずる．[ʃ]では，この空洞(一種の共鳴室)を完成するために，唇が左右から狭まり上下には開くことが少なくない[22]．このように見てくると，Jespersen は，[ʃ]においては休み状態において該調音点に対していない舌の部分が調音にあずかると説いたけれども，こういう調音そのものが[ʃ]に必要なのではなく，[ʃ]に必要な上述の空洞を形作るためには，このような調音が都合がよいまでだ，と諒解される．また，このように説明すると，Jespersen の設けた制限も必要でなくなる．すなわち，上の前歯に舌が触れる場合にはこの空洞ができないから必然的に[s]的となり，軟口蓋摩擦音は調音点の前に大きい空洞ができるから[ʃ]的音色を有するといえる．そり舌音の[ṣ]の音色が[ʃ]的であるのも，調音点と前歯との間にこの種の空洞ができるからである．〚62〛

日本語(東京方言，京都方言等)の「シ」の子音は[ʃ]種の音であるといわれる一方，口蓋化されたsであるともいわれる．この音の調音においては，前舌面全体が硬口蓋に向ってかなりもち上るが(「口蓋化」があるといわれるのはそのため)，前舌面の前部が歯茎およびその後部(AN f-fg)に対して幅の比較的広い長さの比較的短い狭めを形作り，その前，前歯の直後に小さい空洞ができ(これらの特徴は[ʃ]的である)，かつ唇は上下に開き左右に引かれる．かなり明るい口蓋音的音色も有するが，同時に[ʃ]的な音色も有するといってよい．「シャ」「シュ」「ショ」の子音は調音点がそれよりやや後(AN fg)で口蓋化の程度もやや高い．〚63〛

ロシャ語の口蓋化されたsは日本語の[ʃ]よりも調音点が前であって，舌端(および前舌面の最前部)と歯茎(AN f)との間で左右の幅の狭い狭めができ，前歯の直後の空洞は日本語の[ʃ]よりさらに小さいから，いっそう[s]に近い音色を有する．ただし，前舌面は日本語の[ʃ]よりも高く硬口蓋へともち上る．

この摩擦音は [ṣ] で表わす.同じく口蓋化された z は,その有声音 [ẓ] である.
〚64〛

　これに反し,日本語(東京方言等)の「ジ」の子音は,母音に先立たれない場合には,[dʒ](精密には [ɖʐ],ただし [ɖ] は [ʈ] の有声音.第5章§6.1参照)で表わし得る破擦音である.母音間では [ʒ] であることが多い.〚53 参照〛

　日本語の方言には「セ」あるいは「シ」の子音が東京方言・京都方言などの [s] と [ʃ] の中間音であるものがある.その調音点は AN(f) ないし(fe) であるが,呼気の通路が [s] の場合よりは幅が広いのと前歯の後に小さい空洞ができるので [ʃ] 的な音色を有する.[ṣ] で表わしてもよいが,前舌面のもち上り方がロシャ語の [ṣ] よりはずっと低い点は注意すべきである.

　シナ語(北京)の「西」「下」(Wade 式ローマ字で hsi¹, hsia⁴)の摩擦音は上述の日本語(東京方言等)の「シ」の子音に似ているけれども,調音点は少し後 (AN gf) であり,前舌面もいっそう高く硬口蓋に向ってもち上っている.[ɕ] で表わす.〚65〛　有声音は [ʑ] で表わす.「基」「家」(Wade 式で chi¹, chia¹) の破擦音の摩擦音的要素として,これに近い音が現われる.[ʨi]「基」.日本語の [ʃ] も,英語などの [ʃ] から区別するためには [ɕ] で表わした方がよい.すなわち,[ɕi]「シ」,[ʥi][ʑi]「ジ」,[ʨi]「チ」.

　前舌面と硬口蓋(AN g)との間で狭めの形作られる「無声硬口蓋摩擦音」の典型的なものとしては,ドイツ語の ich などの ch で表わされる子音が挙げられる.音声記号は [ç].AN(γ²ᵍ).聞いたところ,上述の [ɕ] にかなり近い.その有声音は [j] で表わされるが,[j] で表わされる英語・ドイツ語などの音は多く弱摩擦音である.しかし,ドイツ語の [ˈziːjə] Siege, [ˈjuːɡənt] Jugend などの [j] は摩擦音であることがある.Jespersen は,ドイツ語の ja, jung の j を (γ²ᵍ) とし,英語の yes, young の y を (γ³ᵍ) とする.Viëtor-Ripman によれば,ドイツ語の語頭の j は英語の y とは異り持続音《held》である[23].

　日本語(「ヒ」と「シ」の区別のある東京方言など)の「ヒ」「ヒャ」などの子音は,ドイツ語の [ç] よりはやや後寄りである.AN(γ²ʰᵍ) ないし(γ²ᵍʰ).[çi](火),[çaku](百).〚66〛

　奥舌面と軟口蓋との間で狭めの形作られる摩擦音は「軟口蓋摩擦音」と呼ばれ,[x](無声音),[ɣ](有声音)で表わされる.AN(γ²ˡ) ないし(γ²ʲ).〚67〛〚68〛

ドイツ語の [ʔax] ach, [hoːx] hoch, [buːx] Buch の [x] が典型的無声音とされるが，先立つ母音の異るにつれ調音点も異り，ことに調音点より前の調音器官の形が異る．スペイン語では j (および e, i の前の g, 固有名詞の x) が [x] を表わす．[ˈbaxo] bajo, [ˈmexiko] Mexico. ロシヤ語の x で表わされる子音も [x] である．[xarʌˈʂɔˑ] хорошо. ただし [i][j] の前では (γ^{2h}) であって [ç] で表わしても差支えない．[ˈçiˑtrʌ] хитро. 有声音の [ɣ] の例としては，ドイツ語北部方言の [ˈtaːɣə] Tage, [ˈboːɣən] Bogen の [ɣ] ([a][o][u] の後，母音の前に現われる)，デンマーク語の bage, koge の g, オランダ語の goud, gegeven の g, スペイン語の luego の g などが挙げられる．日本語でも「ガ行鼻音」([ŋ])のない方言では，母音間に [ɣ] が現われる．[kaɣo](籠)，[aɣaru](上る)．

奥舌面と軟口蓋最後部との間で狭めの形作られる摩擦音は「口蓋垂摩擦音」と呼ばれ，[χ](無声音), [ʁ](有声音)で表わされる．AN(γ^{2kj}).〔67〕〔68〕アラビア語のとは普通それぞれ [χ][ʁ] であるという．[χalifa]《フ lieutenant》,[maʁrɛb]《フ occident》. デンマーク語にも，[ʁoː] ro《フ tranquillité》,[pχiːs] pris《フ prix》のような例があり，スイスのドイツ語では [x] の代りに [χ] が現われ，フランス語でも若いパリ人はふるえ音 [R] の代りに [ʁ] を発音するという[24]．シナ語(北京)の「好」(Wade 式で hao³)などの h は [χ] であるが，しばしば口蓋垂が同時にふるえる．

舌根と咽頭壁との間で狭めの形作られる摩擦音は「咽頭摩擦音」と呼ばれ，[ħ](無声音), [ʕ](有声音)で表わされる．AN(γ^{21}). 国際音声学協会では，アラビア語の ح (ḥā), ع (‘ain) がそれぞれ [ħ][ʕ] であるとしている．Gairdner によれば，ḥā は [x] よりずっと奥かつ下で発せられ，口蓋帆の全然振動しない《entirely without velar vibration》無声の咽頭摩擦音であり，‘ain はそれに対する有声音であるが，咽頭の緊張はそれよりも増大し，ほかにも多少異る音声器官のはたらきがあるらしく，また，その声は楽音というよりも一種のうなり声《growl》に似ているとしている[25]．Jones も Gairdner も ‘ain を発音し得るようになるには「自分の最低の声を出し，それよりさらに二音(Gairdner は一音)を低めようとする」ことをすすめている[26]．しかし，アラビア語のこれらの子音を喉頭蓋音あるいは気管支音とする学者もある(第2章§3, 第5章

§8).〖69〗

§6.3 ゆるい狭め
以上説明したいろいろの摩擦音のうち，有声のものは狭めが少しゆるむと摩擦的噪音があまり聞えなくなる．そういう種類の弱摩擦音のうち，注意すべきものが数種ある．前舌面と硬口蓋との間で調音される弱摩擦音は [j]（摩擦音と同じ記号）で表わされる．日本語（東京方言等）の [ja]（矢），[jɯ]（湯），[jo]（世）などの [j] がその例で，同種の音は多くの言語に見出される．しかし [kaja]（蚊帳）という場合の [j] は舌がずっと低く，[e̞] の程度にもち上るに過ぎない．〖70〗 このような音は，弱摩擦音と区別して，「半母音」と呼ぶ方が適当である（第7章§1参照）．ただし，[he̞ja]（部屋）の [j] では舌は半狭母音 [e] の程度にもち上り，発音の仕方によっても舌のもち上り方が少しずつ異るし，弱摩擦音の場合もその調音はわたり音的傾きがあるから，これらを一々表記しわけずに，すべて [j] で表わす方が便利である．蒙古語（新バルガ方言など）の[xajʌ]《捨てろ》，[ojʌ]《結べ》などの [j] は半母音でなく，弱摩擦音ないし摩擦音である．〖71〗

[ɥ] で表わされる音の典型的なものはフランス語に見出されるが，やはり弱摩擦音と半母音とを含む．この音の舌の調音は [j] のそれに近いが，[j] は原則として張唇であるのに [ɥ] は円唇である．ただし，その円めは英語の [w] よりも日本語の [w] に近い．また，続く母音の舌の位置が低いほど [ɥ] の舌も低くなる．[nɥi] nuit,「ɥil] huile では弱摩擦音であるが，[nɥaːʒ] nuage では [ɥ] の舌の高さは [e] の程度である．

シナ語（北京）の「越」（Wade式で yüeh⁴）は簡略的には [ɥɛ] と表記し得るが，舌の低下運動よりも唇の円めのとれる運動の方がややおくれる．「遠」（Wade式で yüan⁸）に至ってはその傾向は一層著しく，舌も一度 [o̜]（ないしは [o]）の位置を通ってから [a] の位置をとる．精密には [ɥo̜ˑaˑŋ]（ないしは [ẙo̜ˑaˑŋ]）と表記すべきものである．〖72〗

英語やフランス語の [w] で表わされる音の調音においては，両唇が狭めを形作ると同時に奥舌面と軟口蓋との間でも狭めが形作られる．Jespersen は英語の [wiː] we, フランス語の [wi] oui の [w] を，

$$\alpha^{1a}\beta f\gamma 3^{\downarrow}\delta 0\epsilon 1$$

と表記し，奥舌面はときには (γ²ᶥ) の程度にもち上ることがあるとしている[27]．

日本語の [w] では, [warɯ](割る)においては(ɣ3ʲ)の程度であるが, [kawarɯ] (変る)の [w] では舌はそれより低く, 後者は明らかに半母音である.〖73〗

奥舌面と軟口蓋との間で調音される弱摩擦音もあるが, 摩擦音と同じ記号 [ɣ][ʁ] で表わされる. タタール語(カザン方言)の [saʁæt]《時, 時計》の [ʁ] は典型的な弱摩擦音である.〖74〗

調音点における狭めの程度は同じでも呼気が弱いと弱摩擦音となる(第8章§3参照).

§6.4 **側 面 音**　舌の表面と口蓋との間でも側面音を調音することができる. 前舌面が硬口蓋に密着する有声側面音は [ʎ] で表わす. AN(ɣIᵉ). イタリア語の gl, スペイン語の ll, ポルトガル語の lh で表わされる子音がそれであり, フランス語の南部方言やスイスのフランス語には [œʎ] œil, [briʎe] briller, [vjɛʎaːr] vieillard のような例が見出されるという.〖75〗

奥舌面と軟口蓋との間で調音される有声側面音(しばしば [ɫ] で表わされる)はポルトガル語・ポーランド語・ロシヤ語にあるというが, 私はロシヤ語においてもポーランド語においてもそういう側面音は観察したことがない. ロシヤ語の問題の側面音は, 普通, 英語の dark l《暗い l》に非常に近いもので, 舌尖が歯茎の前部に密着すると同時に奥舌面が軟口蓋に向って [u] の場合のようにもち上り前舌面のくぼむ側面音である. [ˈɫɑ·fkʌ] лавка, [ˈpɑ·łkʌ] палка のように [ɫ] で表わす. AN(βIᵉᶠɣ3ʲ). 英語の [piːpɫ] people, [fiːɫ] feel, [fiːɫd] field にも [ɫ] すなわち dark l が見られ, 調音は AN(βIᶠɣ3ʲ) であるが, 聞いたところはロシヤ語のに非常に似ている(第6章§4参照). 英語の clear l《明るい l》は [liːv] leave, [lɑːdʒ] large, [luk] look, [ˈmiljən] million のように, 母音および [j] の前に現われる. 舌尖の調音は同じであるが, 前舌面がくぼまず, 奥舌面がもち上らない.〖76〗　英国の北部方言・アイルランド方言には clear l のみがあり, スコットランド人は dark l のみを発音するという[28]. ドイツ語・フランス語・シナ語(北京)の l も clear l である. 朝鮮語の [l] の奥舌面の調音は dark l に近い場合がある(補註2). 以上の側面音はいずれも摩擦的ではない.

§6.5 **ふるえ音**　舌の表面自身がふるえるふるえ音は発することは不可能であると考えられる. Grammont はパリの r が l'r dorsal《舌背的 r》であるとしているが, 舌背で frottement《摩擦的噪音》を生ずると記述しているのみで,

舌背がふるえるとは書いていない[29].

　奥舌面が適当に口蓋垂に近づくと，これをふるわせる．このようにして生ずるふるえ音は「口蓋垂ふるえ音」といい，[R](有声音)，[ʀ̥](無声音)で表わす．AN(δOR)または(ΔR)．この音の調音に際しては，奥舌面がやゝもち上って口蓋垂に近づくばかりでなく，舌の正中線に沿った部分がくぼんで溝状をなし，この溝に口蓋垂が前を向いて乗り，呼気がそれをもち上げると，口蓋垂は自分の重みでまた元の位置に帰り，再び呼気にもち上げられる，というようにして，舌尖ふるえ音における舌尖と同じような運動を口蓋垂が営む．〚77〛

　諸学者の報ずるところによると，ドイツ語では，ことにベルリン始め多くの大都会等において[r]の代りに[R]が発音される．フランス語でもパリを始め大都会等では普通[R]が用いられる．パリではふるえが少なく，弾き音の[ɾ]や摩擦音の[ʁ]となる傾きがある．スウェーデン語・ノールウェー語・オランダ語・ポルトガル語にもふるえ音の[R]がある．英語には方言に見出されるだけで Northumbrian burr の名で知られている．フランス語では [katʁ] quatre, [pudʁ] poudre, [ʁpaʁɛ] reparais のように子音の前後に無声の[ʁ̥]が現われる[30].

　Jespersen は，ドイツ語・ノールウェー語・フランス語の[ʁ]では($\gamma 2^{j}$)のような狭めができるが，デンマーク語の[R]では($\gamma 2^{1}$)あるいは($\gamma 2^{1}$)のような狭めができるとしている．Roudet は次のようにいっている[31].「舌根が咽頭壁に近づくとrに似た摩擦音を生ずる．この場合には咽頭口蓋弓がふるえ得る．Jespersen にしたがえば，デンマーク語のrはこのようにして調音される．上述の如く，アラビア語の rhaïn【ع？】もおそらく同様にして発せられるのであろう．」Grammont もまた，咽頭口蓋弓のふるえる音があるとし，それを l'r pharyngal《咽頭のr》と呼んでいる[32].

§6.6 母音における舌の表面の調音　母音の調音において演ずる舌の役割は極めて大きい．舌がいろいろに形を変えると，口むろの共鳴室の形が変り，その度ごとに違った音色の母音を生ずる．[i][e][ɛ]などにおいては，前舌面が硬口蓋に向ってもち上り，[u](日本語の「ウ」ではなく，フランス語・ドイツ語などの[u])[o][ɔ]などにおいては，奥舌面が軟口蓋に向ってもち上る．一方，[i][e][ɛ]を続けて発音すると，前舌面が次第に下って行き，[u][o][ɔ]

§6 舌の表面による調音　　　　　　　93

を続けて発音すると，奥舌面が次第に下って行く．以上述べた子音の場合とは異り，母音においては[i][u]のように舌の最も高いものでも「調音点」を定かにきめることは困難である．まして，舌の低い母音については，「調音点」を問題とすること自身が誤りであるとさえいえる．故にJespersenのANは，母音の調音の記述には適当とはいえないが，舌が前へ出ているとか後へひっこんでいるとか，高いとか低いとかは，概略的にいえるから，ANによる記述も全然無意味であるとはいえない．ANでは舌と口蓋との間の開きの程度を表わ

すのに，上のような数字を用いる．[i][e][ε]はそれぞれフランス語のfit, fée, faitの母音，[ɪ][eᴛ][æ]はそれぞれ英語のfin, men, manの母音である．

　以下に母音の調音における舌のはたらきについて考察するが，唇の場合とは異り，舌を観察することはかなり困難なので，学者の説が一致しないことがいっそう多い．張唇母音の場合は前から多少観察することができるが，横側から見た舌の形の観察はX光線を利用するのが便利である．人工口蓋によって，舌が硬口蓋のどの部分に触れるかを確かめることもできる．舌の表面の正中線（前後に引いた中線）と口蓋との距離が器械によって測定されているが，Viëtorもいっているように[33]，正中線ばかりではなく，舌の全表面の形を測定する必要がある．

§6.6.1　舌の前後の位置　前舌面が硬口蓋に向ってもち上る前舌母音と，奥舌面が軟口蓋に向ってもち上る奥舌母音とは，いずれの学者も認めるところであるが，この両者の中間的調音による母音については意見がまちまちである．

　この種の母音をA. M. Bellはmixed vowel《混合母音》と呼び，その著*Visible Speech*(1867)では「前舌面と奥舌面とが同時にもち上る混合的調音の母音」と考えたが，後に「前舌調音と奥舌調音との中間的調音による母音」と見た．

(*Sounds and their Relations*(1882); *Essays and Postscripts*(1886).) H. Sweet も mixed vowel を認め，*Handbook of Phonetics*(1877)では intermediate position 《中間的位置》を有する母音としていたのを，*A Primer of Phonetics*(1902²)以来，この母音の調音の特徴は舌全体が自然な扁平の形をとり前舌面も奥舌面ももち上らない点にある，としている．彼はさらに，扁平な形を保ちつつ舌全体を混合母音の中間的位置から奥の方へずらすと in-mixed vowel《奥混合母音》ができ，奥舌母音のもち上った舌の形をそのまま保ちつつ舌全体を前へ中間的位置へずらすと out-back vowel《外奥舌母音》ができ，前舌母音式にもち上った舌の形をそのまま保ちつつ舌全体を後へ中間的位置へとずらすと，in-front vowel《奥前舌母音》ができる，としている．すなわち，前舌母音と奥舌母音との中間的位置において調音される母音に mixed, out-back, in-front の三種の区別を認めているのである．ほかにもこの mixed vowel という名称を用いる学者があるが，「中舌面が高口蓋に向って調音する母音」[34]の意味に用いる者が少なくなく，その代りに central vowel, der Mittelzungenvokal《中舌母音》という名称も用いられる．ただ，W. Viëtor の 'Guttural-palatale Vokale'《軟・硬口蓋母音》の説明は異色があり，注目すべきものである．すなわち，彼は次のように述べている[35]．「ある母音の調音に際しては，舌が同時に軟口蓋と硬口蓋とに向ってもち上りその中間がくぼむために，両方のもち上りの性質に応じて混合的《gemischt》音色を有するところの音を生ずる．この種の母音は，フランス語には全然現われないようであるけれども，ドイツ語や英語には，あまり際立たない調音したがって曖昧な音色をもってではあるが，現われる．この音色は，中舌面をくぼめることなしにこれをわずかもち上げることによっても，同様に生じ得る．後の種類の音は，上に記述した調音法の音と実際には交替するようであるが，この種類の音も混合的《gemischt》と呼ばれる．」

以上の諸説を概括すれば次のようになる．

(1) 中舌面が高口蓋に向ってもち上る (ただし Sweet の out-back および in-front は理論的にはそれぞれ奥舌面あるいは前舌面が高口蓋附近に向ってもち上るものと，概略的にいうことができよう).

(2) 前舌面も奥舌面も著しくもち上らず，あるいは両者が同時にもち上り，舌全体が扁平な形をとる．

§6 舌の表面による調音　　　　　　95

(3)　前舌面と奥舌面とが同時にもち上り，中舌面がくぼむ．

　混合母音あるいは中舌母音と呼ばれるものはいろいろあるが，(1)の説は，これらの母音の調音における舌の最高部がだいたいその中舌部である点に注意したもので，(2)の説は，これらの母音の調音において中舌面のもち上りが著しくないのが普通で，舌全体が扁平に近い形をとっている点に注意したものと考えられる．ただ，(3)のような調音は全然不可能ではないにしても，実在の母音に見出されるか否かは甚だ疑問で，ことに Viëtor が実例として挙げているドイツ語の [gəboːt] Gebot, [bɪtə] Bitte の [ə]，英語の [təːn] turn の [əː] の調音がこのようであるとは考え難い．ただし，そり舌母音の調音では中舌面（および前舌面）がくぼむのが普通である．

　いわゆる混合母音あるいは中舌母音を見ると，中舌部のもち上る傾きの著しいものと，舌の扁平になる傾向の著しいものとあるように思われる．私の考えでは，後に述べる「はり」「ゆるみ」の関係を離れて，理論上次の二種の調音が可能である．すなわち，(A)中舌面が高口蓋に向って著しくもち上り，ここにおいて口蓋との間のもっとも狭い間隙を作る場合．(B)舌の表面の部分的な高まりがなく舌が扁平な形を保ちながら口蓋に近づきあるいはこれから遠ざかる場合．この場合には狭母音ではむしろ舌端が口蓋（すなわちこの場合歯茎）に最も近くなる（第5章§5.3と比較のこと）．

　(A)の調音はそれ自身が舌の筋肉のひきしまることを要求しているので，極度にこれが弛んでいてはとうてい成立しない．口笛で自分の出し得る最高のネから段々低いネへと移って行くうちに，舌がこの種の形を経過する．舌をこのように構えて唇を上下左右に開きながら強い呼気を送ると，ちょうど [x] と [ç] との中間音のような摩擦音を生ずる．この種の調音による母音はまだ実在の言語音中に実例を見出さないが，東京でときどき聞くところの非常に前寄りの「ウ」の調音はこれに近く，調音部位はだいたい軟口蓋の前部であるといえる．Sweet の母音体系では，high-out-back-narrow(-round) および high-in-front-narrow(-round) の調音がこの種のものである可能性が多いが，実例はノールウェー語の hɯs(high-out-back-narrow-round) が一つあるだけである．

　(B)の調音には舌の緊張したものと弛んだものとあり得る．日本語（東京方言など）の「ス」「ツ」（普通 [sɯ̈][tsɯ̈] で表わされる）の母音，およびシナ語

(北京)の「字」「次」「四」(Wade式ローマ字でtzŭ⁴, tz'ŭ⁴, ssŭ⁴)の母音がそのもっともよい例である．これらは，舌がほとんど [s] あるいは [z] の形を保ちながら，舌端の狭めが少しひろげられたもので，そのひろげ方は東京方言の母音の方が少し大きい．シナ語の母音の方が舌全体が前へ寄っている(なお，両者の差異については第5章§6.6.3, 99頁参照)．ロシヤ語の мы《我々》，ты《君，汝》の ы で表わされる母音は，強めのある位置では，[ɨi] のような二重母音であるが，[ɨ] の部分の調音は上の母音とは多少異り，舌がそれほど扁平ではなく，中舌面が前部軟口蓋附近に向って多少もち上り，舌全体がほとんど口蓋に沿った比較的扁平な形をとり，どの部分が口蓋に最も近いかは確かに言いがたい．唇は上下左右に開く(168頁の補説参照)．〚78〛

§6.6.2 舌の上下の位置 舌の上下の位置をある学者は三段に，ある学者は四段にわけ，またそれよりも多くの段を設ける学者もあるけれども，それらは便宜上のことであって深く穿鑿する必要はない．国際音声学協会の close, half-close, half-open, open という術語に対する日本語としては，「狭母音・半狭母音・半広母音・広母音」が適当であろう(第7章§3.1参照)．

基本母音 [i][e][ɛ][a] を順々に発音すると，舌全体が下降すると同時に後退して行くのが確認される．日本語の「イ」「エ」「ア」を発音しても同様である．奥舌母音の基本母音 [u][o][ɔ][ɑ] においてはこれに反し，多くの学者は舌が下降すると同時に前進するとしていたが，Jones の基本母音の写真では，むしろ後退して行くと認められる．これはさらに精密に研究する必要がある．

狭母音・半狭母音・半広母音・広母音と舌が低下して行くにつれて，下顎の角度も次第に大きくなるのが普通である．母音の調音における下顎の役割については第5章§4参照．

§6.6.3 舌の「はり」および「ゆるみ」 A. M. Bell は *Visible Speech* (1867) で primary vowels《一次母音》と wide vowels《広がり母音》との区別を唱え，英語の see, ear; say; ell および pool; go; law の母音を primary vowels と呼び ill; air, -ed, -ment; an および poor, good; ore; on, or の母音を wide vowels と呼んで，primary vowels の調音点の後の共鳴室が拡大されると wide vowels となり，wide vowels の音色の物理的原因は軟口蓋の後退《retraction》と咽頭の拡張《expansion》にあるとした．Sweet はだいたいこの説を祖述したが，primary を

§6 舌の表面による調音

narrow と改め，咽頭の緊張・弛緩の説を放棄し，wide vowels《広い母音》では舌が扁平に近づくに対し，narrow vowels《狭い母音》では凸円形に近づくとした (Handbook of Phonetics, 1877). 後，A Primer of Phonetics (1906^3, §43) では次のように説いている.「両者の区別は主として舌の形《shape》にある. narrow vowels の調音に際しては，舌の調音部に緊張の感じがあり，舌の表面は自然な wide の形よりはさらに凸円形となるが，wide の形においては舌がゆるんで扁平となる. 舌がこのように凸円形となれば，自然呼気の通路は狭められるので narrow vowels と呼ぶのである. この狭めは，舌全体が(下顎の助けをかりて)もち上った結果ではなくて，舌の調音部のみを縦に「束ねる」《bunch up》ようにしてできたものである. 故に，たとえば man の母音 ɐ (low-front-wide) のような low-wide vowel から出発するならば，その舌の位置を次第に高くして men の母音 ɛ を経て it の母音 ɪ の位置にまで達せしめることができる. その際フランス語 été の母音 [(mid-front-narrow) となることは全然ない. 同様に，ɪ はさらに高くして行くとついには z のような摩擦音《a consonantal buzz》となるが，その際フランス語の si の母音 [(high-front-narrow) を経過することは全然ない. ——すなわち，舌が wide vowel のゆるみとかなりの扁平さを保っている限りそうである. narrow と wide の区別は奥舌母音においてはそれほど明瞭ではない. ここでは舌の凸円形は口蓋垂と軟口蓋の緊張を伴うようである.」また Sweet は The Sounds of English (1910^2) では，「おのおのの母音は，その位置が表のどこにあろうとも，narrow(tense) あるいは wide(lax) でなければならない」といって，tense《はり》，lax《ゆるみ》という名称を narrow, wide と同じ意味に用いている.

　O. Jespersen$^{(36)}$ は，フランス語の fine などの母音 [i] は前舌面と硬口蓋との間に [s] (AN γ1) の場合のような前から見て Rille《小溝》のような孔ができるのに対し，英語の fin などの母音 [ɩ] は [ç] (AN γ2) の場合のような前から見て Spalt《割れ目》に見える孔ができる点に著しい相違があるとして，前者に (γ3)，後者に (γ4) の記号を与えた. そして，フランス語の fit の [i], fée の [e], fait の [ɛ] および英語の fin の [ɩ], bed の [eᴛ], man の [æ] の二組の母音の間には，たとい [ɛ][æ] のような開いた母音の区別はむしろ舌の高さにある(後者の方が低い)にしても，[i] と [ɩ] の区別に似た点もないことはない故，前者にはそれ

ぞれγ3, 5, 7, 後者にはそれぞれγ4, 6, 8 の記号を当て，それぞれ dünne Vokale《細い母音》，breite Vokale《広い母音》と呼び，奥舌母音 [u][o][ɔ] と [ɒ][ɔ┬] [ɔ┬] とをもそれぞれ同じ名称および記号で区別しているのであるから，Jespersen は，Sweet らの narrow (あるいは tense) vowels と wide (あるいは lax) vowels との区別を，少なくとも狭母音に関しては上述の点に求めているものと考えられる．G. Noël-Armfield も *General Phonetics* (29頁) において図26

図 26

のような図を示して，Jespersen のそれに近い見解を示している．Sweet の説が，むしろ舌を横から見た形の差異に両種の母音の区別を求めていると解釈されるのに対し，これらの説は，舌を前から見た形に注目している点が注意される．

一方，「はり」*1)と「ゆるみ」*2)の区別を疑ったり否定したりする学者もあるけれども(37)，母音の調音に際し舌の緊張度にいろいろの段階のあることは確かで，E. Sievers(38)の次の言葉は正しいと思う．「調音部の緊張に差異の存することは疑いない．しかし，それが両種の母音の区別にとって唯一の制約的要素であるか否かは当分決定せずにおかなければならない．」〖79〗

それでは Bell-Sweet の説に対して，いろいろの異論が出たのは何故であろうか？　その原因として次の諸点が考えられる．

第一に，両種の母音の区別は Sweet の指摘した点のみにあるのではなく，少なくとも前舌母音においては Jespersen 等のいうような区別のあることが外側からの観察によっても確かめられる．また，フランス語の [i] と較べて英語の [ɪ] は，単に舌の筋肉がゆるんでいるというにとどまらず，D. Jones(39)等も指摘しているように，舌の最高部が後者においては低いと同時に後である．

第二に，Sweet の母音の観察には多少誤りも含まれている．いったい tense

---

*1)　エ tense; ド gespannt; フ tendu; ロ напряжённый.
*2)　エ lax; ド ungespannt; フ relâché; ロ ненапряжённый.

§6 舌の表面による調音

と lax の区別は low vowels《広母音》においてはやや困難である．Sweet によれば，英語の air の母音は low-front-narrow, 同じく man の母音は low-front-wide であるが，両者の区別は「はり，ゆるみ」にあるよりは，むしろ多くの学者の説くように，後者において舌がいっそう低い点にある．のみならず，どちらかといえば後者の方が多少とも tense で，前者の方が舌が扁平に近づいている[40]．故に，Sweet の観察には，この点では舌の高低と，はり・ゆるみとの混同があると思われる．

第三に，すべての母音を tense あるいは lax のいずれかにふり分ける点に無理がある．もっとも Sweet は *Primer*³ §44 において，narrow と wide との中間の母音もあり得るとしてノールウェー語の fisk の母音を half-wide としているが，同書の 24, 25 頁及び 76 頁以下の表の母音は，いずれも narrow か wide かになっている．

このように，Sweet 等の説には批判の余地があるが，母音の調音における舌の緊張度にいろいろの段階のあることは，下顎の尖と喉仏との間に指を触れることによっても確かめ得るし，舌自身の筋肉感覚によってもある程度わかる．舌の形についても，狭い前舌母音においては Jespersen の説くところは真であるし，Sweet の説くような形の差異も存するであろう．しかし，tense vowel《はり母音》の舌が常に凸円形に近づくとは限らないようである．シナ語(北京)の「字」「次」「四」(Wade 式で tzŭ⁴, tz'ŭ⁴, ssŭ⁴) の母音は日本語(東京方言など)の「ス」「ズ」「ツ」の母音と舌の形が似ているが，後者がゆるみ母音であるのに対し前者は多少張っている《tense》点が異る．しかも，舌が凸円形になるように張っているのではなく，全体が扁平になるように力がはいっているようである．

また，舌の緊張に伴って唇や咽頭・喉頭などの緊張の現われることも多い．しかし，厳密には，これらは舌の調音とは別に記述さるべきである．シナ語(北京)の母音(一般)のように，舌の筋肉は比較的弛んでいるにもかかわらず喉頭のかなり緊張しているものもある．

以上説いたように，舌の「はり」「ゆるみ」は理論上舌の前後上下の位置とは無関係であるから，[i] と [ɪ] あるいは [u] と [ʊ] のような類似した母音間の比較ばかりでなく，[i] と [ɔ] の舌の緊張度を比較することもできる．ただ

し，緊張度の客観的基準は求めがたいから，よく知られた母音を基本として比較する程度で満足するほかはない．日本語の母音については，次のように観察される．左端のものが緊張度が最も大で右へ行くほどそれが小さい[41]．

　　　東京方言　　　　イ　ウ　エ　オア
　　　三重県亀山方言　イ　エ　　　ウオア　〚80〛

§7 口蓋帆

口蓋帆（軟口蓋）．AN では δ，FS では，口蓋帆の口むろ側の面すなわち下面を velum と称して s で表わし，その鼻むろ側の面すなわち上面（および後上の面）を velic と称し v で表わす．ここで問題とするのは，口蓋帆の運動によって生ずるその後上の面（すなわち FS v）と咽頭壁（FS h = pharyngeal wall）との間の閉鎖や狭めである．

§7.1 閉　鎖

普通の呼吸に際しては，口蓋帆は垂れ下って，咽頭壁とそれとの間に呼気の自由な通路ができているが，ある種の言語音声（たとえば [a]）を発するときには，口蓋帆がもち上って咽頭壁との間に閉鎖を形作り，鼻むろへの通路を遮断する．鼻むろを通して静かに呼吸しながら大きく口を開き，鏡にうつして口蓋帆を観察しつつ「アー」と発音すると，口蓋帆が上へもち上り，咽頭壁の見えなかった部分が見えるようになることを確認することができる[42]．

口蓋帆と咽頭壁との間の閉鎖（AN δ0）は，[p][t][k][b][d][g] などのいわゆる「閉鎖音」，[f][s][x][v][z][ɣ] などの「摩擦音」，[l][r] などの「側面音」や「ふるえ音」，[w][ɥ][j] などの「半母音」，[i][e][ɛ][a][ɑ][ɔ][o][u] などの「母音」の調音に共通して見られる．FS ではこれを「弁的閉窄」の一種（記号 Vv）として，調音運動に直接参加しないで気流の通路を完成するという間接的機能を有する点に注意している．

§7.2 鼻　音

[m][n][ɲ][ŋ] などの「鼻音」においては，これに反し，口蓋帆が垂れ下り，呼気が自由に鼻むろへ流れ出る．AN ではこの程度の狭めを，(δ2) で表わす．鼻声と有声閉鎖音との違いは，概略的にいって，(δ2) であるか (δ0) であるかという点のみにあるといえる．すなわち，調音点の同じものを上下に並べるならば，

§7 口蓋帆　　　　　　　　　101

	$\alpha0$	$\beta0^e$	$\beta0^g$	$\gamma0^g$	$\gamma0^i$	$\gamma0^k$
$\delta2\varepsilon1$		m	n	ɳ	ɲ	ŋ	N
$\delta0\varepsilon1$		b	d	ɖ	ɟ	g	ɢ

となる．ただし，閉鎖音の持続部においては呼気が外界へ流れ出し得ないので，口むろと咽頭の気圧が高くなり，調音部における閉鎖の力は鼻音より大きく，したがって，厳密にいうと，閉鎖のしかたも鼻音と閉鎖音とでは完全には同じでない．

§7.3 鼻音化　鼻音以外の音の調音において，口蓋帆と咽頭壁との間に閉鎖ができずに，呼気が鼻むろへも流れ出る場合には，その音は「鼻音化されて*1)」いるといい，またその音には「鼻音化*2)」があるという．

鼻音化母音は，それと口むろの調音の同じ口母音*3)を表わす記号の上に[~]をつけて表わす．たとえば[ĩ][ã][ũ]は鼻音化された[i][a][u]である．〖81〗

ポルトガル語にはこの種の鼻音化母音が盛んに現われる．[fĩ] fim, [kãmpu̧] campo. Jespersenはこの鼻音化を(δ2)で表わしている．

この程度に鼻音化された母音は，日本語(東京方言等)にもいろいろのものが見出される．すなわち，母音の前の「ン」がそれである．「エ」「ア」「オ」の前ではそれらよりやや狭い母音であり，「イ」「エ」の前ではそれらよりやや後寄り，「ア」「オ」の前ではそれらよりやや前寄りの母音である．たとえば(音韻記号を併せ示す)(43),

　　[taĩi]　　/taɴ'i/　　（単位）
　　[saẽɛɴ]　　/saɴ'eɴ/　　（三円）
　　[daỹaɴ]　　/daɴ'aɴ/　　（断案）
　　[nãɔ̃ː]　　/naɴ'oo/　　（南欧）
　　[daũɯ]　　/daɴ'u/　　（弾雨）

これらの鼻音化母音の後には常に音節の切れ目がある．〖82〗

フランス語が四種の鼻母音*4)をもっていることは有名である．[œ̃][bɔ̃][vɛ̃]

---

*1) エ nasalized; ド nasaliert; フ nasalé; ロ назалированный.
*2) bionka; エ nasalization; ド die Nasalierung; フ la nasalisation; ロ назализация.
*3) kuci-boin; エ oral vowel.
*4) hana-boin, biboin; エ nasal vowel; ド der Nasalvokal; フ la voyelle nasale; ロ носовой гласный.

[blɑ̃] un bon vin blanc. [ɔ̃][ɛ̃] は精密には [ɔ̞̃][ɛ̞̃] で表わすべきものである。これらの母音においては，ポルトガル語などの鼻音化母音よりも強い程度の鼻音化が存すると認められる。それはおそらく口蓋帆の垂下の程度が一層著しいためで，Jespersen はフランス語の鼻母音における口蓋帆の調音を(δ3)で表わしている。

(δ2)の程度に鼻音化した [ĩ] や [ɪ̃] は楽に発音できるが，ふるえ音の [r̃][R̃] は発音が困難である。けだし，舌尖や口蓋垂をふるわすのにはかなり強い呼気が口むろを通して流れる必要があるのに，(δ2)の程度に口蓋帆が垂下していると呼気が大部分鼻むろの方へ流れ出すからである。〚83〛

摩擦音も(δ2)の程度に鼻音化されると，ほとんど摩擦的噪音が聞えなくなってしまう。これも，通常の摩擦音を発するには，かなり強い呼気が口むろを通して流れる必要があるからである。日本語(東京方言など)の [s][ʃ] の前の「ン」は，

　　[keũsa](検査)，　　[deĩʃa](電車)⁽⁴³⁾

のように発音されることもあるが，

　　[sez̃so:](戦争)，　　[geʒ̃ʃo:](現象)⁽⁴³⁾

と表記すべき発音も少なくない。しかしこの場合にも，[z̃][ʒ̃] は，入りわたりも鼻音化しているのと，それ自身も(δ2)の程度に鼻音化していてほとんど摩擦的噪音を生じないので，聞いたところかなり鼻音化母音に似ている。指で両方の鼻孔をふさいで発音してみると，[z̃][ʒ̃] の摩擦音がやや強くなる。〚84〛

大島郡喜界島阿伝方言には [ʔijĩ](稲)，[huw̃ũi](漕ぐ)という発音があり，[j̃][w̃] のそれぞれ硬口蓋あるいは軟口蓋における狭めはかなり狭いけれども，ここでほとんど摩擦音を生じない。〚85〛

[p][t][k][b][d][g] が (δ2)の程度に鼻音化されるとそれぞれ [m̥][n̥][ŋ̊][m][n][ŋ] となる。しかし，鼻音化の程度がもっと弱いと，出わたりに，有声音においては，[b][d][g] のよりも弱く [m][n][ŋ] のよりも強い破裂音が聞える。このような音は [p̃][t̃][k̃][b̃][d̃][g̃] で表わすことがあり，その口蓋帆の調音は(δ1)で表わすことができる。日本語土佐方言の [ẽda](枝)，[kãgo](籠)は無造作な発音ではしばしば [ẽd̃a][kãg̃o] となる。〚86〛 謡曲などに見られる [tn][kŋ] などという連音における咽頭壁と口蓋帆との間のいわゆる「鼻

的破裂音」*1)を [t̆][k̆] のように表わす人があるが,正しくない.〚87〛

　Jespersen はドイツ語の [ˈʔalə] alle などの弱い [ə] に見られる軽い程度の鼻音化を (δ1) で表わしている.

　また,口むろにおいては持続的閉鎖が形成されるが,その閉鎖中に口蓋帆が (δ2) から (δ0) へわたって行く単音もある.これは [m̆b][n̆d][ŋ̆g] で(あるいは閉鎖音記号の上にも [˘] をつけて)表わし得る.上述の土佐方言の単語は [ĕnda][kăŋgo] のように発音されることもある(なお第8章§2,138頁参照).

§8 咽頭以下の諸器官

　咽頭以下において最も重要なはたらきをする音声器官は声帯であり,それの呼気(吸気)に及ぼす作用を「喉頭調音」という学者もある.喉頭調音については,第2章(§6)に説いた.

　その他の諸器官,喉頭蓋(第2章§5)・食道(第2章§8)・仮声帯(第2章§5)などが,発音運動にあまり重要な役割を演じないことも,同じ章において述べた.ただし,Polivanov にしたがうと,Panconcelli-Calzia は,アラビア語のع('ain)においては喉頭全体がもち上り,喉頭蓋が喉頭に近づき,声帯が低くひびく声を発するといい,同じくط(ṭā)においてはその破裂に際して喉頭蓋が下へ打つために生ずるに違いないオトが聞えるとしている.Polivanov はこの説にしたがって,アラビア語のح(ḥā),ع('ain)および emphatic consonants すなわちص(ṣād),ض(ḍād),ط(ṭā),ظ(ẓā)では,喉頭蓋が声門に近づき,前者のあたりで摩擦音を生ずるとして,前の二つの子音を「喉頭蓋音」《эпиглоттальный》,後の四つを「喉頭蓋化音」《эпиглоттализованный》といっている(44).また Noël-Armfield は 'ain (ع) はおそらく仮声門も狭まった stage whisper (舞台で俳優たちの発する「ささやき声」)に似た強いささやきのように聞えるという(45).しかし,ḥā (ح),'ain は咽頭音,ṣād (ص),ḍād (ض),ṭā (ط),ẓā (ظ) は咽頭化音とする説が有力である(第5章§6.2,第6章§5,第2章§3参照).

註
(1) [69頁] 日本語・ロシヤ語・英語・ドイツ語などの [p] の場合.フランス語の [p] のように唇の閉鎖と同時に声門も閉鎖するものは,やや事情を異にする.

*1) ヱ nasal plosive, また faucal plosive, velic release (Pike) ともいう.

(2) [70頁] *Traité*, 39頁.
(3) *Grundzüge*, §172, §333.
(4) *Outline*, §567.
(5) [73頁] ロシヤ語では，前者を пpp…(=prr…)，後者を бpp…(=brr…)と書く (*Vvedenie*, 65頁).

　タタール語で「(馬車にのって)外出する」という意味の幼児語に '$\pi\pi$-ɣakit-' という言葉がある (-ɣaは「…へ」「…に」, kit- は「出かける」の意). ここに仮りにπで表わしたのは [p] で始まり有声の両唇ふるえ音の続く音であるが，その調音に際しては，同時に舌尖が [l] の調音 (βl^e) をしている. この言葉は馬をとめる時に発音する音に由来するものであろう.
(6) *Lehrbuch*, 2.5., 9.22., 32., 42., 6., 7., 8.
(7) また，[w][u][o][ɔ] の唇の調音の差異を $a1, 3, 5, 7$ で表わすのはよいとしても，[β][i][e][ɛ] のそれを $a2, 4, 6, 8$ で表わそうとするのは問題である. [w][u][o][ɔ] においては，唇が上下左右からつぼめられている点が共通であるが，[β] においては両唇が上下から狭められるのに，[i][e][ɛ] においてはこれが上下にもひろげられている.
(8) *Primer*, §39.
(9) [74頁] *Principes de phonétique expérimentale*, tome II, 473図.
(10) 前東京帝国大学文学部講師 Otto Kurz 氏のドイツ語の発音において，u と ü との円めの著しく異るのを観察したことがある. すなわち，誇張した場合に，前者においては唇が著しく前へ突き出されると同時に上下左右からつぼめられてほとんど円形に近い孔を形作り，頬はくぼむ. これに反し，後者では唇が前へ突き出されることなく前歯に押しつけられたようになり，同時に上下左右からつぼめられるが，上下のつぼめの方が強く，長軸が水平の方向を向く楕円形に近い孔を形作る. その他，二三のドイツ人にも同様な傾向のあることを観察した. しかし他のあらゆる言語においても同様であるか否かはさらに調査を要する. シナ語(北京)では [u][y] ともにその円めは上の u のそれに近いようである.
(11) [76頁] W. Viëtor: *Elemente der Phonetik*, Leipzig, 1923[7] (以下 *Elemente* と略称), §36 Anm. 3; J. Storm: *Englische Philologie*, I, Leipzig, 1892, 96–7頁; *Lehrbuch* §2.9.
(12) *Elemente*, §36 Anm. 3.
(13) 私自身の調音を観察すると，明瞭な発音では両顎が各母音において一定の角度をとり，「イ」「エ」「ア」と発音しても「ウ」「オ」「ア」と発音しても，角度は小から次第に大となる. 歯を堅くくいしばっていると，「イ」「ウ」はどうにか発音できるが「ア」はやや困難で [ə] に多少近づき，「ニ」と「オ」に至っては正常なものを発することができない. 「エ」を発しようとして舌に力を入れると音色が「イ」に近づき，力をぬくと中舌的な [ë] のようになる. 「オ」も同様で，舌に力を入れると [u] に近くなり，力をぬくと中舌的な [ö] のようになる. これは，下顎が高い位置にあるままで，舌が「エ」や「オ」の時のような形をとろうとすると，[i] や

第5章 個々の調音器官のはたらき

[u] に近い母音を発する結果となり，舌の形を変形して「エ」や「オ」に近い音色の母音を発しようとすると，[ë] や [ö] のようなものとならざるを得ないのであろう．

(14) [77頁] P. Passy (*Les sons du français*, Paris, 1925[10], §179) にしたがえば，フランス語(少なくとも北部の)の [t][d] は普通，舌尖を下の前歯に当てがい，舌端を上の前歯およびその歯茎につけてここで閉鎖を形成する．ポルトガル語のは，舌尖を上の前歯につけて閉鎖を形成する．

(15) 私の [t][d][n] では，舌尖が上の前歯と歯茎との境目附近にあたり，その前後の部分が前歯の裏および歯茎の前部に触れて閉鎖を形成する．閉鎖を形成する力の重心は前歯ではなく，歯茎のごく前の部分に加わる．この重心が前歯に加わる調音をなす日本人も少しはあるようである．

(16) *Lehrbuch*, §3. 32.
(17) [79頁] *Lehrbuch*, §3. 4.
(18) [84頁] *Lehrbuch*, §4. 15.
(19) [85頁] 日本語の「ン」は母音の前では鼻母音である．これらすべての「ン」を /N/ で表わすことは音韻記号としては正当であるけれども，国際音声学協会が 'Japanese syllabic nasal' (すなわち「ン」) を特別の記号 [ŋ] で表わそうとするのは，この音の音声学的分析の努力を放棄することに等しいと思う．
(20) [86頁] *Lehrbuch*, 46頁.
(21) *Lehrbuch*, 47頁.
(22) [87頁] 本書第5章§2.7参照.
(23) [88頁] *Lehrbuch*, §8. 56, W. Ripman: *Elements of Phonetics*, London & Toronto, 1926[9], §90.
(24) [89頁] *Petite phonétique*, §223.
(25) W. H. T. Gairdner: *The Phonetics of Arabic*, London, etc., 1925, §§28, 29.
(26) *General Phonetics*, §126, Gairdner: 上掲書§28.
(27) [90頁] *Lehrbuch*, §8. 51.
(28) [91頁] M. V. Trofimov and D. Jones: *The Pronunciation of Russian*, Cambridge, 1923, §§537, 538.
(29) [92頁] *Traité*, 73頁.
(30) *Petite phonétique*, §202 以下.
(31) L. Roudet: *Éléments de phonétique générale*, Paris, 1910 (以下 *Éléments* と略称), 137頁.
(32) *Traité*, 74頁.
(33) [93頁] Zur Systematik der Vokalartikulation (API: *Miscellanea Phonetica*, 1914), 4頁.
(34) [94頁] *Outline*, §78 'mixed vowel.'
  Grundzüge, §239 'gemischte (*mixed*, palatogutturale) Vokale.'
  Éléments, 78頁 'voyelles mixtes.'

Petite phonétique, §234 'voyelles moyennes.'
Lehrbuch, §9.5. 'Mittelzungenvokale.'
などは，いずれもここに説明した「中舌母音」と同様の意味である．

(35) *Elemente*, §66.
(36) ［97頁］*Lehrbuch*, §4.5. 以下，§9.6. 以下．
(37) ［98頁］Trautmann, N.: *Die Sprachlaute*, §165. *Éléments*, §44.
(38) *Grundzüge*, §258.
(39) *Outline*, §159 以下．
(40) ［99頁］*Outline*, §277 の註．
(41) ［100頁］E. R. Edwards (*Étude phonétique de la langue japonaise*, Leipzig, 1903, §2) は日本語の「イ」をゆるみ母音としているが，それはフランス語の [i] と較べるとゆるんでいるというまでで，日本語の五つの母音の中ではもっとも張っており，英語の [ɪ] よりもずっと張っている．
(42) 医者が患者の咽喉を見るときに，「アー」といえと命ずるのは，咽頭の様子をいっそうよく観察するためである．
(43) ［101, 102頁］本章の註(19)にも述べた通り，国際音声学協会がこれらすべての「ン」を [ŋ] で表わそうとするのは，音声学的分析を放棄することに等しい．
(44) ［103頁］Е. Д. Поливанов: *Введение в языкознание*, Ленинград, 1928 (以下 *Vvedenie* と略称), 141頁. Panconcelli-Calzia: *Die experimentelle Phonetik in ihrer Anwendung auf die Sprachwissenschaft*, 47頁. 本書第2章§3, 第6章§5参照．
(45) *General Phonetics*, §127.

【(補註1)［80頁］第8章補註3参照．】
【(補註2)［91頁］多少口蓋化されている例がある．〚43〛参照．】

第6章　二重調音およびその他の発音

§1　二重調音，三重調音など

　前の章においては，主として個々の音声器官のはたらきを分析的に考察した．本章においては，二箇所あるいはそれ以上において調音の営まれる場合について述べ，併せて肺臓以外の音声器官が気流の起し手となる発音について述べる．

　肺臓から送られる呼気に対し，調音器官が二箇所において閉鎖あるいは狭めを形作ることを二重調音[*1)]という[(1)]．ただし，口蓋帆による鼻むろへの呼気の通路の閉鎖，食道の入口の閉鎖などは普通そのうちに数えられない[(2)]．食道の閉鎖はほとんどすべての言語音の発出に際して起るし，鼻音以外の言語音は，口むろのみを通る呼気によって発せられるのが普通だからである．二重調音において，そのうちの一箇所における閉鎖あるいは狭めがその音にとって重要である場合には，それを第一調音といい，他を第二調音という．第三(第四)の調音，したがって三重(四重)調音も可能である．

　第二(あるいは第三等)調音は，その起る場所によって，唇音化・口蓋化・軟口蓋化・咽頭化・声門化などと称する．

§2　唇音化[*2)]

　第二調音として唇が英語あるいは日本語の [w]（第5章§2.3）のそれに近い形をとること．国際音声字母では [kw][tw][ŋw] のように，唇音化のない対応の音を表わす記号の次に [w] をつけて表わすか，[ʦ̫][ṱ] のように音声記号の下に [ʷ] をつけて表わす．《88》　ただし，唇音化された [θ][ð] あるいは [s][z]

---

*1) ＝ double articulation.

*2) kucibiru-ka; ＝ labialization(あるいは labialisation 以下同様)； ド die Labialisierung; フ la labialisation: ロ лабиализация.

は [σ][ǫ] (Doke 教授のすすめる Shona 語の正書法の§2), 唇音化された [ʃ][ʒ] あるいは [ç][j] は [ᶗ][ᶚ] (たとえば, アフリカ黄金海岸の Twi 語の i, e, ε の前の hw と w) で表わしてもよい. ただし, 前者は [sf][zv] あるいは [sɥ][zɥ], 後者は [ʃw][ʒw] と表わすこともできる.

日本語の辺境の諸方言には唇音化された [k][g] がある. たとえば [kwaʃi] (菓子) ([kw] は唇音化された [k]). 英語の twinkle, quick, swing などの語頭子音も唇音化されている. しかし, 唇の形はおのおのの国語の [w] のそれに似ている. カザンタタール語の [q] の唇音化については第5章§2.3 を見よ.

[p][b][m] の唇音化というのは, 英語における唇音化のように, 唇が前へ突き出され, 左右の口角が中央へとつぼめられることである. このような唇音化においては, 両唇の閉鎖を作ることがかならずしも楽ではない. シナ語(北京)の「書舗」(Wade 式で $shu^1p'u^4$) の第二子音が普通, 摩擦音であるのはそのためであって, この子音は [ʍ] の一種と見ることもできるが, 上下から狭める力が強い点より見れば, 上の意味における「唇音化」された [ɸ] ということもできる(なお第5章§2.2参照).

英語の [w][ʍ] は唇と軟口蓋との二重調音を有するが, 両唇の狭めがむしろ第一調音であるから, 唇音化子音とはいわない. これに反しドイツ語の [buːx] Buch の [x] は普通唇も [u] のそれに近い形をとっているが, 軟口蓋における摩擦音が強く, 唇音化軟口蓋摩擦音である.〖89〗 ロシヤ語の方言には [ɫ](第5章§6.4)の代りに唇音化された弱摩擦音の [ɣ] の現われるものがある.

母音 [u] は両唇と軟口蓋・奥舌面とで, 同じく [y] は両唇と硬口蓋・前舌面とで狭めができるが, 咽頭および口むろの共鳴室全体の形がこれらの母音にとって大切なのであるから, それらの狭めのいずれかを第一調音あるいは第二調音というべきではない.

唇音化は同時に軟口蓋化(第6章§4)を伴うことが多い. この点からも, 唇音化の記号として [w] あるいは [ɯ] を用いることは適当であると考えられる.

唇音化と同時に口蓋化(第6章§3)のおこることを front labialization《前部唇音化》と呼ぶことがあるが, これは軟口蓋化を伴う唇音化すなわち back labialization《後部唇音化》に対する名称である. 国際音声字母では「前部唇音化」を [bɥ] のように [ɥ] で表わす. たとえば, Pedi 語の [bɥale]《エ now》.

唇音化子音は，その入りわたりあるいは出わたり，あるいは両者，ことに出わたりに [w] のような音が聞えるのが普通である．英語の [kwait] quite ではこの出わたりの [w] がかなり長いが，日本語の [kwaʃi]（菓子）では普通短い．[ka̠][ko̠] などの出わたりが短いほど，[ka][ko] の [k] の出わたりとの違いが大きくなる．すなわち，[k̠] から [a][o] へ移る際に，少しでも [k] の破裂に先立って下顎が下へ開かれると，軟口蓋と奥舌面との間の閉鎖と両唇の狭めとの間の空洞が急にひろがるため，外の空気が両唇間の隙間を通して口むろの中へ流れ込もうとし，両唇はむしろ互いに近寄ろうとする．そして [k] の破裂がおこると直ちに両唇がはじき開けられるようにして開放されるさまは，[w] から [a][o] などへわたるときに，両唇が自分の力（と下顎の共同的運動）によって開くのとは異り，[p] から [a][o] などへわたるときに両唇が流れ出る呼気の力で急に押しあけられるのに，むしろ似ている．このために [ka] の子音の出わたりは [ka] の子音の出わたりと音色が非常に異り，かえってこの [k̠] は調音も音色も [p] に似たところがある．多くの言語で [k̠]→[p] という音変化がおこっているのは，このためである．

§3 口蓋化*¹⁾

第二調音として，前舌面が硬口蓋に向って [j][i] の場合のように，あるいはそれに近くもち上ること．国際音声字母では [t̢][d̢][n̢][s̢] のように鉤印で口蓋化を表わすか，口蓋化子音と非口蓋化子音と両方を有する言語の口蓋化音を表わすには [tj][dj][nj][sj] のように [j] を添える．また [ż]（=[ẓ]）のように [˙] で口蓋化を表わす．音韻として，非口蓋化の [ʃ][ʒ] から区別されている口蓋化された [ʃ][ʒ] を表わすためには，特別の記号 [ʃ̢][ʒ̢] を用いることがある．

両唇音や唇歯音の口蓋化においては第一調音はほとんど変化しないが，口角が左右へ引かれる傾きがある．

舌尖が歯茎の前部に対して調音する [t][d][n] も，第一調音をほとんど変化せずに口蓋化することは不可能ではない．しかし，実在する口蓋化歯音 [t̢][d̢]

---

*¹⁾ 「硬口蓋化」とは普通いわない； palatalization； die Palatalisierung（あるいは die Mouillierung）； la palatalisation (la mouillure)； палатализация.

[ȵ] というのは，舌端または前舌面前部または両者で閉鎖の形作られることが多い．ロシヤ語の[t̻][d̻][n̻]も舌端と歯茎(AN f)との間で閉鎖の形作られるのが普通のようである．同様に[ṣ][ẓ]においても舌端(および前舌面の最前部)と歯茎との間で狭めができる(第5章§6.2)⁽³⁾．また，ロシヤ語の[t][d]が純粋の破裂的閉鎖音であるのに，[t̻][d̻]の出わたりには摩擦的噪音が聞える⁽⁴⁾．〚90〛

硬口蓋子音[c][ɟ][ɲ][ʎ][ç][j]などはそれ自身の調音が口蓋化と同一であるから，これらの子音が口蓋化されるということは，普通いわない．〚91〛 ただし，[ç][j]の狭めが一そう狭くなることを口蓋化という人はある．また[ji]という単音連続のことを口蓋化された[i]という人もある．

軟口蓋子音[k][g][ŋ]なども口蓋化されることができる．しかし，口蓋化の程度が高い場合には，第一調音を元のまま保つことは困難で，調音点が前へ移動するのが普通である．[k][x]などは普通，口蓋化されると同時に調音点が前である[k][x]を表わす．普通の[g]と口蓋化された[g]とを区別して表わす必要がある場合には，前者を[g]，後者を[ǵ](あるいは[ɟ]の方がよい)で表わすことを国際音声学協会ではすすめている．

実在の口蓋化子音はその前後，ことに出わたりに[j]式のわたりの聞えるのが普通で，ロシヤ語の口蓋化子音はことにこの出わたりが長い．ロシヤ語の[ˈm̦aˑsʌ]《肉》と日本語の[m̦aku](脈)とを較べると，[j]式の出わたりは，ロシヤ語の[m̦]の方がはるかに長く，わたり音[j]が存在すると見て[ˈmjaˑsʌ]と表記することが正当であるといってよいほどである．[ṣem̦]《七》，[t̻en̦]《陰》の[m̦][n̦]のように，ロシヤ語の音節末の口蓋化子音と先行母音との間には短い[j]式わたりが聞える．〚92〛〚93〛

前舌面の調音する[ɲ]と，舌尖の調音する口蓋化[n̦]と，二つの単音の連続である[nj]とは，理論的には明瞭に区別される．〚94〛

§4 軟口蓋化*⁽¹⁾

第二の調音として奥舌面が軟口蓋に向って[u][w][ɣ]の場合のように，あ

---

*1) エ velarization; ド die Velarisierung(あるいは die Gutturalisierung); フ la vélarisation; ロ веляризация.

るいはそれに近くもち上ること．国際音声学協会では，軟口蓋化音を [t̴][d̴][s̴][z̴] などのような記号で表わす(次の第6章§5を見よ)．〚95〛 英語の「暗い l」やロシャ語の「硬音のл」(非口蓋化的 l)には軟口蓋化があり，[ɫ]で表わされる(第5章§6.4参照)．フランス語・ドイツ語・ロシャ語・シナ語などの [u] の前の子音，英語の [w] の前の子音などにもある程度の軟口蓋化がある．

軟口蓋子音 [k][g][ŋ][x][ɣ] などはそれ自身の調音が軟口蓋化と同一であるから，これらの子音が軟口蓋化されるということは言わない．軟口蓋化には唇音化が伴って現われやすい．

[w] には軟口蓋化のあるのが普通であるが，この軟口蓋化が強まると唇音化した [ɣ] のようになり，さらに [g] に変化し得る．

§5 咽 頭 化*1)

第二の調音として咽頭に狭窄の生ずること．これは主として舌根が咽頭壁に近づくことによって起る．国際音声学協会では，咽頭化音を [t̴][d̴][s̴][z̴] などのように軟口蓋化音と同じ記号で表わす．〚96〛

アラビア語の 'emphatic consonants' すなわち ‿(ṣād), ‿(ḍād), ⊥(ṭā), ⊥(ẓā)は，国際音声学協会では咽頭化子音 [s̴][d̴][t̴][z̴] と見ているが(5)，Gairdner は軟口蓋化子音と見ている．ただしこの言語の [t][d][s][z] を dentals とし，[t][d] では舌端が歯の裏と調音すると記述する一方，[t̴][d̴][s̴][z̴] は alveolars《歯茎音》とし，唇が上から垂れ下るとしている．彼の著書に示された写真を見ると，[s] の唇は張唇であるが，[s̴] では唇が上下から狭められ気味となっている(6)．一方，Polivanov らのように，これらの子音を，喉頭蓋が声門に近づくところの喉頭蓋化音*2)とする学者もある(第5章§8参照)．

§6 二重調音子音*3)

口むろの二箇所で同時に調音のおこる子音で，西アフリカの言語には [kp][gb][ŋm] のような両唇・軟口蓋閉鎖音があるという．〚97〛 これらの音は，

---

*1)　эｒ pharyngalization, pharyngealization.
*2)　ｒ эпиглоттализованный.
*3)　эｒ consonants with double articulation.

上に示したように，二つの音声字母を [‿] (あるいは [⌒]) で結んで示すこともあるが，単に [kp][gb][ŋm] のように字を二つ並べて表わしてもよい[(7)]．[p̂k][m̂ŋ] または [pk][mŋ] のようにして表わすこともある．なお，[pk][bg] が破裂するときに，[p][b] の破裂が [k][g] のそれに先立ち，かつ吸着音の破裂のようになることがある (第6章§10参照)．

スウェーデン語の tj, kj の一変種である [ɧ] で表わされる摩擦音は [x] と [ʃ] との結合より成るというから[(8)]，二重調音摩擦音というべきである．

§7 口むろ調音と喉頭調音との結びつき

口むろ (および咽頭) の調音と喉頭調音とはいろいろの仕方で結びつくことができる．持続部における調音と同時に声帯が振動して声を出すものは有声音[*1)]であり，これの振動しないものは無声音[*2)]である．帯気音と無気音との差異も，口むろの調音と喉頭の調音との時間的関係の差異等によって生ずる．摩擦音等は，この点で微細な変種を生ずるとはいいがたいが，入りわたり・出わたりのオト，ことに後者の重大な意義を有する閉鎖音にあっては，この観点から多くの変種を区別することができる．まず，破裂的閉鎖音の種類について述べる．

§7.1 無声帯気音[*3)] 持続部において声門が普通開放されて (AN ε3) おり，破裂がおこってから少しおくれて声帯が完全な声を出すための振動を始める音．破裂後に呼気によって生ずる継続的噪音を気音[*4)]という．Jespersen にしたがうと[(9)]，デンマーク語の [p][t][k] の気音は強く長く，続く母音が [i][y][u] である場合にはそれが特に著しい．Tivoli は外国人の耳には [tsivoli] のように聞えるという．英語 (英国南部方言) やドイツ語 (北部方言) の [p][t][k] も普通，帯気音であるが，気音はデンマーク語のそれほど強くはなく，声門は息の開放状態から急速に声を発する状態へと閉じて行くので，デンマーク語の気音のように純粋の息ではなく，[h] に非常に近い．Jones はこの区別を [ph] (スカンジナビア語)，[pʰ] (英語) のようにして表わしている[(10)]．国際音声字母で

---

*1) エ voiced; ド stimmhaft; フ sonore; ロ звонкий.
*2) エ voiceless; ド stimmlos; フ sourd; ロ глухой.
*3) 帯気音はまた有気音ともいう; エ aspirate(d); ド aspiriert; フ aspiré; ロ придыхательный, аспирированный.
*4) エ aspiration; ド die Aspiration; フ aspiration (la); ロ придыхание, аспирация.

§7 口むろ調音と喉頭調音との結びつき

は [ph][th] と [pʻ][tʻ] とで気音の強弱を表記しわける．南部英語でも，条件により帯気の強弱の程度はいろいろであって，強めのある母音が続く場合は [ˈpʻeimənt] payment, [ˈtʻeikn] taken, [kʻeidʒ] cage のように気音がかなり強いが，強めのない母音が続く場合([ˈʌpə] upper, [ˈbetə] better, [ˈbeikə] baker)や，[s] が先行する場合([spai] spy, [stei] stay, [skai] sky)では気音は非常に弱く，全くないこともある．[pikt] picked のように非常に短い母音が続く場合にも気音はほとんどない．日本語(東京方言など)の [paN](パン)，[tai](鯛)，[kai](貝)などの [p][t][k] は，英語の [pʻ][tʻ][kʻ] ほど気音が強くはないが，やはり帯気音の部類に属する．ただし，東京方言でも条件によって気音の強弱が異り，[kata](肩)の [k] は [naka](中)の [k] より気音が強く，後者は気音が全くないこともある．ロシャ語の [p][t][k] はしばしば無気音と記述されているけれども，強めのある母音の続くものは，日本語のそれと同程度の帯気音である．シナ語(北京)の有気の [pʻ][tʻ][kʻ]，蒙古語(ホロンバイル)の語頭の [tʻ][pʻ] や朝鮮語の激音(ㅍㅌㅋ)のそれは，日本語の [p][t][k] よりは気音が強く長く，ことに朝鮮語のそれは強い．琉球語与那嶺方言の [pʻana:]《鼻》，[tʻubiŋ]《飛ぶ》，[kʻadu:]《角》の [pʻ][tʻ][kʻ] の気音は長いが弱い．破擦音にも帯気音はある．たとえば，シナ語(北京)の [tsʻɯ:](次)，[tɕʻi:](七)．朝鮮語には [sʻ](あるいは [sh] とも表記する)があるといわれる[(11)]．また，持続部が無声で気音が有声(すなわち [ɦ] に近い音)のものもあり得る．南朝鮮の梁山方言の [p][t][k] は，無声の持続の後に弱い破裂とごく短い有声の気音が聞える閉鎖音である．〖98〗

§7.2 無声無気音[*1)] 持続部が無声で，破裂と同時に声帯が完全な声を出すための振動を始める音．喜界島阿伝方言の [tumi]《爪》，[kumma]《砂糖車》の [t][k], 琉球語与那嶺方言の [pi:]《火》，[kwa:]《子》の [p][k], 朝鮮語の toinsori の [p][t][k](すなわち ㅃㄸㄲ)，シナ語(北京)の無気音の [p][t][k] などがそれであり，フランス語の [p][t][k] もこの種類に属する．〖99〗 日本語(近畿方言など)の「シタ」(舌)，「シト」(人)(ともに第一音節にアクセントの山があり，その母音は無声)の [t] も無声無気音である．〖100〗 これらは，持続

[*1)] エ unaspirated, non-aspirated; ド unaspiriert; フ non aspiré; ロ непридыхательный.

部における声門の状態がかならずしも同一ではない．フランス語のは声門が閉鎖しているといわれるが，琉球語のもそうであろう．これに反し，日本語のは声門が開いている．声門閉鎖を伴う閉鎖音は喉頭化音に近づくことがある(第6章§8参照).〚101〛 持続部において声門がささやき(AN εI)または [h](AN ε2)のための位置をとっている閉鎖音は [ɓ][ɗ][ɠ] で表わされる．デンマーク語の [b̥ɛɡ̊ə] begge=bække, [d̥ed̥ə] dette の閉鎖音は，Jespersen にしたがうと，普通説かれるように持続中声門が(εI)の状態にあるのではなく，(ε2)に近い状態にあるという[12](なお第5章§2.1参照).

§7.3 **半有声音**[*1] 持続部の後半または前半のみが有声の音．Jespersen は持続部において声帯が(ε2)から(ε1)へわたる例として，呼気段落の頭における，ドイツ語の [bɪtə] bitte, [dɑn] dann, [geˑ] geh! および英語の [bʌt] but, [duˑ] do, [gou] go の閉鎖音を挙げ，(ε1)から(ε2)へわたる例としては，呼気段落の末尾における英語の [eb] ebb, [hæd] had, [eg] egg の閉鎖音を挙げている[13]．英語の単独で発音された [ðiːz] these の [ð] は後半が有声，[z] は前半が有声である[14]．蒙古語(ホロンバイル)の呼気段落の頭における [b][d][g] も前半が無声になる傾きがある.〚102〛

§7.4 **有声無気音** 持続部において声帯が声のための振動を続け[15]，破裂後も直ちに完全な声を出し続ける音．フランス語の [b][d][g] が典型的なものといわれるが，一般にロマン諸語，スラヴ諸語，また日本語(東京方言など)の [b][d][g] もそうである．英語の [b][d][g] も母音間にあるときは普通，完全に有声である(なお第6章§9を比較).〚102〛

§7.5 **有声帯気音** 持続部において声帯が声のための振動を続け，破裂後気音の聞える音．梵語の bh, dh, gh がその例として有名であるが，過去の言語の音であるから，その調音の仕方は明確にはわからない．Sievers にしたがえば[16]，Brücke は現代印度語たとえば Marathi 語において有声の閉鎖に無声の気音の続く音を観察したというが，Sievers 自身はアルメニア語の Aštarak 方言において，梵語の上述の音に関する古代の文法家たちの記述と合うところの次のような音を観察したという．すなわち閉鎖中の不完全なつぶやき声[15]

[*1] ド halbstimmhaft; ロ полузвонкий.

が破裂後も瞬時保たれてから次の母音の完全な声へと移るもので，気音は弱い声と強い摩擦音とより成り，恐らく持続中と出わたりにおいて軟骨声門が開いており，完全な声が始まるとともにそれが閉じるのであろう，としている．たとえば [bʻabʻik][dʻadʻik]．私は，シナ語呉方言の話し手においてこの種の有気音を聞いたが，ごく短く弱い有声の気音が聞えるほかは，日本語の [b][d][g] にかなり近かった．趙元任氏によると，呉方言の濁音の閉鎖音は持続が無声で，破裂と同時に声が始まり，有声の [ɦ] のような気音が聞えるが，母音間ではこれらの音は完全に有声となるという[17]．日本語でも誇張的な発音では一種の有声帯気音がしばしば現われる．[dʻekkʻeːnaː]．〖103〗

§7.6 以上，本節において述べた種々の閉鎖音の入りわたりは，いずれも有声であるのが普通で，母音の声が発せられつつあるときに調音器官の閉鎖が突如としておこり，無声の破裂的閉鎖音においても声が閉鎖より瞬時おくれて止むことが少なくない．しかし息の閉鎖音への入りわたりにおいて声門が息あるいはそれに近い位置をとることも稀にはある．Sievers によれば[18]，アイスランド語では tt, kk, pp の前に規則的に無声の気音が聞えるというし，Sweet によれば[19]，スコットランド語でも同様な気音がときどき聞える（たとえば what の t の前）という．Bloomfield にしたがえば[20]，五大湖地方のアメリカインディアン語の一つである Menomini 語には，入りわたりが有声な [k] と，そこに気音の聞える [k] と，そこに声門閉鎖の起る [k] とが，音韻的に区別されている．彼の記号をそのまま用いれば，akähsemen《エ plum》，ahkäh《エ kettle》，aʼkäh《エ yes, indeed》．〖6〗

§8 喉頭化音[21]

Jones はこれを ejective sound《放出音》と呼んでいる[22]．この子音は持続中に声門が閉鎖するのであるが，この閉鎖された声門が気流の起し手となる点に特徴がある．すなわち，喉頭化された [p][t][k] では，唇あるいは舌尖あるいは奥舌面の閉鎖，ならびに口蓋帆と咽頭壁との閉鎖がおこると同時に，声門が閉鎖し，これらの閉鎖が保たれつつ喉頭全体がもち上るので，咽頭（および口むろ）に閉じこめられた空気が圧縮され，この部分の気圧が高くなり，その力によって唇あるいは舌尖あるいは軟口蓋の閉鎖が破裂する．この破裂がおこ

ったときには，声門はまだ閉鎖している．このように，肺臓からの呼気によらずにおこる破裂音は，コルクの栓を抜くときのような特異な音色のオトを出し，母音が続く場合には，声帯の振動はこの破裂に瞬時おくれて始まるが，その声は声帯が緊張しているため特異な音色を有する．国際音声字母では [p'][t'][k'] のようにして表わす．[ts'][tʃ'] のような喉頭化破擦音も発することができるが，上述の喉頭のはたらきによっておこされた気流によって摩擦音を発することも可能であるから，[f'][s'][ʃ'][x'] などで表わし得る喉頭化摩擦音もあり得る．〚104〛 Polivanov に従えば，コーカサス系の諸言語には [p'][t'][ts'][tʃ'][k'][q'] などがある[23]．アフリカのスーダン＝ギニア地方の Haussa 語には [p'][t'][s'] などがあるようである[24]．Sweet によれば，サクソンドイツ語やアルメニア語にこの種の音があり[22]，Jones にしたがえば，フランス人は英語の [ʌp] up, [get] get, [luk] look の [p][t][k] をこの種の音として発音するという[22]．持続中に声門が閉鎖しても，喉頭全体が動いて気流の起し手とならなければ「喉頭化音」とはならない．

§9 入 破 音

Pike が implosive と呼んでいる音をいう[25]．

　無声入破音は，上の喉頭化音とは逆に，声門の閉鎖を保ちつつ喉頭全体が下ることによって生ずる気流によって発せられる音であって，Pike は，喉頭化音の [pʔ][tʔ][kʔ][fʔ][sʔ] に対して，[pʕ][tʕ][kʕ][fʕ][sʕ] で表わしている．〚105〛

　[b] の両唇の閉鎖を保ちながら，声帯を振動させつつ呼気を送ると，口むろに空気が溜るにつれ頬がふくらんでくる．同様に [b] の構えをしながら頬をふくらませないで声帯を振動させようとすると，喉頭全体が下る運動をするのが認められる．この場合には，喉頭の下行運動によって生ずる気流によって声帯が振動するというような結果となる．このような方法によって発せられる「有声入破音」を Pike は [bʕ][dʕ][gʕ] で表わしている[26]．この音は，出わたりの破裂が外行的《egressive》気流によっておこる場合でも，その破裂音は，普通の [b][d][g] のそれより弱い．咽頭・口むろの気圧が，普通の有声破裂音ほど高くならないからである．完全に有声でしかも破裂音の弱い [b][d][g] は，こ

§10 吸着音　　　　　　　　　117

ういう傾向をもった仕方で発音される可能性がある(168頁の補説参照).〖106〗〖107〗

§10 吸着音*1)

いわゆる舌打・舌鼓と同じ種類の破裂音で，肺臓や喉頭とは関係なく，口むろの音声器官だけで発せられる．奥舌面と軟口蓋との間で閉鎖を作りその閉鎖を保ちつつ奥舌を後へずらせることにより，これに気流の起し手としてのはたらきをさせる．同時に両唇の間，または舌尖と歯茎あるいは口蓋との間においても閉鎖を作るから，この前方の閉鎖と奥舌面における閉鎖との間に閉じこめられた空気が，奥舌が後へ動くと薄くなり，前方の閉鎖を急に開放すると破裂音を生ずる．これが吸着音である．このように，口むろの音声器官のはたらきだけで発せられるので，吸着音を続けざまに発しながら鼻むろを通して呼吸することもできれば，鼻歌を歌うこともできる．Passyらの表記法によれば[27]，前方の閉鎖が[t]の閉鎖と同じように形作られる吸着音は[t*]で表わす．英語で tut(tk, t'ck, t'cht とも)と書かれる立腹・不快・悼みなどを表わす間投音は普通これである．日本語でいまいましさを表わす「チェッ」は[t͡ʃ*]のような吸着破擦音であることが多い．蒙古人は弱い[t͡ʃ*]を五六回続けざまに発して首を左右に振りながら感嘆の気持を表わすことがある．硬口蓋音の[c*]，硬口蓋側面音の[c͡ʎ*]，舌尖側面音の[t͡ɬ*]などは，馬を進めるのに用いられるという．そり舌音の[ʈ*]も楽に発し得る吸着音である．舌鼓は舌尖を同じように構えながら前に伸びるように力を入れ，舌尖の破裂するとたんに弾くようにして舌の裏面で下顎の上面を打つオトである．〖108〗　キッスのオトは[p͡ɸ*][p͡ʍ*]などによって表わし得る．Bushman語, Hottentot語, Bantu-Ngoni語 (Zulu, Xhosa, Swazi)などでは吸着音が言語音として用いられ，肺臓からの呼気によって調音される普通の音と並んで語中に現われ，音韻的には一つの音素に該当する[28]．Zululandの王様にCetewayoという人があったが，この名前を音声記号をもって書くと[t*ɛtjua:jo]となる．国際音声字母には吸着音を表わす記号として次のものがある．歯音[ʇ](Zulu c)，側面音[ʖ](Zulu x)，そ

---

*1) また舌打音；ℒ click；ド der Schnalzlaut, der Sauglaut；ㄱ le claquement, la claquante；ㅁ щелкательный, прищелк.

り舌音 [ʗ] (Zulu q)，軟口蓋音 [ʞ]．しかし，軟口蓋と奥舌面との閉鎖が気流の起し手となるのだから，軟口蓋の吸着音はあり得ない[29]．軟口蓋の入破音ならば発音可能である (第6章§9参照)．

気流の起し手を前へ動かすと，その前の気圧が高くなり，両唇または舌尖で外行的気流による破裂音を発することができる．この種の両唇破裂音は子供がよく戯れに発する．同じようにして両唇摩擦音も発することができる．[p͡k][b͡g] という二重調音子音の [p][b] の破裂が，弱い内行的あるいは外行的吸着音となることがある (第6章§6参照)．《109》

註

(1) [107頁] この場合の「調音」は，「調音点」という場合の「調音」と同じ意味である．第2章§11参照．
(2) Pike はこれらを valvate stricture《弁的閉窄》と呼んでいる．第4章§5.2参照．
(3) [110頁] M. V. Trofimov and D. Jones: *The Pronunciation of Russian*, Cambridge, 1923. では舌尖と舌端《tip and blade》が調音するとなっている．§§ 402, 412, 500, 629, 635.
(4) [tj]→[tʃ], [kj]→[tʃ] のような歴史的変遷を「口蓋化」ということがある．音声学でいう「口蓋化子音」は，出わたりの摩擦的噪音が発達して破擦音に変化しやすいけれども，上に例を示したような音韻史にいう口蓋化と，音声学でいう口蓋化とは厳重に区別しなければならない．また，J. Marouzeau (*Lexique de la terminologie linguistique*, Paris, 1933) は，フランス語の mouillure は，舌の表面と口蓋との間の狭めで生ずる弱い摩擦音《frottement》によって特徴づけられる調音のことで，狭めが硬口蓋で形作られる mouillure は palatalisation の一様相《un aspect》である，としている．
(5) [111頁] *The Principles*, 14頁．
(6) W. H. T. Gairdner: *The Phonetics of Arabic*, Oxford, 1925, 第4章ならびに図2, 図3参照．
(7) [112頁] *The Principles*, §29(g), 17頁．
(8) 同書14頁．
(9) *Lehrbuch*, §6.71.
(10) *Outline*, §§ 497, 501.
(11) [113頁] *The Principles*, 15頁．
(12) [114頁] *Lehrbuch*, §6.74.
(13) 同書§6.75.
(14) *General Phonetics*, §72. なお *Primer*, §§ 135, 136.
(15) この声の性質については第3章の註(4)参照．
(16) *Grundzüge*, §410.
(17) [115頁] 趙元任:『現代呉語的研究』, xii頁．

第6章　二重調音およびその他の発音

⟨18⟩　*Grundzüge*, § 420.
⟨19⟩　*Primer*, § 127.
⟨20⟩　L. Bloomfield: *Language*, London, 1935, 82 頁.
⟨21⟩　Pike の *Phonetics*(91 頁)には glottalized stops(Catford の glottalic pressure stops), 同じく *Phonemics*(38 頁)にも glottalized sounds という名称が見える.
⟨22⟩　[115, 116 頁] *Outline*, § 569, ff. *The Principles* 14 頁には ejective consonants とある. Sweet (*Primer* § 130) の implosive stops (choke-stops) も同じ種類の音であろう.
⟨23⟩　[116 頁] *Vvedenie*, 107 頁以下によると, そこに説明されている 'гамзированный согласный' は喉頭化音と認められる. 挙げられているコーカサス系の諸言語の名は次の通り. грузинский, мегрельский, абхазский, черкесский, чеченский, ингушский, аварский.
⟨24⟩　*The Principles*, 17 頁.
⟨25⟩　*Phonemics*, 39 頁以下. *Phonetics*(91 頁)には, implosive stops は glottalic clicks あるいは glottalic suction stops とも呼ばれるとしている.
⟨26⟩　*Phonemics*, 40 頁. 国際音声字母の [ɓ][ɗ][ɠ] などで表わす Sindhi 語および Bantu 語の voiced implosives はこの音であろう. なお *Le Maître Phonétique* 所載の The International Phonetic Alphabet (Revised to 1947) および Pike の *Phonetics* (95 頁) 参照.
⟨27⟩　[117 頁] *Petite phonétique*, § 267. ただし, Passy が吸気音をも [f*] のように同じ方法で表記している (§ 266) のは不適当である.
⟨28⟩　P. de V. Pienaar: Click formation and distribution (*Proceedings* III).
⟨29⟩　[118 頁] 上掲の論文も velar click の存在を報告していない.

〔再版第2刷への追記〕　第1刷発行後, p. 115, ff. の「§8　喉頭化音」「§9　入破音」について再考察し, 次の補訂を加える必要のある事が明らかとなった.
　§8: p. 116, l. 13 の「持続中」は「口むろ閉鎖の持続中」に改める.
　§9: p. 116, l.−4, f. に「出わたりの破裂が外行的気流によっておこる場合」とあるが, その場合には「入破音」ではない. 入破音は内行的気流によって起こる.
　『テキスト』p. 35〚109〛に「私が海南島の方言の話し手から習得した有声入破音」と書いたが,「海南島の方言」は「海南語文昌方言」の誤り,「習得した……」は「習得したつもりの有声破裂音」の誤り. この事は, 昭和60年2月26日に橋本萬太郎君に東京言語研究所にご足労願って明らかとなった. また, 59年7月13日付の手紙で土田滋君から, 同8月上旬に口頭で大東百合子さんから, 評を頂いたことを深謝する.
　なお, 昭和60年3月15日に東京大学医学部音声言語医学研究施設で沢島政行教授のご厚意により, 私が下記の諸音などを発音する際の声門等の働きを高速度映画に撮影して頂いたから, その分析的研究を公刊する機会があろうと思う. すなわち, 理論的に作り出した [pʼa] [sʼa], 無声入破音, "有声入破音", "海南島方言の有声入破音", 海南語文昌方言の有声入破音, その他.
　さらに詳しくは, 『月刊　言語』(大修館書店, 14巻5号, 昭和60年5月) p. 112, f. の拙論参照.

第7章 音 の 分 類

§1 母音と子音

　個々の単音は，その長さ強さ高さを捨象して，類似のものを同一の音として取り扱うのが便利であるが，この音をいろいろに分類することが行われている．

　まず，音は母音[*1)]と子音[*2)]との二つに大きく分けられる．しかし，その分類の基準は音韻論的な観点を混ずるもので，純粋に音声学的に見ると，音をこのように分けることは困難である．「母音は音節の主音となり，子音は音節の副音となる」という説が，音声学的に承認し得ない理由は，英語の [ˈritn̩] written, [ˈteibl̩] table の [n][l] が音節の主音をなすにもかかわらず子音と認められるからである．しかし，上の単語の発音は音韻論的には /rítʌn, téjbʌl/ と解釈されるもので，/ʌ/ が音節主音をなし /n, l/ は音節副音をなすわけであるが，音声学的にはやはり [n][l] が音節主音をなすとしなければならない．

　そこで，音韻論的母音(音節主音)に該当する単音と，音韻論的子音(音節副音)に該当する単音との，音声学的差異を確認しようとする努力が払われる．まず，母音は楽音で子音は噪音であるとする説は，破裂のない [m][n][l] のように楽音である子音や，無声化母音 [i̥][u̥] (すなわち，調音器官が [i][u] と同じ位置をとっていて，声門が (ε3)(ε2)(εI) の位置にある音)のように噪音である母音もあるから承認し難い．母音は子音より「きこえ」が大きいとする説はかなり注意すべきものであるが，摩擦的噪音のない [l] と [i] や [u] とはどちらがきこえが大きいか問題であり，無声化母音(ことに (ε3) のもの)はきこえが小さい．口むろおよび咽頭の調音点において閉鎖がおこるか狭い狭めのおこるもの(AN の 0, 1, 2, I, R)が子音で，それ以外は母音であるとする説にしたがえば，[h] や [ʔ] や狭めの広い [j][w] は子音でないことになる．このような

[*1)] boin; ᴇ vowel; ᴅ der Vokal; ꜰ la voyelle; ʀ гласный.
[*2)] siin; ᴇ consonant; ᴅ der Konsonant; ꜰ la consonne; ʀ согласный.

[j][w] は半母音*1)と呼ばれる．

　F. de Saussure が voyelles《母音》と consonnes《子音》の区別とは別に，sonantes《鳴音》と consonantes《共鳴音》の区別を認めたのは(1)，音声学的観点と音韻論的観点とを分離しようとしたもので，その趣旨は承認できる．たとえば，フランス語の i 音は fidèle においても pied においても同じ voyelle であるが，fidèle では sonante で pied では consonante である，というのである．Pike が vowel と consonant の区別のほかに，音声学的な vocoid と contoid の区別を設けたのも同じ趣旨によるものである．彼の定義は次のようである(2)．「vocoid とは，空気が舌の中央(両側でない)を通って口から流れ去る際，口において摩擦的噪音《friction》を生じない音である(ただし，他の場合における摩擦的噪音はこの分類に影響しない)．そのほかのすべての音は contoid である．」この定義によっても，[h][ɦ]や半母音の [j][w] などの普通，子音と認められている音は vocoid に属することになる．

　本章では，実用的見地から，国際音声学協会の採っている子音と母音とに二大別する分類を採ることにする．すなわち，Pike の vocoid の中から [h][ɦ] のような喉頭摩擦音や [j][w] その他の半母音・弱摩擦音を子音に加える．これらの音はいずれも短いわたり音的性質を有し，母音の持続音または長いわたり音であるのとは異る．[ʔ]はもちろん子音に数えられる．

　国際音声学協会では子音あるいは母音を表わす一般記号としてそれぞれ [ʁ][ɑ] を用いることが提案されている．

§2　子音の分類

　子音の音声学的分類も，理論的には音響的基準によるものと，調音上の基準によるものとあり得る．子音の音響学的研究は，その調音の研究よりおくれているので，前者の基準による十分科学的な分類はまだできていないが，その試みには暗示的にして注意すべきものもある．たとえば，R. Jakobson にしたがえば(3)，(破裂的)閉鎖音のうち軟口蓋音([k][g])と唇音([p][b])とは口むろの共鳴室が分割されずに長いので，奥舌母音のように，比較的低い調子《note

---

*1) エ semi-vowel; ド der Halbvokal; フ la semi-voyelle, la demi-voyelle; ロ полугласный.

relativement basse》を有し，硬口蓋音([c][ɟ])と歯音([t][d])はこれに反し，舌が口むろをわけて二つの短い共鳴箱とするので，前舌母音のような比較的高い調子を有する．一方，きこえ《perceptibilité》の点からいうと，後方子音である軟口蓋音と硬口蓋音の方が，前方子音である唇音と歯音より，きこえの度が高いという．かくして，

$$\begin{array}{ccc} & k & \quad k \quad c \\ p & t & \quad p \quad t \end{array}$$

のような子音三角形または子音四角形を，母音三角形または母音四角形に極めて類似したものとして，認めることができるというのである．このような分類は非常に暗示的であって，言語的事実を説明するのに役立つ点が多い．

調音上の基準による分類は一層有益であり，かつ体系的に行うことができる．いろいろの基準によって分類することができるが，まず第二調音を有しない音について，(1) 調音の仕方と，(2) 調音点と，二つの観点から分類することとする．前者から先に述べる方が適当であるけれども，第5章との対照の便宜上，後者を先に述べることとする．

§2.1 調音点による子音の分類 いろいろの分類が行われているけれども，実用的見地から，ここではもっぱら国際音声学協会の *The Principles* のそれにしたがうこととする．

a) 両唇音[*1)] 上下両唇によって調音される音．AN(αa, αb, αc), FS(AP *p*lal). [p](無声), [b](有声); [m](有声)(以上第5章§2.1); [ɸ](無声), [β](有声)(第5章§2.2); [w](有声)(第5章§2.3), [ɥ](有声)(第5章§6.3).

b) 唇歯音[*2)] 上の前歯と下唇とによって調音される音．AN(αd), FS(*p*dal). [ɱ](有声)(第5章§3.2); [f](無声), [v](有声); [ʋ](有声)(第5章§3.1). なお，国際音声学協会では無声の唇歯閉鎖音を [π] で表わすことが提案された．

c) 歯音[*3)]および歯茎音[*4)] 前者は上の前歯と舌尖とによって調音される音．

[*1)] ryôkucibiru-on; エ bilabial; ド bilabial; フ bilabial; ロ губногубной, губогубной.

[*2)] maeba-kucibiru-on; エ labiodental; ド labiodental; フ labio-dental; ロ зубногубной, зубогубной, губнозубной.

[*3)] maeba-on; エ dental; ド dental; フ dental; ロ зубной, зазубной.

[*4)] haguki-on; エ alveolar; ド alveolar; フ alvéolaire; ロ альвеолярный.

§2 子音の分類

AN(βe または βd), FS($p$dat). 後者は上の前歯の歯茎と舌尖(または舌端)との間で調音される音. AN(βf). FS($p$aat). [t](無声), [d](有声); [n](有声)(以上第5章§5.1); [l](有声); [ɬ](無声), [ɮ](有声)(以上第5章§5.4); [r](有声); [ɾ](有声); [ɹ](有声)(以上第5章§5.5); [θ](無声), [ð](有声), [s](無声), [z](有声)(以上第5章§5.2), [ɹ](有声)(第5章§5.3).

歯茎音でなくて歯音であることを特に表わすためには [t̪][d̪][n̪] のように,歯音ではなくて歯茎音であることを特に表わすためには [t̺][d̺][n̺] のように,補助記号を用いる.

d) そり舌音*1) 硬口蓋と舌尖(および舌の裏面)とで調音する音. AN(β gf) ないし (β hg), FS($p$pat, p=palatal). [ʈ](無声), [ɖ](有声); [ɳ](有声)(以上第5章§5.1); [ɭ](有声)(第5章§5.4); [ɽ](有声)(第5章§5.5); [ʂ](無声), [ʐ](有声)(第5章§5.2).

e) 硬口蓋歯茎音*2) 上の前歯の歯茎と舌端との間で調音され, 同時に舌全体が硬口蓋に向ってもち上る音(4). [ʃ](無声), [ʒ](有声)(第5章§6.2). なお [s]に多少傾いた [ʃ] の変種は [ʃˢ] で表わす.

f) 歯茎硬口蓋音*3) 硬口蓋前部・歯茎後部と前舌面との間で調音される音. [ɕ](無声), [ʑ](有声)(第5章§6.2).

g) 硬口蓋音*4) 硬口蓋と前舌面との間で調音される音. AN(γg), FS(pp am, m=middle or front part of tongue). [c](無声), [ɟ](有声); [ɲ](有声)(以上第5章§6.1); [ʎ](有声)(第5章§6.4); [ç](無声), [j](有声)(第5章§6.2, §6.3); [ɥ](第5章§6.3).

h) 軟口蓋音*5) 軟口蓋と奥舌面との間で調音される音. AN(γ hi)ないし (γ ij), FS($p$saa, s=velar, a=mid-back part of tongue). [k](無声), [g](有声); [ŋ](有声)(以上第5章§6.1); [x](無声), [ɣ](有声)(第5章§6.2, §6.3),

---
*1) エ retroflex, cacuminal, cerebral, inverted; ド retroflex, kakuminal, zerebral; フ rétroflex, cacuminal, cérébral, inverti; ロ церебральный, какуминальный.

*2) エ palato-alveolar.

*3) エ alveolo-palatal.

*4) kata-kôgai-on; エ palatal; ド palatal; フ palatal; ロ палатальный, нёбный, среднеязычный.

*5) yawa-kôgai-on; エ velar; ド velar; フ vélaire; ロ велярный, задненёбный, задненеязычный.

[w](有声)(第5章§6.3).

　i) 口蓋垂音*1) 口蓋垂を含む軟口蓋最後部と奥舌面後部との間で調音される音. AN(γk), FS(puab, u=uvular, b=back part of tongue). [q](無声), [ɢ](有声); [ɴ](有声)(以上第5章§6.1), [ʀ](有声)(第5章§6.5), [χ](無声), [ʁ](有声)(第5章§6.2, §6.3).

　j) 咽頭音*2) 咽頭壁と舌根との間で調音される音. AN(γ l), FS(phar, h=pharyngeal, r=root of tongue). [ħ](無声), [ʕ](有声)(第5章§6.2). ただし, これらの記号の代りに, アラビア字のこ と に似ている [ʒ][ɛ] を用いることが提案されている.

　k) 声門音*3) 両声帯の間で調音される音. AN(ε), FS(pgag, g=glottal, g=vocal cords). [ʔ](無声); [h](無声), [ɦ](有声)(以上第2章§6).

§2.2 調音の仕方による分類　実用的見地から, もっぱら国際音声学協会の分類により, 同時に *The Principles*, §26 に示された音の実例を附記することとする. 実例の示されないものはヨーロッパ諸国語に共通の音価を有する.

　a) 閉鎖音*4) 肺臓からの呼気に対し, 持続部において調音器官が閉鎖を形成する音. この閉鎖が口むろで形成される場合には, 同時に鼻むろへの通路も閉鎖される. 出わたりに著しい破裂的噪音の聞えるのが普通であるから, 破裂音ともいわれる. しかし入りわたりの瞬間的噪音のみが聞えて出わたりのないものもあり(5), これらすべてに共通なのは持続部の閉鎖であるから, 閉鎖音という名称が適当であろう. 閉鎖音の非字母的記号は, AN(α, β, γ0δ0 あるいは ε0), FS(C(Vve)Ic, v=velic stricture, e=subvalvate esophageal stricture, c=complete). [p][b]; [t][d]; [ʈ](Hindi語の ट!); スウェーデン語の kort の rt), [ɖ](Hindi語の ड ḍ); スウェーデン語の bord の rd); [c](基本的音価はフランス語の quai の方言的発音 [ce] における如し; ハンガリー語の kutya

---

*1) エ uvular; ド uvular; フ uvulaire; ロ увулярный, язычковый.
*2) エ pharyngeal, pharyngal; ド pharyngal; フ pharyngal; ロ фарингальный, зевный.
*3) エ glottal, laryngeal, laryngal; ド glottal, laryngal; フ glottal, laryngal; ロ глоттальный, ларингальный, гортанный.
*4) エ stop, 国際音声学協会では plosive《破裂音》という名称を用いる; ド der Verschlusslaut; フ occlusif; ロ смычный, затворный, взрывный.

の ty; ペルシャ語 yak《エ one》の k), [ɟ](基本的音価はフランス語の guêpe の方言的発音 [ɟɛːp] における如し; ハンガリー語 nagy の gy); [k][g](英語 get の g); [q](アラビア語の ڧ; エスキモー語の к), [G](ペルシャ語の ڧ の一音価); [ʔ](北部ドイツ語の [fɛrʔain] Verein における如し; アラビア語の hamza).

b) 鼻音*1) 肺臓からの呼気に対し, 持続部において口むろの調音器官が閉鎖を形成すると同時に, 口蓋帆が垂れ下って鼻むろを通し呼気が流れ出す音. 普通は有声. AN($\alpha, \beta, \gamma 0\delta 2\varepsilon 1$), FS($C$VoeIpn, o=oral stricture, p=partial, n=nasal). [m]; [ɱ](イタリア語の invidia の n; スペイン語の anfora の n); [n]; [ɳ](Marathi 語の ण (ṇ)); [ɲ](フランス語およびイタリア語の gn; スペイン語の ñ); [ŋ](英語の sing の ng; ドイツ語の Ding の ng; スペイン語の cinco, tengo の n); [N](エスキモー語 [eNina]《エ melody》における如し).

c) 側面音*2) 肺臓から口むろのみを通って流れ出る呼気に対し, 口むろのいずれかの部分で調音器官が中央部を閉鎖し, その両側または片側から呼気が流れ出る音. 普通, 有声である. AN($\beta, \gamma I\delta 0\varepsilon 1$), FS($C$VveIprl, r=resonant oral, l=lateral). [l]; [ɭ](Marathi 語の ळ l); [ʎ](イタリア語の egli の gl, voglio の gli; スペイン語の allá の ll; ギリシャ語の ἥλιος の λι).

d) 側面摩擦音*3) 側面音と同じであるが, 主として呼気の通路の狭め方が狭いために, 摩擦的噪音の生ずる音. AN($\beta < I\delta 0$), FS(CVveIpol, o=fricative oral). [ɬ](ウェールズ語の Llangollen の ll; Kaffir 語の hlamba《エ wash》の hl), [ɮ](Zulu 語の dhla《エ eat》の dhl).

e) ふるえ音*4) 肺臓から口むろのみを通って流れ出る呼気によって調音器官が弾くような運動を比較的速かに数回繰り返す音. 普通, 有声である. AN($\beta, \Delta R\delta 0\varepsilon 1$), FS($C$VveIpv tltv, pv=partial nonfrictional, itv=iterative trill vibratory). [r]; [R](パリのフランス語の r の一変種).

f) 弾き音*5) 肺臓から口むろのみを通って流れ出る呼気によって調音器官

---

*1) bion; エ nasal; ド nasal, der Nasenlaut; フ nasal; ロ носовой.
*2) sokumen-on; エ lateral; ド lateral, der Seitenlaut; フ latéral; ロ боковой, латеральный.
*3) エ lateral fricative.
*4) エ rolled, trill(ed); ド gerollt, der Zitterlaut; フ roulé; ロ дрожащий.
*5) エ flapped.

が弾くような運動をする音。普通，有声である。FS(CVveIpv*t*f, f=flap)．[r]
(スペイン語のpero のr)；[ɽ](そり舌の弾き音。そり舌の構えから始まって
舌尖が前下へ動く時に舌の裏面が歯茎を打つ。Hindi 語 ड(ř)；東部ノールウェ
ー語のたとえばOla の発音における「厚い l」)；[ʀ](パリのフランス語のr の一
変種)．また，[d] と [l] との中間音で [l] とも明瞭に異る音を [ɹ] で表わす(6)．

g) ふるえ摩擦音*1) ふるえ音のように調音器官がふるえると同時に摩擦音
の聞える音．FS(CVveIpfAP*p*aat*t*itv, f=frictional)．[ř](チェック語のř)．

h) 摩擦音*2) 肺臓から口むろのみを通って流れ出る呼気に対し声門あるい
は咽頭・口むろの調音器官が狭い狭めを作って生ずる音．持続部において，普
通著しい摩擦音が聞える．AN(α,β,γ1, 2δ0) あるいは (δ0ε2), FS(CVveIpoc, poc
=fricative oral central [即ち lateral でない]) あるいは (CVveIfAP*p*har, h=
pharyngeal, r=root of tongue) あるいは (CVveIfAP*p*g*a*g, 前のg=glottal, 後
のg=vocal cords)．[ɸ](ドイツ語 Schwester の w がしばしばこの音；Tswana
語のf；日本語のu の前のh, たとえばHuzi(Fuji) のH), [β](スペイン語の
saber のb；中部ドイツ語のw)；[f][v](英語・フランス語・イタリア語のv；
ドイツ語のw；ロシヤ語のв)；[θ](英語のthing のth；スペイン語の placer,
plazaのc, z；現代ギリシャ語のθ), [ð](英語のthis のth；スペイン語の cada の
d；デンマーク語の gade の d；現代ギリシャ語のδ)；[s](英語のsee のs；フラン
ス語の son の s など)．[z](英語の zeal の z；フランス語の zèle の z；ロシヤ語の
з)；[ɹ](南部英語の dry の r(子音的)；アメリカ英語の bird の ir(母音的)，下
の半母音の条参照)；[ʂ](Marathi語の ष ṣ)；北京語の i 以外の母音の前の [ʃ]；
スウェーデン語の tvärs のrs)，[ʐ](北京語の一種の [ʒ]，たとえば [ʾʒen]《人》は
精密記号では [ʾʐən])；[ʃ](英語のsh；フランス語のch；ドイツ語のsch；ロシ
ヤ語のш；イタリア語の pesce の sc, uscio の sci), [ʒ](英語の measure の s；フ
ランス語の jour の j, géant の g；南米スペイン語の ll；ロシヤ語のж)；[ɕ]
(ポーランド語の geś の ś, gęsią の si；北京語の i の前の [ʃ], Wade式ローマ字

---

*1) ェ rolled fricative.
*2) ェ fricative; ド frikativ, der Reibelaut, der Engelaut; フ fricatif, constrictif,
spirante; ロ щелинный, щелевой, фрикативный, спирант, придувной, дыхатель-
ный, проточный.

§2 子音の分類

で hs), [ʑ](ポーランド語の źle の ź, ziarno の zi); [ç]英語の hue がしばしば [çuː]と発音される;ドイツ語の ich の ch;日本語の i の前の h, たとえば hito の h), [j](摩擦音と半母音と区別して実例が挙げてないが,そのうちのドイツ語の Jahr の j の例はここへ入れられないことはない); [x](スコットランド語の loch の ch;ドイツ語の ach の ch;スペイン語の jabón の j, gente の g;ロシャ語の x), [ɣ](スペイン語の luego の g;デンマーク語の koge の g;ドイツ語の Wagen の g がしばしばこれ;ギリシャ語の γ;アラビア語の غ); [χ](アラビア語の ح の一種), [ʁ](摩擦音と半母音と区別して実例が挙げてないが,そのうちの「アラビア語の ح の一種」はここへ入れてよいであろう); [ħ](アラビア語の ح), [ʕ](アラビア語の ع); [h][ɦ](有声の h. 英語では behave, manhood のように有声音間においてしばしば聞かれる.アラビア語の ه)

i) **無摩擦継続音**[*1)]**と半母音**. 前者は先に弱摩擦音と呼んだものとほぼ同じ音であって, 調音は摩擦音(喉頭のものは除く)と同じようであるが, 主として調音点における狭めが比較的広いため, 摩擦的噪音がほとんどあるいは全く聞えない音. 半母音とは, 調音が母音と同様であるが, 音節副音をなし, 多くわたり的である音. FS 前者は(*C*Vve Ipv), 後者は(*C*Vve Iprc*d*ts*F*Sn, rc=resonant oral central, ts=short in time, n=nonsyllabic vocoid). [w](英語の will, walk の w;フランス語の ouate の ou); [ɥ](フランス語の nuit の音節副音的 u); [ʋ](オランダ語の w; Hindi 語の व v); [ɪ](上の摩擦音の条参照); [j](英語の yet, you の y;ドイツ語の Jahr の j); [ɣ](摩擦音の条参照); [ʁ](パリのフランス語の r の一種;アラビア語の ح の一種.摩擦音の条参照).

§2.3 第二調音その他による分類 第二調音のあるなし, その他の点からもいろいろに分類することができる.

 I) 唇音化音[*2)]と非唇音化音(第6章§2参照).
 II) 口蓋化音[*3)]と非口蓋化音[*4)](第6章§3参照).
 III) 軟口蓋化音[*5)]と非軟口蓋化音(第6章§4参照).

---

*1) ェ frictionless continuant.
*2) ェ labialized.
*3) ェ palatalized.
*4) ェ non-palatalized.
*5) ェ velarized.

IV) 咽頭化音*1)と非咽頭化音(第6章§5参照).

V) 無声音と有声音. 持続部において声帯が振動して声を出す音を有声音といい,持続部において声の聞えない音を無声音という. 声帯が声を出さなくても声門はいろいろの形をとり得るから,後者はさらに「息の音*2)」「ささやき音*3)」などにわけ得る(第2章§6参照). 普通,有声である音が無声音として現われることを無声化*4)という. そしてそのような音を無声化音*5)ということがある. 閉鎖音,摩擦音には無声音と有声音とあるのが普通であるが([ʔ]には有声音がない),鼻音・側面音・ふるえ音・弾き音・弱摩擦音・母音などは普通,有声であるから,それらの無声化音に対する特別の記号がなく,無声化は [̥](ただし,下へ出た字には [̊] をつける)によって表わす. たとえば,[m̥][ŋ̊][l̥][r̥][ʀ̥][ɾ̥][i̥][ḁ][u̥] などはそれぞれ無声の [m][ŋ][l][r][ʀ][ɾ][i][a][u] のことである. ([r̥][m̥] の代りにそれぞれ [ɾ̥][ɱ] を用いることが提案されている. ただし,[b̥][d̥][ɡ̊] は [p][t][k] と異る(第6章§7.2参照). 人によって半有声音(第6章§7.3参照)や不完全有声音(ANでɛIあるいは(ɛ2)のものをこう呼ぶことにしよう)を表わすために有声音の記号に [̥] をつけることがある. たとえば [b̥][z̥]. 無声の半母音を表わすには [hw][hj] のように [h] を加えるのが普通である. スペイン語の音素 /s/ に該当する音は母音間でしばしば [z] である. この国語には音素 /z/ はない. このような [z] は [s̬] で表わしてよいというが,これは音声学的記述に音韻論的観点を混ずるものである.

VI) 鼻音化音*6)と口むろ音*7) 鼻音以外の音は原則として鼻音化がなく,これらを口むろ音と総称する. 鼻音化については第5章§7.3参照.

§3 母音の分類

母音の音響学的構造の研究は長い歴史をもち,子音の研究よりもはるかに進

---

*1) ㋑ pharyngalized.
*2) ㋑ breathed [breθt]
*3) ㋑ whispered.
*4) ㋑ devocalization; ㋫ dévocalisation.
*5) ㋑ devocalized; ㋫ dévoisé.
*6) ㋑ nasalized.
*7) ㋑ oral; ㋥ oral; ㋫ oral; ㋺ ротовой.

§3 母音の分類

んでいる．方法もいろいろあって，部分的聾者の聴覚域を利用する方法，音叉によって口むろの共鳴室の固有振動数を測定する方法，単純音を合成してある母音と同じ音色を有する複合音を作る方法，母音の音波を共鳴器で分析する方法，オッシログラフによる音波の記録を Fourier の函数によって分析する方法，トーキーのフィルムを利用する方法などがあり，母音はほぼ一定の固有音によって特徴づけられる楽音であることが明らかとなってきたが，有声の母音と，それと同じ調音のささやきの母音との関係を十分明らかにするまでにはまだ至っていない．また，その固有音によっていろいろの母音を体系的に分類することはまだできないといってよい[7]．

一方，聴覚印象による母音の分類は極めて古く，すでに 1783 年に Hellwag の a と u, i とを頂点とした母音三角形があり，1876 年に Winteler は図 27 のような母音表を作っている．Bell はその著 *Visible Speech* (1867) において，音声生理学的観察に根拠を置いた 4 表よりなる母音表を発表した．Sweet はこれを二倍にした 8 表よりなるものを示している（第 4 章図 22 はそのうちの 4 表である）．この表にはいろいろ批判の余地があるが，舌の高低・前後，唇の円め

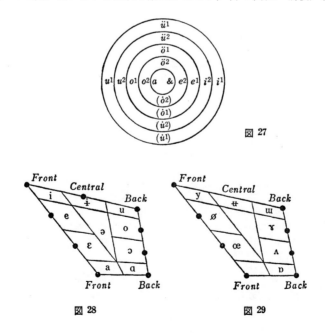

図 27

図 28   図 29

の有る無し，はりとゆるみ，などの調音要素を分析的に示した点に大きい功績がある．調音を基準とする母音表にも，三角形のものや梯形のものがあるが，Jones の基本母音表においては不等辺四辺形となった．国際音声学協会の The Principles (6頁) に見える母音図は前頁 (図28, 図29) に示す通りである．

§3.1 いろいろの母音

以下に，同書に見える国際音声字母の母音記号とその実例を示し，日本語その他に関する著者の説明をつけ加える．調音的観点よりする各母音の説明は，母音の分類に役立つ．〘110〙

[i] 張唇前舌狭母音[*1) フランス語の si；ドイツ語の wie の母音．英語の see の母音は基本的音価からさらに離れている．日本語（東京方言）の [iː]（良い）はこれに近い．

[e] 張唇前舌半狭母音[*2) スコットランド方言の day；フランス語の thé；ドイツ語の mehr；イタリア語の pesca《エ fishing》；ロシヤ語の петь などに見られる．日本語では新潟県南部地方などの [etʃigo]（越後，いちご）の [e] がこれに近い．

[ɛ] 張唇前舌半広母音[*2) 北部英語の pen, get；フランス語の mettre (短)，maître (長)；ドイツ語の Bett；イタリア語の pesca《エ peach》, era；ロシヤ語の этот の э, などに見られる．日本語では新潟県南部地方などの [nɛː]（無い）の母音がこれに近い．東京方言などの [ɛ]（絵）はこれより多少狭い．

[a] 張唇前舌広母音[*3) 北部英語の back, pan；パリのフランス語の patte；ハノーヴァーのドイツ語の fahren, Strasse：ロシヤ語の мясо（第一音節の母音），

---

*1) maezita-boin; エ front vowel; ド der Vorderzungenvokal, palataler V., vorderer V.; フ la voyelle antérieure, la v. palatale; ロ передний гласный, твердонёбный гл.

sema-boin; エ close vowel, high v.; ド hoher Vokal, geschlossener V.; フ la voyelle fermée, la v. haute; ロ закрытый гласный, узкий гл., высокий гл.

*2) han-sema-boin; エ half-close vowel; フ la voyelle mi-fermée.
han-hiro-boin; エ half-open vowel; フ la voyelle mi-ouverte.
前者のみをあるいは両者を併せて，エ mid vowel; ド mittlerer Vokal; フ la voyelle moyenne; ロ средний гласный.

*3) hiro-boin; エ open vowel, low v.; ド niedriger Vokal, offener V.; フ la voyelle ouverte, la v. basse; ロ открытый гласный, широкий гл., низкий гл.
英語 low vowel 以下の名称は half-open vowel を表わすためにも用いられることがある．

§3 母音の分類

などに見られる．日本語(東京方言など)の [ʃake](鮭)の [a] は多少これに近い．[ha](葉，歯)の母音は，この [a] と次の [ɑ] の中間音．

[ɑ] 張唇奥舌広母音*1) 南部英語の far, half にしばしば；パリのフランス語の pas(短), pâle(長)；ドイツ語の fahren, Strasse(ハンブルクおよびサクソニーの発音)；ロシヤ語の палка の a などに見られる．日本語(東京方言など)の [wɑo](輪を)の [ɑ] がこれに多少近い．

[ɔ] 円唇奥舌半広母音　スコットランド方言の hot；フランス語の porte(短), fort(長)；ドイツ語の Sonne などに見られる．イタリア語の cosa はさらに広い変種．日本語では新潟県南部地方の [tɔː](塔)の母音．

[o] 円唇奥舌半狭母音．スコットランド方言の coat；フランス語の beau；ドイツ語の wohl；イタリア語の dove などに見られる．日本語では，新潟県南部地方の [toːe](遠い)の [oː] がそれ．東京方言などの [toː](十)の母音は多少広い．

[u] 円唇奥舌狭母音　フランス語の tout；ドイツ語の gut；イタリア語の subito などに見られる．英語の too の母音は基本的音価からさらに離れている．日本語東京方言の [kɯːki](空気)の第一母音はこれとは異り著しく前寄りであり，唇の円めも普通ない．京都方言の [kuːki](空気)の第一母音はそれより奥であるが，基本母音よりは前である．琉球語八重山方言や朝鮮語やシナ語(北京)に基本母音にやや近い [u] がある．

[y] 円唇前舌狭母音　フランス語の lune；ドイツ語の über；ノールウェー語の tjue などに見られる．日本語では名古屋方言の [ɸuryː](古い)の [yː] が多少近い．シナ語(北京)の [yː](雨)もやや近い．

[ø] 円唇前舌半狭母音　フランス語の peu；ドイツ語の schön に見られる．日本語の名古屋方言の [kurøː](黒い)の [øː] は多少広い．

[œ] 円唇前舌半広母音　フランス語の œuf(短), veuve(長)；ドイツ語の zwölf などに見られる．

[ɒ] 円唇奥舌広母音　南部英語の hot の母音．

[ʌ] 張唇奥舌半広母音　北部英語およびアメリカ英語の cup の発音にしば

---

*1) okuzita-boin; 工 back vowel; ド der Hinterzungenvokal, gutturaler V., hinterer V.; フ la voyelle postérieure, la v. vélaire; ロ задний гласный, мягконёбный гл.

しば．南部英語では [ʌ] の前寄りの変種が用いられる．

[ɣ]　張唇奥舌半狭母音　Shan 語の [´kɣ]《ェ salt》；Marathi 語の [mvɣ]《ェ afterwards》では前寄りの変種が用いられる．日本語にはないようだが，シナ語(北京)の [kɣ](個)の母音はこの種類で，やや前寄りかつやや広い変種である．

[ɯ]　張唇奥舌狭母音　Shan 語の [¯mɯ]《ェ hand》に見られる．日本語(東京方言)の [kɯːki](空気)の [ɯː] はずっと前寄りで，人によっては多少唇が上下からつぼむこともある．

[ɨ]　張唇中舌狭母音*1)　ロシヤ語の сын の ы がそれ．ただし，私の意見ではロシヤ語の мы《我々》，ты《君，汝》の ы は単純母音でなく [ɨi] のような二重母音である(第5章 §6.6.1, 168頁の補説，参照)．日本語の上述の [ɯː] は基本的 [ɯː] と [ɨː] との中間音．

[ʉ]　円唇中舌狭母音　ノールウェー語の hus；スコットランド方言の oo にしばしば．

[ɪ]　図28において [i][e][ɨ] 三母音の領域の会する点附近の母音．[I] で表わしてもよいが italic 体および sanserif 体の活字を用いる場合に [ɪ] の方がよい．英語の bit；ドイツ語の bitte に見られる．

[ʊ]　図28において [u][o][ɨ] 三母音の領域の会する点附近の母音．[U] で表わしてもよいが印刷上 [ʊ] の方がよい．南部英語の book；ドイツ語の Hund に見られる．

[Y]　円唇の [ɪ]．ドイツ語の fünf, Glück に見られる．

[æ]　基本母音 [ɛ] と [a] の中間音．普通の南部英語の「短い a」，たとえば cat の母音；ロシヤ語の пять に含まれる母音．日本語では名古屋方言の [næĕ] (無い)の [æ] がこれに近い．

[θ]　基本母音 [o] と [ø] の中間音．スウェーデン語の dum に見られる．[ö] で表わしてもよい．

[ə]　非円唇中舌(半狭あるいは半広)母音．英語の about の a ('neutral vowel'《中性母音》あるいは 'schwa' ともいわれる)；他の変種は，フランス語

---

*1) nakazita-boin；ェ central vowel；ド der Mittelzungenvokal, palatogutturaler V.；フ la voyelle moyenne, la v. mixte；ロ средненёбный гласный, нейтральный гл.

の 'e muet', ドイツ語の bitte の e に見られる.

[ɐ] 非円唇中舌半広母音. 英語の sofa の普通の発音における a; リスボンのポルトガル語の para の a がそれ.

〖以上 110〗

国際音声学協会の方針としては，ある特定の言語を記述する場合に [i][e][ɛ][a][ɑ][ɔ][o][u], [y][ø][œ][ɒ][ʌ][ɣ][ɯ], [ɨ][ʉ] の記号は図 28 および図 29 に示されたいろいろな範囲に位する母音を表わすために用いることをすすめるが，簡略表記においては，同じ単音族に属する母音は同じ記号で表わし，しかもローマ字外の字母で表わすべき範囲に位する母音は，それに最も近い適当なローマ字で表わすことをすすめる. ただし，そのローマ字がほかの目的に必要でない限り. たとえば [e] と [ɛ] とが音韻的に区別がなければ，[ɛ] と表わすべき母音でも [e] で表わしてよく，精密表記で [öu][ɔː][ɒ] で表わすべき英語の母音は，簡略表記では [ou][oː][o] で表わしてよい，としている.

また同協会は，[ə] の記号は図 28 の中の三角形内に位する非円唇母音を表わすのに用いるべきであるが，一つの言語が二つの非円唇中舌母音を有する場合には，[ə] で狭い方の母音を表わし，広い方は [ɐ] で表わすことをすすめる. また中舌母音のさらに別の【[ə] より広い】変種を表わすために [ɜ] という記号を用いてもよい，としている.

中舌母音のもう一つの表わし方は [‥] を用いることである. [ï]＝[ɨ], [ü]＝[ʉ]. 同様に [ë] は [e] と [ɣ] の中間音，[ö]＝[ɵ] は [ø] と [o] の中間音である.

なお [a] の記号と [ɑ] の記号とを混同する傾向がいつまでもあるので，基本母音 No. 4（およびそれに近い母音）を表わすために [æ] を用い，基本母音 No. 5（およびそれに近い母音）を表わすためには印刷の都合により [a] と [ɑ] のいずれを用いてもよいこととし，現在の [æ] を表わすために [ɑ] を用いることが提案された.

§3.2 **母音の変種** 調音上の小さい差異による母音のいろいろな変種を表わすために，次のような記号を用いる.

[˙] は狭い変種を示す. [ė] は [e] の特に狭い変種. これはまた [e⊥] あるいは [ė] のように [⊥] の記号を用いて表わすこともできる.

[̫] は広い変種を示す．[e̫] は [e] の特に広い変種．これはまた [e⊤] あるいは [e̯] のように [⊤] の記号を用いて表わすこともできる．

[+] は前寄りの変種を示す．[ɑ+] あるいは [ɑ̟] は [ɑ] の前寄りの変種．

[-] は後寄りの変種を示す．[a-] あるいは [a̠] は [a] の後寄りの変種．ハイフンと間違えるおそれのあるときには [~] の記号を用いる．

[͗] は唇がさらに円められた変種．[o͗] は円めの狭い*1) [o]；[ɑ͗]＝[ɒ]．

[͑] は唇がさらにひろげられた変種．[u͑] は [ɯ] に似た [u] の変種．

[~] は鼻音化を示す．[ã][ɛ̃] は鼻音化された [a][ɛ]．なお，鼻音化母音を表わすのには [ã][ɛ̃] の代りに（ことに表音的正書法《phonetic orthography》において）[aŋ][ɛŋ] あるいは [aɲ][ɛɲ] と書く方が都合がよいことがあるとされている．なお第5章§7.3参照．

「息の漏れる声」《エ breathy voice》で発音される母音 (h の音色の母音《h-coloured vowel》) は [eh][ah] などのように [h] を加えるか，[e̤][a̤] のように気音の記号を上につけて表わす．

§3.3 母音体系

調音的観点より見ると，おのおのの言語の母音（音素）は興味ある体系をなしている．たとえば，

(1)　i　　u　　(2)　i　　u　　(3)　i　　u
　　　　　　　　　　e　o　　　　　e　o
　　　a　　　　　　　a　　　　　ɛ　ɔ
　　　　　　　　　　　　　　　　　a
アラビア語，　　　日本語，スペイン語，　イタリア語
タガログ語　　　　ロシヤ語

(4)　i　ü　u　　(5)　i　ü　u　　(6)　i　　u
　　　e　　o　　　　e　ö　o　　　　e　　ʌ
　　　　a　　　　　　ä　a　　　　　　a　ɔ
アルメニア語　　　フィンランド語　　英　語

(7)　i　ü　u　　(8)　i　ü　ɪ　u
　　　e　ö　o　　　　e　ö　a　o
　　　ɛ　œ　ɔ
　　　　a　ɑ　　　　　　トルコ語
フランス語

---

*1)　エ over-rounded.

§3 母音の分類

基本母音はフランス語の体系にもとづいたものであるが，Grammont[8] は一般に母音を

　　í, i, ì; é, e, è; á, a, à; ò, o, ó; ù, u, ú

のように，五つに大別した上で，そのおのおのをさらに fermées, moyennes, ouvertes《狭，中，広》の三種にわけている，Passy, Jones らの認めているフランス語の八つの母音は Grammont の分類によると次のようになる．

　　i e ɛ a ɑ ɔ o u
　　í é è á à ò ó ú

Passy らの分類よりもこの分類の方が，音韻論的に見ると，適当であると考えられるふしがある．一般に，母音の分類は一切の人類言語の母音体系の研究によって再検討せらるべきであって，基本母音も第4章に述べたのとはさらに別の観点から批判される時代がくるかもしれない．

註
(1) [121頁] *Cours de linguistique générale*, Paris, 1931³, 75 頁, 87 頁.
(2) *Phonetics*, 78 頁.
(3) Roman Jackobson: Observations sur le classement phonologique des consonnes (*Proceedings* III) 36 頁.
(4) [123頁] *Outline*, §180.
(5) [124頁] R. J. Lloyd (*Northern English*, §26) は，破裂のみのおこる外破音，入りわたりのみのある内破音，両者のある閉鎖音を，explosive, applosive, biplosive という名称で区別した．E. Sievers (*Grundzüge*, §419) は explosiver Verschlusslaut《外破的閉鎖音》のほかに入りわたり音のみの聞える implosiver Veschlusslaut《内破的閉鎖音》があると説き，M. Grammont (*Traité*, 38 頁以下) は p implosif《内破的 p》と p explosif《外破的 p》とを区別している．ただし，これらの implosiv, implosif という名称を，第6章§9 に説いた implosive《入破音》と混同しないように注意を要する．なお，国際音声学協会では，ビルマ語・広東語などに見られる破裂のない内破音を [̡] で表わすことが提案された．
(6) [126頁] 私が学生時代のことであったと記憶するが橋本進吉先生・岩淵悦太郎氏・有坂秀世氏らの出席された東京帝国大学国語研究室における研究発表会で，母音に先立たれない日本語の「ラ」等の子音の破裂的なものを表わすために [d] の記号と [ɾ] の記号の中間物的記号 [J] を提案したことがある．
(7) [129頁] 田口泖三郎博士のトーキーのフィルムを利用した研究によると，母音(多分日本語の)の音響学的構造は次のようである．(1949年12月のローマ字調査審議会つづり方部会における演述による．)

　　o 開管共鳴 (約 650 サイクル)

a 開管共鳴＋第2高調波
e 開管共鳴＋第3高調波
u 閉管共鳴(開管共鳴の$\frac{1}{2}$の振動数)
i 閉管共鳴＋第10高調波(すなわち，開管共鳴の第5高調波)

【なお，本書第1章補註1(14頁)参照】
(8) [135頁] *Traité*, 83頁以下.

第8章　長さ・強さ・高さと音節

§1 オトの属性

前の章においては，個々の単音の長さ・強さ・高さを捨象し類似のものをまとめて同じ音として取り扱いつつ分類した．調音を基準とする分類に重点をおいて説いたが，結果においてその分類はオトの音色に関するものであったと，概略的にいうことができよう．オトとしての具体的単音は属性として音色のほかに長さ・強さおよび或るものは高さを有する．

§2 オトの長さ

オトの長さ[*1)]とはその継続時間のことである．単音のうち，持続音はその持続部が長いほど長いとされる．持続音のうち，ふるえ音では，持続部が続くあいだ調音器官が同じ運動を繰り返すが，その他の持続音では調音器官がほぼ同じ位置をとり，有声音では声帯が振動を続ける．無声の閉鎖音にあっては持続部は無音であるから，長いものほど沈黙が長く続くことになる．閉鎖音の出わたりあるいは入りわたりに聞える瞬間的噪音や弾き音の瞬間的噪音はその長さをのばすことができない．そして，閉鎖音がオトとして目立つのはこの瞬間的噪音によるのであるから，これを瞬間音[*2)]と呼び，閉鎖音以外の持続音，ことにそのうちの子音だけを継続音[*3)]ということがある．わたり音でも比較的短いものと比較的長いものとを区別することができる．

国際音声字母では [ː] で「長[*4)]」，[ˑ] で「半長[*5)]」を表わし，[aː][aˑ] のよう

[*1)]　エ length, quantity, duration; ド die Dauer, die Quantität; フ la durée, la quantité; ロ долгота, продолжительность, количество, длительность.

[*2)]　エ momentaneous; ド der Momentanlaut; フ momentané; ロ мгновенный.

[*3)]　エ continuant; ド der Dauerlaut; フ continu, duratif; ロ длительный.

[*4)]　naga; エ long; ド lang; フ long (longue); ロ долгий.

[*5)]　han-naga; エ half-long; ド halblang; フ demi-long; ロ полудолгий.

にして示す．混同のおそれがなければ [˙] の代りに [ː] を用いてもよい．普通の短い*1)単音は [a][u][n] のように音声字母一字で表わす．[˘] は二重母音の弱い方の要素を表わす．たとえば [au̯]．ただし，普通にはこの記号なしで [au][ai] のようにして二重母音を表わす．また，[m̆b][n̆d] で，鼻音要素が非常に短く次の破裂音との結びつきが密接で一つの単音をなすことを表わす，という．これは口蓋帆の運動に関するわたり音ということができよう（第5章§7.3, 103頁参照）．

音韻的区別としての母音の長短の区別を有する言語は少なくない．たとえば，日本語の [odʒisaɴ]（叔父さん），[odʒiːsaɴ]（お爺さん）；[obasaɴ]（叔母さん），[obaːsaɴ]（お婆さん）．〘111〙ドイツ語の [zat] satt, [zaːt] Saat；[ˈpapə] Pappe, [ˈpaːpə] Pape；[ʃtil] still, [ʃtiːl] Stiel. 日本語の場合は短(みじか)母音と長(なが)母音との間に著しい音色の差異が認められないが，ドイツ語の場合は短母音の方が長母音よりやや広い．すなわち，短い [i][u] は精密表記では [ɪ][ʊ] で表わすべきものである．

音韻論的解釈(1)も言語により異り得る．日本語の場合は [odʒisaɴ] /'ozisaɴ/, [odʒiːsaɴ] /'oziisaɴ/；[obasaɴ] /'obasaɴ/, [obaːsaɴ] /'obaasaɴ/ のように，長母音は二つの母音音素の連続に該当すると解釈すべきであるが，ドイツ語の場合は [zat] /zat/, [zaːt] /zaːt/；[ˈpapə] /pápə/, [ˈpaːpə] /páːpə/ のように，短母音と長母音は長さの異る同じ母音音素に該当すると解釈すべきである．

ロシヤ語にも [vaˈdaː] вода《水》，[sɐlˈdaˑt] солдат《兵隊》のような母音の長さの区別があるが，音韻論的にはそれぞれ /vadá/ および /saldát/ と解釈すべきもので，母音音素そのものの長さの区別に該当するのではないと考えられる．簡略表記では長さの記号を省略してよい．

子音の長短の音韻的区別を有する言語もあるが，そういう長子音は持続部の途中に強さの谷があり，その前部は先行の音節に，その後部は後続の音節に分属する重子音*2)であるのが普通である．イタリア語には重子音が多い．たとえば，[ˈɔffa] offa《菓子》，[ˈkassa] cassa《箱》，[ˈballo] ballo《舞踏会》，[ˈanno]

---

*1) エ short；ド kurz；フ bref(brève)；ロ краткий．
*2) kasane-siin；エ double consonant；ド die Geminata；フ la consonne géminée, la c. double；ロ геминатa, двойный согласный．

§2 オトの長さ

anno《年》, ['freddo] freddo《冷い》, ['tatto] tatto《触覚》, ['akka] acca《h の字》, ['ɔddʒi] oggi《今日》.〚112〛　日本語の「つまる音」は概略的にいってその後続子音とともに重子音をなすといえる．たとえば, [issuɴ](一寸), [iʃʃaku](一尺), [ippo:](一方), [itto:](一等), [ikko](一個), [ittsu:](一通), [ittʃi](一致).〚113〛　しかし，この重子音の前半部においては喉頭の緊張が共通して存在するから，これらは音韻論的には /'iʔsuɴ, 'iʔsjaku, 'iʔpoo, 'iʔtoo, 'iʔko, 'iʔcuu, 'iʔci/ と解釈すべきものである^(補註1)．

英語にも [fu:l] fool, [ful·] full のような子音の長さの区別があるが，音韻論的にはそれぞれ /fu͡wl, ful/ と解釈すべきもので，その区別は音韻的には無意味である．簡略的表記では長さの記号を省略してよい．

英語の [sei] say と [stei] stay の [s] を較べると，前者よりも後者の方が短い．これは，音韻論的にそれぞれ /se͡j', ste͡j'/ と解釈すべきものである．このような微妙な長さの差異は器械によって測定することが望ましい．

感情的に誇張的に発音される単語の頭などの子音がしばしば長く発音されることがある．フランス語の例がよく挙げられる．たとえば ['ʃ:amo] chameau. この場合には純粋の長子音であって重子音ではない⁽²⁾．またこの長さは音韻的には意味がない．

日本語(東京方言など)の [jo:ki](陽気), [bjo:ki](病気), [gjo:ŋi](行儀)の三つの [j] は厳密にいうと長さが少しずつ異り，第一のものが一ばん長く，第三のものが一ばん短い．このような長さの差異も器械によって測定することが望ましい．〚114〛

E. A. Meyers の測定⁽³⁾によると，北部ドイツ語の短母音の長さは次のようである(単位百分の一秒)．

　　　[bit] 7.9; [but] 8.7; [bet] 9.6; [bot] 10.0; [bat] 10.9

　　　[bis] 11.6; [bus] 11.8; [bes] 12.6; [bos] 13.1; [bas] 13.1

英語の [p][t][k] の前の短母音の長さは次の通り⁽⁴⁾．

　　　[u] 13.3; [i] 13.9; [ɔ] 20.1; [æ] 22.4

このような長さの差異は，一般音声学的に興味ある問題を提供する．

§3 オトの強さ

　オトの強さ(または強度)は，単位時間内に単位面積を通過する音波のエネルギーの総和に比例する．音叉のオトのような単純音にあっては，その強度は，振動数が一定していれば振幅の自乗に正比例し，振幅が一定であれば振動数の自乗に正比例し，両者とも一定していないときには両者の積の自乗に正比例する．

　言語音の強さはかならずしもその物理学的強度とは一致しない．ある音の強さはすべての音声器官のはたらきによる．強い*1)音の発音においては，肺を収縮させる諸筋肉が強く働いて強い呼気を送り(すなわち呼気圧が強く)，有声音では声帯が両側から強く近づけられて強く振動し，無声音では声門は広く開かれて多量の呼気を送り出し，調音器官は緊張した調音をするのが普通である．その結果，音は強くかつ明瞭になる．これに反し，弱い*2)音の発音においてはすべての音声器官のはたらきがにぶい．肺臓を収縮させる諸筋肉は積極的にははたらかず，したがって呼気圧が弱く，有声音では声帯が互いに強く近づけられず弱く振動し，無声音では声門が十分開かれず呼気量も少なく，したがって有声音と無声音との差が小さくなり，舌は休みの状態にいっそう近づき唇はゆるみ，口むろ音でも口蓋帆は完全には鼻むろへの通路を遮断しない．その結果，音は弱くかつ不明瞭となる(5)．呼気圧の強弱とは関係なく調音運動の強弱を調節することは必ずしも不可能ではなく，また実際の発音でも緊張した調音運動に弱い呼気が伴うこともあるので，「強さ」は呼気圧の大きさのみを指すとする学者もある．しかし，音声器官全体が，上に述べたような共同的はたらきをなす著しい傾きのあることは見逃せない．また，同じ音に関しては，上述の音声学的強さの強いほど物理的強度も大きくなる(無声の閉鎖音はわたりのオトが大きくなる)が，異る音の強さはそれらの物理学的強度のみによって比較することができない．たとえば，弱い[a]の方が強い[n]よりも物理学的強度の大きいことがあり得る．故に，音声学的強さの客観的測定はかなり困難である．

　音声連続における強さの山を強め*3)という．国際音声学協会では[']の記号

---

*1)　エ strong; ド stark; フ fort; ロ сильный.
*2)　エ weak; ド schwach; フ faible; ロ слабый.
*3)　エ stress; ド der Druck; フ accent de force (le); ロ (экспираторное) ударение.

でそれに続く音節が強い強めを有することを表わす．たとえば [ˈinkriːs]《増加》, [inˈkriːs]《ふやす》．また [ˌ] の記号でそれに続く音節が中の強め*1)を有することを表わす．たとえば [ˌkɔmbiˈneiʃn] combination, [kənˌsidəˈreiʃn] consideration.

同じ音とされるものでも，強さの強弱によって異る単音となり得る．口むろ（および咽頭）内の気圧の高低によって閉鎖音は fortis《硬音》と lenis《軟音》とにわかれるが（第5章§2.1），その気圧の差は強さの強弱によっても生じ得る．摩擦音は狭めの程度が同じでも強さが弱いと弱摩擦音となる．狭めは少し広くても強さが強いと摩擦的となる．

一つの単音の持続部において強さの変化が現われることも少なくない．英語の [sɔːs] sauce の二つの [s] はこの点で同一ではない．第一の [s] は次第に強まる漸強音であり，第二の [s] は次第に弱まる漸弱音である．ロシヤ語の [staˈlnɔĭ] стальной《鋼鉄の》と [staˈbɔĭ] с тобой《君と共に》の二つの [s] は，後者がやや長いうえに，前者が漸強音であるのに対し，後者は漸強漸弱音であるという点でも異る．音韻論的にはそれぞれ /staljnój, sºtabój/ と解釈される．

わたりのオトの強さにも強弱がある．英語の [ˈtipik] typic とフランス語の [tiˈpik] typique とを較べると，前者においては第一の [i] が十分強い間に [p] の閉鎖が突然おこり，後者においては [i] の強さが弱まったときに [p] の閉鎖がおこり，二つの [p] の破裂音はともに強いけれども，入りわたりの内破音は英語のが強く，フランス語のが弱い．Jespersen は英語の [ˈtipik] における第一の [i] と [p] とのつなぎの如きを fester Anschluss《かたいつなぎ》といい，フランス語の [tiˈpik] の第一の [i] と [p] とのそれの如きを loser Anschluss《ゆるいつなぎ》といっている(6)．

§4 高　さ

オトの高さ*2)はその振動数に比例し，それが大きいほど高い．普通，楽音のみについて言い，楽音の高低はその基本音の振動数の大小による．

---

*1) エ medium stress, secondary stress; ド der Nebenton; フ accent secondaire (le); ロ второстепенное ударение.

*2) エ pitch, voice-pitch; ド die Höhe, die Tonhöhe; フ la hauteur; ロ высота.

第8章 長さ・強さ・高さと音節

　言語音の高さとは，普通，有声音のみについて言い，それに伴う声の高さ，さらに詳しくいえば，その声の基本音の高さを指す．したがって，無声音には高さがない．

　音声連続における声の高さの変動(あるいは不変動)を音調[*1)]という．呼気段落あるいは文に該当する音声連続について言われるのが普通であるが，「音節音調[*2)]」「単語音調[*3)]」ということもできる．音節音調(またはその型が社会習慣的に一定している現象)を声調[*4)]という．シナ語の四声(入声を除く)がその一例である．

　国際音声字母では声調を表わすのに次のような記号を用いる．

　　高平声調《high level tone》　　[ā]
　　低平声調《low level tone》　　[a̱]
　　高昇り声調《high rising tone》　　[á]
　　低昇り声調《low rising tone》　　[a̗]
　　高降り声調《high falling tone》　　[à]
　　低降り声調《low falling tone》　　[a̖]
　　昇り降り声調《rising-falling tone》　　[â]
　　降り昇り声調《falling-rising tone》　　[ă]．

声調記号は [˝pa][ˍpa][ʹpa] などのように音節の前につけることもできる．〖115〗いわゆる一音節語[*5)](たとえば，シナ語)の声調を表わすのにはこの方がよい(補註2)．ある言語が一種類の昇り声調あるいは降り声調を有するときは，その高低にかかわらず [ʹ] あるいは [ˋ] の記号を用いる．中平声調は普通，記号をつけない．また精密表記では [˩][˥][˦][˨] のような記号を用いてもよい．ある言語が低昇り声調 [ˌpa] と高昇り声調 [ˈpa] との音韻的区別を有するときに，前者の変種である高まった低昇り声調は [˗pa] で表わすことができる．また安南語の二種の昇り声調のうち，「息の漏れる声」の方を [˷] で，「きしむ声」

---

*1)　エ intonation；ド die Intonation, der Ton；フ intonation (la)；ロ мелодия речи, интонация．
*2)　エ syllabic intonation．
*3)　エ word intonation．
*4)　エ tone；ド der Ton；フ le ton；ロ тон．
*5)　エ monosyllabic language．

の方を[ˇ]で表わすのもよい.

　スウェーデン語やノールウェー語のような言語では, 声調が強めと結びついており, 文音調にしたがって音価が変るから, 約束的な記号を用いる必要がある. たとえば「単純声調」は[ˈandən]《ェ the duck》,「複合声調」は[ˇandən]《ェ the spirit》あるいは[ˣandən]とする. 三音節以上の単語では, 複合声調の後半要素がかぶさる音節に[ˋ]をつける必要のあることがある.

§5 音　節

　日本語の[atama](頭)という音声連続は二箇所に切れ目があり三つの部分に分れると認められ, 英語の[ˈbɔdi] bodyという音声連続は一箇所に切れ目があり二つの部分に分れると認められる. しかし, それ以上の切れ目は認められない. 日本人は[atama]を[a-ta-ma]のように三つに区切って発音することができ, 英米人は[ˈbɔdi]を[bɔd-di]のように二つに区切って発音することができるが, 両者ともそれ以上短く切って発音することはできない. このように, それ自身の中には切れ目がなく, その前後に切れ目の認められる単音の連続または単独の単音(上の例では一番最初の[a])を音節*1)という.

　音節を成立せしめる要因は何かということに関しては, いろいろの学説が発表された.「呼気圧」によるとするもの,「きこえ」によるとするもの,「呼気音節」と「きこえ音節」とあるとするものなどがあったが, いずれも事実の説明に十分成功したとは言いがたい(7).

　Jespersenは「きこえ*2)」《Schallfülle》を「一般にある音の全体的印象を条件づけるところのすべての要因の合成であるが, もちろん, 声のあるなしがその際大きい役割を演ずる」と定義して, 音のきこえの段階を次のように区別している.

　(1) a)[p][t][k]; b)[f][s][ç][x]; (2) [b][d][g]; (3) [v][z][ɣ]; (4) a)[m][n][ŋ]; b)[l]; (5)r音; (6) [y][u][i]; (7) [ø][o][e]; (8) [ɔ][æ][ɑ] そして「おのおのの音声連続にはきこえの明らかな相対的頂点の数だけ音節がある」としている. しかし, その根柢をなすきこえの定義が非科学的であるの

---

*1) ェ syllable; ド die Silbe; フ la syllabe; ロ слог.
*2) ェ sonority; ド die Sonorität, die Schallfülle; フ la sonorité; ロ звучность.

みならず[8]，ささやきの発音における音節はこの説では説明されない．また [p][t][k] と [s] とをきこえが同一段階にあるとするのも正当であるといいがたいが，単音のそれ自身における強さの変化についても精密な観察ができていない．

それより以前に，F. de Saussure は注意すべき説を発表している[9]．彼は，aperture すなわち呼気の通路の広さによって，音を次の七段階にわける．(0) [p][b], [t][d], [k][g]；(1) [f][v], [θ][ð], [s][z], [ʃ][ʒ], [ç][j], [x][ɣ]；(2) [m][n][ŋ]；(3) 1) [l], 2) [r]；(4) [i][u][y]；(5) [e][o][œ]；(6) [a] そして，[a] を除くすべての音は implosif《内破音》，explosif《外破音》のいずれかであるとして，それぞれ 〉〈 の記号を以て示し，ardra=[ar-dra]，ardra=[ard-ra] のように，内破音から外破音へ移るところに音節の境目が認められるし，上の a や prt の r のような第一内破音は point vocalique《母音点》であるとしている．この説は，ささやきの発音の音節も説明することができるが，内破音・外破音の定義が十分科学的ではないし，(1) 度，(2) 度，(3) 度の順序の決定が科学的根拠によるものとは認められない．この決定には，呼気流出量の測定などが参考となろう．

de Saussure の説を祖述して，これに科学的うらづけを与えようとしたのは Grammont である．その説[10]の大要は次のようである．

無声の両唇閉鎖音のうち，APMA あるいは AP におけるように，入りわたりのオトが強く聞え，出わたりが全然ないか，あってもそのオトが極めて弱いものを内破音といい，AMPA あるいは PA におけるように出わたりのオトが強く聞え，入りわたりが全然ないか，あってもそのオトが極めて弱いものを外破音という．母音間の p（たとえば APA）にも外破音と内破音とあり，フランス語などの母音間の p は前者であるが，アイスランド語のは後者である．閉鎖音の持続部は無音であるけれども緊張の持続である．たとえば，p を発音する際に，両唇の閉じた状態から始める場合にも，開いた状態から始めて両唇を閉じる場合にも，破裂のおこる前に筋肉のいろいろな運動や努力を感ずる．それは器械を用いなくても筋肉感覚によってかなり正確に分析することができる．横隔膜の努力［これは「腹筋の努力」の誤りであろう．16 頁参照．］，喉頭部の努力，舌の努力，両唇が互いに押しあう圧力，などを感ずる．喉頭は咽頭に向っ

てもち上り，わずかに前へ出る．舌は口蓋に向ってもち上り緊張してふくらむ．これらの運動は，局部に外から指を触れたり，鏡に写して見たりしてもわかる．これらの努力が始まると同時に，1) 下っていた口蓋帆がもち上って鼻腔への通路をふさぎ，2) 声門がぴったりと閉鎖して，気管の中にある空気と口腔にある空気とを遮断する．以上はフランス語などのpの場合であるが，ゲルマン諸語にみられるような気音を伴うpでは声帯は広く開いており，喉頭はもち上らず，舌はふくらまない．これは肺臓からの呼気によって発音されるpであるが，フランス語のは口むろに閉じこめられた空気によって発音される．Grammontは，フランス語式のpに関する器械実験[11]によって，外破音のpでは，持続部を通じて喉頭が次第にもち上って行くが，内破音のpでは，少なくとも持続部の前半内で喉頭が最高の位置に達し，それより次第に下って行くことを確かめ，彼は，前者においては持続部を通じて諸器官の緊張が増加して行き，後者では閉鎖がおこって間もなく諸器官の緊張は最高度に達し，瞬時その状態を保ってから次第に弛緩して行く，と結論し，前者のタイプの音を漸強音《phonème croissant》，後のタイプの音を漸弱音《p. décroissant》と呼んでいる．さらに，T, K, D, B などについても同様の事実を確かめ，ATTA, UPPU, AKKA のような重(かさね)閉鎖音においては，長い持続部の中ほどで喉頭が一度低下してまたもち上るのを明瞭に記録し得ている．摩擦音についても，これと並行的関係が確かめられる故，SA および ASSA の第二の S を漸強音，AS および ASSA の第一の S を漸弱音と呼ぶことができ，OZZÉ, UŠŠO, ÄŽŽO, AFFÕ, ÜVVI, ERRU, ALLÜ, AYYA, ANNA のような重子音について実験してみても，持続部の中ほどで喉頭が一時的に弛緩するのが認められる，とする．一般に漸強音を／で，漸弱音を＼で表わすと，音節の境目はちょうど＼から／へ移るところにある．したがって一つの音節は／＼あるいは／⏤＼である．水平の線は最初の漸強音と最後の漸弱音との間に含まれたすべての単音を表わす．漸強音に漸強音が続き，漸弱音に漸弱音が続くこともできる．最後の漸強音から最初の漸弱音へ移るところにもう一つの境目があり，これが de Saussure のいわゆる母音点であって，音節中に母音が一つある場合には，そこに母音点が現われる．

　　音の開き《aperture》すなわち「持続部における調音点の音声器官の開き方」

の程度のわけ方は de Saussure のとほとんど同じであるが,少し違う点もある. 0度 [p][t][k][b][d][g];1度 [f][v][θ][ð][s][z][ʃ][ʒ][ç][j][x][ɣ];2度 [m][n][ɲ][ŋ];3度 [l][r];4度 [j][w][ɥ] などの semi-voyelles《半母音》;5度 [i][u][y][ĩ][ũ][ỹ] およびそれらの前の [h];6度 [e][o][ø]([ɛ][ɔ][œ]),およびそれらに対応の鼻母音,およびそれらの前の [h];7度 [a]([ɑ])[ã]([ɑ̃]) およびそれらの前の [h].

次に,音節を「音声学的音節」《syllabe phonologique》と「音韻論的音節」《syllabe phonétique》(12)とにわける.前者は理論的音節,あるいは典型的音節,正規の音節と呼ぶことができる.なぜなら,多くの言語がこの種の音節しか有しないから.この音節においては,緊張の増大して行く単音連続(これを「昇り部」という)は開きの狭いものから広いものへの順序に並び,緊張の減少して行く単音連続(これを「降り部」という)は開きの広いものから狭いものへの順序に並んでいる.たとえば,[pat][sir][pfrailst].この種の音節の構造は図 30

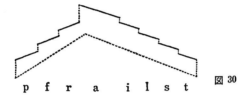

図 30

のように図示することができる.その一番高い点が母音点で,開きの最も大きい単音が母音であるときには,それがその音節の最初の漸弱音である.

しかしながら,音韻論的音節,すなわち実在の言語に見出される音節には,音声学的音節に見出されない特徴がある場合がある.すなわち,昇り部や降り部において同じ開きの単音が二つ続いたり,あるいは「昇り部」においてある単音にそれよりも開きの狭い単音が続いたり,「降り部」においてその逆の単音連続が現われたりすることがある.たとえば,ギリシャ語の kteís,フランス語の rapt,ラテン語の stare の sta,英語の [siks],ドイツ語の [topf] は次のように図示される.

実在の言語には,母音のない音節の見出されることも稀ではない.フランス語の間投詞 pst!, cht! の摩擦音が母音的といわれることがあるが誤りで,ともに漸強音であり,母音点はそれらと t との間に現われる.したがって,これ

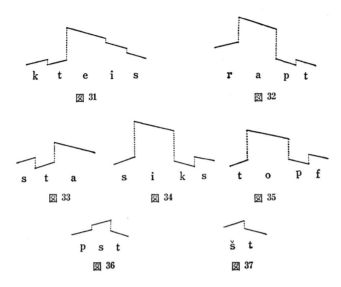

図 31　　図 32　　図 33　　図 34　　図 35　　図 36　　図 37

らの間投詞に母音を発音するフランス人は psit !, chut ! という．母音的な r, l, n, m ということがあるが，それらは母音ではなく，母音点はそれらの前にあったり後にあったりする．前者すなわち漸弱音の例は，英語の littl(e), mant(e)l, wak(e)n, crims(o)n の末尾音節の l あるいは n, ドイツ語の mant(e)l, mutt(e)r, red(e)n の l, r, n, あるいは Srbiya の r, Blgariya の l がそれで，後者すなわち漸強音の例は，フランス語の sabl(e), âcr(e), stagn(e) などの l, r, n がそれである．フランス語の sabl(e), stagn(e) とドイツ語の sab(e)l, reg(e)n との違いを図示すれば，次の図のようになる．

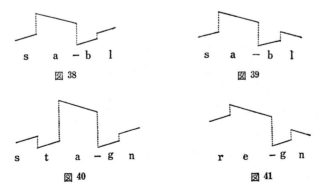

図 38　　図 39　　図 40　　図 41

上に示したフランス語の sable などの第二音節のように降り部のない音節もあれば，Papa a à aller à Arles という文に該当する音声連続の中に含まれる [a] という音節のように昇り部のない音節もある．

　以上が Grammont の音節論の大要であるが，音声学的音節と音韻論的音節とをわける見解などは注目に価するもので，全体としてかなり進歩した考えである．しかし，次に母音の続く漸強子音（[h] を除く）の特徴は，単に持続部において調音器官等の緊張が増大して行くという点のみにあるのではなく，この緊張が出わたりの直前に最大に達し，急に調音点における開放がおこって次の母音にわたって行く点にもある(13)．閉鎖音においてはもちろん，鼻音や側面音においてさえ弱い破裂音を聞くことができるし，[s] や子音的 [j] においてさえ，その音色に著しい特徴を与えるのは，出わたり直前の最大の緊張とこの急な開放とであると思う．母音の続く [h] にあっては，舌（および唇）が幾分なりとも休み状態に近い状態から次第に緊張して次の母音のための位置をとる．[i̯a][e̯a] のような二重母音の前半をなす半母音では，強さは次第に強まるが舌はかえって下降して行く．同様に，母音に続く漸弱子音（閉鎖音．[h] を除く）の特徴は，母音とのつなぎがかたく，器官の緊張がゆるむと同時に調音点の狭めが広がり気味となり，[h] では母音と同じ調音から休み状態へ近づく傾きを示し，[ai̯][ae̯] のような二重母音の後半をなす要素においては，強さは次第に弱まるが舌はかえって上昇して行く．

　また，単音は漸強音と漸弱音の二種のみではない．英語の [ˈʌpə] upper の [p] はその前後の母音とのつなぎがともにかたく，両音節に属するといわれるが，漸弱漸強音となる傾きがある．[ˈrʌnə] runner の [n] はその傾きがいっそう著しい．

　また，ロシヤ語の [staˈbɔj] с тобой の [s] や，日本語のはっきり発音された [steru]（棄てる）の [s] は漸強漸弱音である．外国人はこれらの [s] における強さの微妙な変化を見逃し，自分らの習慣にしたがって誤ってこれらの [s] を漸強音と見做し音節の昇り部の一部と見ることがあるが，これらは音声学的にもそれだけで一音節をなすと見られる権利がある．すなわち単なる主観の問題ではなく，客観的オトとしてもその特徴を備えている．英語の [ˈteibl] table, [ˈritn] written の [l][n] などは音節主音*1)と呼ばれるが，これらの [s] やフ

ランス語の [tabl̥] の [l̥] も音節主音と呼んでよい．国際音声字母では，音節主音的子音は [ˌ] で表わす．上の諸例は [ˌstaˈbɔï][ˌsteru][ˈteibl̥][ˈritn̥] などと表わしてよい．ただし，この記号は，音節主音的であると同時に比較的長く強い子音を表わすのに用いる暗黙的な習慣があるようであるから，フランス語の [tabl̥] の弱い [l̥] につけるのは不適当であろう．母音点のある母音ももちろん音節主音である．一音節中の音節主音以外の単音はすべて音節副音*2)である．

《116》

　Grammont は，ラテン語の stare の s や英語の [siks] six の第二の [s] が音節副音であるのは，それらがそれぞれ漸強音，漸弱音であるためであるとしている．しかし，英語のこの [s] が同時に弱く発音されることにも注意すべきである．英語の [stiks] sticks (名詞複数形および動詞三人称現在形) の第二の [s] はそれより長く強いので，私はこれを音節主音的であると見るべきではないかと考えている．[siksθ] sixth の [θ] も同様で，これはかなり明らかな漸強漸弱音である(補註3)．

　また，Grammont らの指摘したような「非音声学的」な構造の音韻論的音節が成立し得るには限度があり，昇り部あるいは降り部における緊張の増大あるいは減少と逆行した開きの度の移行（たとえば，͞st あるいは ks͞ ）が現われ得るのはせいぜい子音(0度より3度あるいは4度まで)どうしの間で，母音と子音とは位置を換え得ない．たとえば，[pia] あるいは [aip] という音節はあるが，[ipa] あるいは [api] という音節はあり得ないと考えられる．ロシヤ語の [kaˈraˑbl̥] корабль《舟》が二音節であるならば(14)，我々はその [abl̥] において 7度+0度+3度 という降り部の実例を見ることとなるが，それは0度と3度の位置の転換である．同様に，母音どうしならば，主音副音の位置のかなり無理な取換えも不可能ではない．安南語の [˜kɐ̆i:] cay《辛い》，[˜kɐ̆u:] cau《檳榔子》はともに一音節単語で，[ɐ] が弱く短い漸強音，[i:][u:] が強く長い漸弱音である．同様に [˜ki:ɐ̆] kia《あれ》，[˜ku:ɐ̆] cua《蟹》もともに一音節単語で，

---

*1) 英 syllabic; 独 silbenbildend, silbig, sonantisch; 仏 syllabant, syllabique, sonant; 露 слоговой, слогообразующий.
*2) 英 non-syllabic, asyllabic; 独 unsilbig, konsonantisch; 仏 asyllabique; 露 неслоговой, неслогообразующий.

[iː][uː] が強く長い漸弱音，[ɐ] が弱く短い漸弱音である．Bloomfield はドイツ語南部方言において [liab]《＝dear》，[guat]《＝good》，[gryan]《＝green》などの [i][u][y] の強さが強いために母音点がここにあり，全体が一音節をなす例を挙げている[15]．

§6 破擦音と二重母音・三重母音

§6.1 破擦音

破擦音[*1]とは，閉鎖音の次にそれと調音点の同じ摩擦音が続き，両者の間に強さの弱まりなく，全体が漸強音あるいは漸弱音をなすものをいう．閉鎖音の破裂は，最大限度次の摩擦音のための呼気の通路の幅だけの部分でおこり，続く摩擦音もわたり音的性質を帯び長さも比較的短い．日本語(東京方言など)の [tʃa](茶)，[tsu](津)の [tʃ][ts] は破擦音であるが，その摩擦音と [ʃa](紗)，[su](巣)の [ʃ][s] とを比較すると，後者の方がずっと長い．なお第3章§10参照．

英語の破擦音 [tʃ][dʒ] は，[tʃein] chain, [dʒem] gem においては漸強音，[wɔtʃ] watch, [edʒ] edge においては漸弱音であるが，[ˈretʃid] wretched, [ˈpidʒin] pigeon においては漸弱漸強音となる傾きがある．しかし，その出わたりの破裂音と摩擦音の連続は漸強音であって破擦音をなし，続く母音とともに同一音節に属し，入りわたりの入破音のみが第一音節に属する．

日本語の母音に先立たれない「ジ」「ズ」などの子音は，東京方言などにおいて [dʒ][dz] と表わすべき破擦音であるが，関西地方の方言では破裂音のほとんど聞えないこともある．しかし，その摩擦音は狭めが普通の摩擦音より狭く始まって次第に広がって行く点で，破擦音のわたり音的おもかげをとどめているから，弱まった破擦音といってよい．

国際音声字母では [pf][bv][ts][dz][tʃ][dʒ][tɕ][kx] のように記号を二つ並べて破擦音を表わす．ただし，ある言語が破擦音のほかに [t]+[s]，[t]+[ʃ] のような二つの単音の連続を有する場合には，破擦音は [ʦ][ɕ][ʧ][ʨ] のような特別の合字を用いるか，[ts͡][tʃ͡] あるいは [t͡s][t͡ʃ] のように，結びの記号を用いて示す．英語のように破擦音がよく現われ，[t]+[ʃ] という連続は

[*1] hasacu-on; ＝ affricate; ド die Affrikata; フ affriquée(la); ロ аффрика́та, сло́жный согла́сный.

§6 破擦音と二重母音・三重母音

稀にしか現われない言語を表記するには，破擦音を [tʃ] で表わし，後者は [ˈnʌt-ʃel] nutshell のように [t-ʃ] で表わす．破擦音を一字で表わす必要があれば [tʃ][dʒ][ts][dz] の代りにそれぞれ [c][ɟ][ŝ][ẑ] を用いる．重(かさね)破擦音は [ttʃ][tts] または [cc][ŝŝ] のようにして表わす．

調音点の異る破裂音と摩擦音とより成る破擦音は非常に稀であるが，Polivanov は，ドゥンガン語にシナ語の [tʂʻ] から変化した [t͡fʻ] があることを報じている(16)．たとえば [t͡fʻu](出＝北京方言の [tʂʻuː])．この方言では北京方言の唇音化された [ʂ] に [f] が対応する．[fi](水)．

§6.2 二重母音・三重母音 連続した二つの母音で同一音節中にあるものを二重母音*1)という．普通一方が音節主音で他方が副音である．音節副音の方はわたり音が普通で，かつ短いことが多い．しかし，二重母音全体がわたり音的であることもある．国際音声字母では，二重母音を表わすのに，ただ母音字を二つ並べるか，そのうちの副音を表わす方の字の上に [˘] をつける．たとえば [au] または [aŭ]．

二重母音を三種類にわけることができる．(1) 降り二重母音*2)．最も普通のもので，主音の次に副音が来る二重母音．日本語(東京方言など)の二重母音はすべてこれで，しかも副音は [ĭ] に限る．たとえば，[kaĭ](会)，[koĭ](鯉)，[kuĭ](杙)．その他の母音連続は普通，二音節に発音される．たとえば，[ie](家)，[ue](上)，[ao](青)，[kau](買う)．これらの母音は，Grammont 式にいえば，いずれも漸弱音であるが，さらに詳しくいえば，単独で音節をなす母音はいずれも漸強漸弱音であり，したがって二つの母音の間には強さの谷がある．英語には [eĭ][aĭ][ɔĭ]，[oŭ][aŭ]，[ɪə̆][ɛə̆][ɔə̆][uə̆] などの降り二重母音がある．〖117〗

(2) 昇り二重母音*3)．副音の次に主音がくるもの．英語の [hɪə] hear の代りに [hĭə] という発音がしばしば聞かれる．またフランス語の [mwa] moi はしばしば [mŏa] のように発音される．ドイツ語の ja は [ĕɑˑ] あるいは [ĕɑˑ] と

---

*1) エ diphthong; ド der Diphthong; フ la diphtongue; ロ дифтонг, двугласный.

*2) エ descending diphthong, falling d.; ド fallender Diphthong; フ la diphtongue descendante, la d. décroissante; ロ нисходящий дифтонг.

*3) エ ascending diphthong, rising d.; ド steigender Diphthong; フ la diphtongue ascendante, la d. croissante; ロ восходящий дифтонг.

発音される．シナ語(北京)の [kŏaŋ](光) などにも昇り二重母音が聞かれる．

(3) 平二重母音*¹⁾．両母音の間に主副の区別の認めがたいもの．イギリスのある地方やアメリカに行われる [fiu] few, [niu] new などという発音に見られる．

三重母音*²⁾とは，連続した三つの母音で同一音節中にあるものをいう．英語の why の無造作な発音に見られる [ŏaĕ] のように普通，主音が中央にありその前後に副音がある．シナ語(北京)の「遠」は [y̆ǫa·ŋ] のように三重母音を以て発音されることがある．Jespersen は Lincolnshire で beauty, beautiful の第一音節母音に [iyu] のような三重母音を，また [siyuə] sure において四重母音*³⁾を聞いたという⁽¹⁷⁾．

註
(1) [138頁] 音韻論的解釈については拙著『音韻論と正書法』(研究社)参照．以下すべて同様．/´/ はモーラの副音の位置にあるゼロ音素，/°/ は同じく主音の位置にあるゼロ音素．/⌒/ でつないだ音素は複合フォーンを構成し，その他の音素は単純フォーンを成す．/´/ は強めの記号．【その後の私の考えについては『新版 音韻論と正書法』(1979年，大修館書店)参照．】
(2) [139頁] Traité, 60頁．
(3) Lehrbuch, §12.23.
(4) 本書第1章§2に引用した Heffner のアメリカ英語の母音の長さに関する測定結果も [I][ʊ] が短く [æ] が最も長いことを示している．
(5) [140頁] Lehrbuch, §7.32.
(6) [141頁] Lehrbuch, §13.6.
(7) [143頁] Lehrbuch, §13.11.
(8) [144頁] Jones(Outline, §100)は「同じ長さ，強さ，高さで発音されたときにより遠くまで聞える」音がきこえ《sonority》がより大きい，としているが，この定義の方がいっそう科学的である．
(9) Cours, 70頁以下．
(10) Traité, 36頁以下，98頁以下．
(11) [145頁] V形をした細いガラスの管に水を入れ，管の一端を両唇でくわえて [p] における口むろ内の気圧の変化などを確かめたり，喉頭(および唇)における運動(および振動)をカプセル《capsule》(および embouchure)からゴムの管を通してゴム膜などをはったタンブールに伝え，カイモグラフの装置によって煤煙紙に記録す

---

*¹⁾ ㋙ level diphthong; ㋪ schwebender Diphthong; ㋺ la diphtongue égale, la d. indécise; ㋷ однородный дифтонг.

*²⁾ ㋙ triphthong; ㋪ der Triphthong; ㋺ la triphtongue; ㋷ трифтонг.

*³⁾ ㋪ der Tetraphthong.

第8章 長さ・強さ・高さと音節　　　153

る実験を行っている.
(12) [146頁] de Saussure の提唱にしたがって，Grammont は phonologie を音声学，phonétique を音韻論の意味に用いる.
(13) [148頁] Jespersen の術語を以てすれば，こういう子音と母音との「つなぎ」は「かたい」といえよう(第8章§3参照).
(14) [149頁] Polivanov はロシヤ語の жизнь《生活》が二音節であるという(Vvedenie, 110頁)が，これは Jespersen の音節論にしたがったための誤りではないかと思う. ロシヤ語の[saˑt]сад《庭》[gruˑt̨]грудь《胸》, [t̨eˑn̨]тень《蔭》はいずれも一音節であり，それらの生格形である['saˑdʌ]['gruˑd̨ɩ]['t̨eˑn̨ɩ]が二音節であるように，[ʐɨˑzn̩] жизнь は一音節，その生格形[ˈʐɨˑzn̩ɩ]は二音節であろう．前者の[n̩]は弱い漸弱音で破裂がないが，後者の[n̩]はやや強い漸強音で破裂がある. 同様に[kaˈraˑbl̩]は二音節，その生格形[karaˈbl̩aˑ]は三音節であろう．前者の[l̩]は弱い漸弱音で破裂がなく，その前の[b]の破裂も弱い.
(15) [150頁] *Language*, London, 1935, 123頁.
(16) [151頁] *Vvedenie*, 159頁.
(17) [152頁] *Lehrbuch*, §13.94.

【(補註1) [139頁] 私は後にこれらを /ˈiosun, ˈiosjaku, ˈiopoo,…/ のように音韻表記するようになった.】
【(補註2) [142頁] 私は高・中・低などの基準を明瞭に示すために，次のような記号を当該音節を表わす記号の前につけることにしている.

[⌈]　（高平）
[├]　（中平）
[⌊]　（低平）
[⌈]　（高昇り）
[├]　（中昇り）
[⌊]　（低昇り）
[⌈]　（高降り）
　　　………

なお二つ(以上)の音節が連続してその間に高さの変動がないときには，無記号のままにしておくことにしている．たとえば東京方言のアクセントは次のように表記される(157頁参照)
[⌊uʃi](牛), [⌈ne⌊ko](猫); [⌊ka⌈rada](体), [⌊ko⌈ko⌊ro](心), [⌈i⌊notʃi](命), [⌊uʃiwa](牛は), [⌈ne⌊kowa](猫は)】

【(補註3) [149頁] 1951年ごろ，滞米中，あるアメリカ人の発音を観察したところ，sixths は [sɨksss] のようであった. これは /siksθs/ と解釈すべきものに違いない. 80頁1〜2行比較.】

第9章　アクセント・強調・文音調

§1　呼気段落・強め段落・発話拍節

　音声のとぎれによってその前後を限られ，その中間にはとぎれを含まない音声連続を呼気段落*1)という．音声のとぎれができる原因はいろいろある．第一に，発話は普通呼気によって営まれ，肺臓内の空気の貯蔵を補うために息を吸うときには発音運動を止めるのが普通であり，第二に，他人に理解され易くするために適当なところに音声の休止を置くのが普通であり，発音を楽しみそれを面白くするために任意のところに区切りをおくことも少なくない．また言い淀みや言い誤りによっても音声のとぎれることがある．呼気段落には，一つの単音あるいは音節より成るものから，極めて長いものまで存在し，その長さを規定すべき法則がなく，その成立原因は極めて複雑で全部を科学的に研究することはほとんど不可能である．

　呼気段落より小さい音声的単位として諸学者の認めるものに強め段落*2)がある．強め段落は，一つの強い強めの音節と，その前または後あるいは両者にそれよりは弱い音節の連続したもので，その前後は強めの著しい谷で限られるという．Passy等のように(1)，これが単語あるいは単語連結という言語単位に該当するとする学者の示す実例を見ると，単語連結は多く自立語と附属語との連結(これを単語結合という)である(2)．こういう単語連結や自立語はその前後に音声のとぎれが現われることさえあり，そうでない場合でも強めの著しい谷ができることが多い．故に，こういう言語単位に該当する音声連続に特別の注意を払い，強め段落というような名称で呼ぶことは適当である．本書では，「強め段落」を「自立語あるいは自立語と附属語との連結に該当する音声連続」の意味に用いる．日本語と英語の強め段落の一例を示すと次のようである．

---

*1)　エ breath-group; ド die Atmungsgruppe; フ le groupe de souffle.
*2)　エ stress-group; ド die Expirationsgruppe; フ le groupe de force.

[tsˈkueno uˈeni ˈhoŋŋa ˈatta]

[aiˈsɔː əˈbuk ɔnðəˈteibl]

一方 Sievers のように[(3)], 言語単位とは一致しないことのある Sprechtakt《発話拍節》という単位を主張する学者もある．彼にしたがえば，これは純粋に音声・韻律的単位であって，その切れ目は，die feindlichen | Reiter | kamen | gestern | wieder のように単語の切れ目と実際上一致することが多いが，[voˈzindigə | ˈfaŋənən] Wo sind die Gefangenen? のように単語が二つの「拍節」に分属することもあるという．ことに韻文の朗読においてはこういう現象がしばしば見かけられるが，普通の発話において頻繁におこるかどうか，研究を要すると思う．

§2 アクセント

強め段落の強さあるいは高さに関して一定した社会習慣的型を有する言語がある．このような社会習慣的型をアクセント[*1)(4)]という．

§2.1 強さアクセント

強め段落の一定の音節に著しい強め（強さの山）を置くことが社会習慣になっている現象（またはその強さの山）を「強さアクセント[*2)]」という．

言語によっては，強め段落のいろいろの位置にある音節が強さアクセントの頂点を有し得るものがある．このようなアクセントは「音韻論的に有意味な強さアクセント」といい，英語，ロシヤ語などのアクセントがその例である．このような言語には，同じ音素連続より成るけれどもアクセントの異る幾対かの単語が存在し得る．たとえば

[ˈæbstrækt] abstract /ˈábstrakt/《抽象的》
[æbˈstrækt] abstract /ˈabstrákt/《抽象する》 } 英語

[ˈpaˑrʌ] пapa /pára/《一対》
[paˈraˑ] пopa /pará/《時》 } ロシヤ語

言語によっては強め段落の一定の位置に強めを置くことが社会習慣となって

[*1)] エ accent; ド der Akzent; フ accent(le); ロ ударение.

[*2)] エ stress accent, dynamic accent; ド der Druckakzent, expiratorischer Akzent; フ accent d'intensité(le), ac. dynamique; ロ экспираторное ударение, силовое уд.

いることがある．たとえば，チェック語やフィンランド語ではその第一音節に強めがあり，ポーランド語では常に末尾から二番目の音節にある．このような言語には，上に示したような，強めの位置の違いのみによって区別づけられる単語等がない．このようなアクセントを「無意味強さアクセント」と呼ぼう．このようなアクセントは，強め段落の境目さえ示せば，簡略表記では記号で表わす必要がない．トルコ語では，少しの例外を除いて，単語の最後の音節に強めがあるから，そのアクセントは音韻的にほとんど無意味である．フランス語の強めも常に強め段落の最後の音節にあるようであるから，無意味強さアクセントといえるが，もし二つの強め段落がかたく連結した場合にはその音声連続の最後の音節のみに強めが来るとすれば，それはアクセントと呼ぶべきではない．日本語のように，強さの山も著しくなく，その位置も動揺しがちな言語は，強さアクセントを有しないという．

§2.2 **高さアクセント** 強め段落または音節の音調の型が社会習慣的に一定している現象（またはその高さの山）を「高さアクセント*1)」という．

高さアクセントには，「音節高さアクセント」と「単語高さアクセント」とある．

音節高さアクセントの言語において互いに区別されている音節音調の型すなわち音韻的に有意味な音節音調の型はトネーム*2)といわれることがある(5)．シナ語の四声は，おのおのの音節が（もっとも弱い強めのものを除き）幾種類か区別されている音調の型のうちの一つを以て発音される現象で，音節高さアクセントの一つのタイプとすることができる（ただし入声は内破的閉鎖音で終る音節を指す）．トネームの数は方言によって異るが，北京方言では四種である．概略的にいうと，第一声は高く平ら，第二声は中から高へ急に昇る，第三声は低い所をやや降ってから低く続き，後にかなり高くまで昇る，第四声は高（あるいは中ともいう）から低く急に降る．記号は，普通次のようなものを用いる．[¯ma]《母》, [′ma]《麻, 麻布》, [ˇma]《馬》, [`ma]《罵る》.

シナ語のように，音節が割合長く発音される言語のアクセントの型には，昇

---

*1) ェ pitch accent, musical accent; ド musikalischer Akzent, der Ton; フ accent de hauteur(le), ac. musical; ロ музыкальное ударение, музыкальная акцентуация.
*2) ェ toneme.

り・降り，などの「わたり音調」が見られることが多いが，音節(の母音)が短く発音される言語では，わたり音調の現われることが困難で，そういう言語には高さの差のみによって区別づけられているトネームを有するものがある．K. L. Pikeによれば[6]，メキシコのMixteco語はその典型的な例であって，彼にしたがって ´ ¯ ` でそれぞれ「高・中・低」のトネームを表わすと，

 žūkū《mountain》 náà《mother》
 žūkù《brush》 nāā《will be lost》
 sùčá《to swim》 náā《losing》
 kìkū《to sew》 náá《I》

のようである．/aa/に該当する発音[aː]は，音韻論的にはこのように二単位より成ると解釈される．

　稀ではあろうが，短母音にわたり音調の現われる例もないことはない．日本語の高松方言(四国)には[‿a`ta‿ru](当る)，[‿a⁻so‿bu](遊ぶ)のようなアクセントの区別がある．すなわち，ともに第二音節に高さの山があるが，前者は降り音調，後者は平音調を有する．ただし，この方言のアクセントは日本語の他の諸方言と同様，単語アクセントである．

　単語高さアクセント(音韻的に有意味な)のよい例は日本語に見られる．たとえば，東京方言ではおのおのの強め段落が，幾種類か区別されたアクセントの型のうちの一つを有する．単独の発音では次のようである．[⁻çi](日，火)；[‿u⁻ʃi](牛)，[⁻ne‿ko](猫)，[‿çi⁻ni](日に)，[⁻çi‿ni](火に)；[‿ka⁻ra⁻da](体)，[‿ko⁻ko‿ro](心)，[⁻i‿no‿tʃi](命)，[‿u⁻ʃi⁻wa](牛は)，[‿u⁻ma‿wa](馬は)，[⁻ne‿ko‿wa](猫は)．このうち，第一音節の低のものは，その前に高の音節がくるとこの低が高となる．その他にも個々の音節の高さは動揺することがあるが，常に不変なのは，最後の高とそれにつづく低との関係である．故にこの高を「アクセント核」と呼び，上の強め段落を音韻論的に次のように解釈することができる．/hi；'usi，⁷neko，hini，⁷hini；karada，ko⁷koro，⁷'inoci，'usiwa，'u⁷mawa，⁷nekowa/[補註1]．すなわち，日本語のアクセントは単語アクセントと見るべきであって，各音節が高あるいは低(あるいは中)のトネームを有すると解釈すべきではない[7]．〖118〗

　近畿系のアクセントでは，アクセント核の位置の外に，核より前が高か低か

が音韻的に問題となる．三重県亀山方言の例を示せば，/¯'ame/ 飴, /¯'asi/ 足, /'ato/ 跡, /'a˥ki/ 秋；/¯karada/ 体, /¯'asi¯ta/ 明日, /¯kokoro/ 心, (/¯ha˥namo/ 鼻も, /˥hanamo/ 花も), /senaka/ 背中, /cika˥me/ 近眼, /ka˥rasu/ (烏)(補註2). 低く始まってアクセント核のない単語は，最後の音節(正しくは「モーラ」というべきである)だけが高くなる．たとえば [_a¯to] (跡), [_se_na¯ka] (背中). また，最後の音節にアクセント核のある単語では，その音節が降り音調となり得る(亀山方言). [_a`ki] (秋), [_ʧka`me] (近眼).《119》 上の高松方言の強め段落は，音韻論的には /'a`taru, 'a˥sobu/ と解釈される．

　アクセントの型が一定しているといっても，おのおのの音節の絶対的な高さが一定しているのではない．子供や婦人の声は男子の声より絶対的に高いが，彼らの発音におけるアクセントの型は同じであると認められる．

　以上は音韻論的に有意味な高さアクセントの例であるが，「無意味高さアクセント」の存在も考えられないことはない．しかし，それが実在するかどうかは疑わしい．

　どんな言語でも，任意の強め段落を任意の音調で発音してよいというようなことはおそらくないであろう．たとえば，日本語の仙台方言は有意味的な高さアクセントを有しないけれど，おのおのの強め段落の音調は，それの呼気段落中の位置によってほぼ一定している．たとえば，[hana] (鼻, 花)の音調は，呼気段落の頭の位置では昇り，中ほどでは平，末尾では降り，単独の発音でも降り，であると概略的にいうことができる[8]．しかし，この単語を中心として見るときは，その音調はいろいろに動揺するといい得るから，このような場合には，この方言は無意味高さアクセント[9]を有する，というよりも，高さアクセントを有しないという方が適当であろう(補註3)．ロシヤ語の強さアクセントは，ある程度音調とも関係があり，たとえば /stakán/《コップ》という単語は，呼気段落の末尾では [¯sta'_kan] と発音され，その他の位置では [_sta'¯kan] と発音される．すなわち，前者では強め音節の前の音節が高く強め音節自身は低いが，後者ではその逆である．しかし，ロシヤ語が無意味高さアクセントを有するということはない．英語にも類似の現象があるようであるが，英語は高さアクセントを有しないといわれる．

§3 強　調

呼気段落の一部分，主として単語(あるいはその一部分)に該当する部分を特に強めることを強調[*1)]という．H. O. Coleman が指摘し，Armstrong, Ward, Jones らも認めているように，強調の中に対比強調[*2)]と強度強調[*3)]とを区別することができる[(10)]．前者はほとんどんな単語にも適用し得るもので，英語では，この強調を受ける単語の強めのある音節に普通の場合よりも著しい降り音調が現われる．この強調は，ある単語を他のものと対比しつつ注意が特にそれに向くようにする．John loves Peter. という文で，John がこの強調を受けると，「(誰々ではなく)ジョンがピーターを愛しているのだ」の意味となり，Peter が強められると，「ジョンが愛しているのは(他の者でなく)ピーターだ」の意味となる．単語の一部分がこの強調を受けると，単語アクセントが変化することがある．例えば，ascending and descending が [ˈæsendiŋ ən ˈdiːsendiŋ] となる．これに反し，強度強調は主として，程度に段階のあり得る質や量を表わすような単語(形容詞・副詞，ある種の複数名詞や動詞)に適用され，特殊な音調・特別な強め・音の引延しなどが現われる．日本語でも強調に二種の区別が認められ，対比強調ではその単語のアクセントの型が明瞭に現われるに過ぎないが，強度強調ではアクセントと無関係な音調が現われたり，[dʻekːkʻeːnaː] の [dʻ] などのように普通の発音には現われない単音が現われたりする．

§4　文　音　調

文に該当する呼気段落の音調を文音調という．文音調は生理的原因にも支配される．肺臓内の空気が流出するにつれ呼気圧が弱まり，声帯を強くしたがって高く振動させる力がなくなるから，長い呼気段落では始めの部分より終りの部分の方が声が低くなる傾きがある．また民族を超越した一般心理的な原因に支配される点もある．確信をもって断定的に話される文は末尾に著しい降り音調が現われ，疑問あるいは保留的な気持を表わす文は末尾にこういう降り音調が現われないのは，すべての言語に通じた現象のようである．しかし一方，音

---

*1) エ emphasis; ド der Nachdruck, die Emphase; フ emphase(la); ロ эмфаза.
*2) エ contrast-emphasis.
*3) エ intensity-emphasis.

調にも社会習慣的型が認められ，それが言語あるいは方言によって異ることがある．たとえば，東京方言で「いい天気だね」の「ね」だけ高く発音するのに対し，東京都西多摩郡西多摩村【今の羽村町羽】では「だね」を高く平らに発音する．英語やドイツ語の文音調が方言により異ることもしばしば指摘される．

H. E. Palmer にしたがえば[11]，英語の文音調は，tone-group《音調段落》について定まっている四つの型(降り・高昇り・降り昇り・低昇り)に分析される．音調段落は強め段落とは異り長さが一定せず，同じ単語連結が異る数の音調段落に該当し得る[12]．たとえば，Does he bring them? は全体が一つの音調段落をなして昇り音調で発音されることもあれば，二つの音調段落にわかれ，Does he が降り音調，bring them が昇り音調で発音されることもあるという．

日本語のような高さアクセントを有する言語は，文音調が英語ほど変化に富んでいない．しかし，アクセントのほかに文音調の型があることは確認される．両者の組合せは，たとえば次のようにして実現される．三重県亀山市(東町)の方言(京都方言でも同様)では，断定的に発話された「行く．」と「書く．」はそれぞれ 3-3，1-3(数字が大きいほど高い)であるが，疑問を表わす「行く？」「書く？」はそれぞれ 3-5，1-5 のようである．前者では平音調と昇り音調で区別があったものが，後者ではともに昇り音調となるけれども，昇り方に差異があり，アクセントの区別はやはり保たれている．アクセントの型は，こういう点でも絶対的に一定しているのではなく，相対的にその区別が保たれる．〖120〗

単語高さアクセントと文音調とは次の点で異る．前者は単語または単語結合について一定しているが，文音調はそうではなく，同じ単語がいろいろの文音調を帯びることができ，アクセントの異る単語が同じ型の文音調を帯びることもできる．また，単音と同様アクセントの型は意味を表わさない．たとえば，東京方言の [⁻ne‗ko](猫)が高低型であること自身は何らの意味も表わさない．これに反し，文音調の型は意味を表わすことがある．たとえば「猫？」という発話の昇り音調は疑問の意味を表わす．

註
(1) [154頁] Passy: *Les sons du français*, §77 以下に(強め段落の境目を | で示す)，Un garçon|est venue|pour te voir. という例を挙げている．なお，服部四郎:

第 9 章 アクセント・強調・文音調

「文節」について(『市河三喜博士還暦祝賀論文集』,研究社)参照.
(2) これらの術語については,服部四郎:附属語と附属形式(『言語研究』第 15 号,日本言語学会)参照.【上記の拙論とともに拙著『言語学の方法』(岩波書店)に収録されている.】
(3) [155 頁] *Grundzüge*, §582 以下.
(4) この定義は日本の音声学書に一般に見られる.「アクセント」という日本語およびそれに相当する英独仏の単語はいろいろの意味に用いられる.ここに述べた意味のほかに,「アクセントの頂点」の意味に用いることが多く,むしろその方が普通である.
(5) [156 頁] K. L. Pike: *Tone Languages*, Ann Arbor, 1948.
(6) [157 頁] 同書 6 頁以下,80 頁.
(7) いわゆる三段観あるいは二段観というのは音声学的な見方であって,音韻論的解釈としては不当である.Pike の *Tone Languages* (上掲) 15 頁によると Bernard Bloch は日本語のアクセント(多分東京方言式の)を次のように説明している.高さに高と低の区別があり,各単語はその一音節だけが有意味的に高であるかあるいは全然高を有しない.高音節以外の音節は無意味的に高あるいは低であり,それらの高さは高音節との位置的関係によって定まり,直接単語の意味に影響しない,という.この説明の方がいっそう音韻論的であるが,アクセント核のある音節が高でそれに続く音節が低である関係のみが不変である点に注意すべきであって,核音節が高であるとのみいうべきではない.
(8) [158 頁] 金田一春彦氏は,この種の音調の動揺は文音調の影響によるもので,アクセントの型は平板であるとされるようであるが,それならば一般にもっと平音調が現われるべきで,ことに少なくとも単独の発音ではもっと平音調となるべきであろう.
(9) 平山輝男氏・金田一春彦氏らはこれを「一型アクセント」といわれる.
(10) [159 頁] 市河三喜博士編『英語学辞典』,Emphasis の項,服部四郎「アクセントと方言」(国語科学講座).
(11) [160 頁] Harold E. Palmer: *English Intonation*, Cambridge, 1924.
(12) 強め段落は langue 的単位,音調段落は parole 的単位ということができる.服部四郎「具体的言語単位と抽象的言語単位」(雑誌『コトバ』昭和 24 年 12 月号)参照.【『言語学の方法』に収録.】

【(補註1)】 [157 頁] 現在の私の音韻表記では,核を表わす記号の位置を変えて,次のように表記する.
　　/ˈusi, neˈko; karada, kokoˈro, ʼiˈnoci/
　　なお,これらの単語の音声表記については,第 8 章補註 2 (153 頁)参照.】
【(補註2)】 [158 頁] 現在は,これらの単語のアクセント素は次のように音韻表記する.
　　/ˈame, ˈaˈsi, ˌˈato, ˌˈaki; karada, koˈkoro, ˌsenaka, ˌcikaneˈ, ˌkaraˈsu/】
【(補註3)】 現在では「仙台方言もアクセント素を有する」と言い,「そのアクセント素体系は,同じモーラ数の自立語は一種のアクセント素しか有しない,もっとも簡単な体系である.」と言う.】

参考書について

音声学関係の参考文献を列挙することは、初学者にとってほとんど無意味であるから、ここでは必読の良書について簡単に説明するにとどめる。さらに詳しい文献目録の必要な読者は、佐久間鼎博士『一般音声学』(内田老鶴圃、昭和7年、1932)、市河三喜博士編『英語学辞典』(研究社、昭和15年、1940)の巻末の目録、さらに K. L. Pike: *Phonetics* (Ann Arbor, 1944) および同じ著者の *Tone Languages* (Ann Arbor, 1948) の終りの Bibliography, Gutzmann と Panconcelli-Calzia 監修の *Vox* (Berlin, 1913 以後)、あるいは本書に引用したその他の書物について見られたい。

英語の読める読者にまずお薦めしたいのは、

H. Sweet: *A Primer of Phonetics*, Oxford, 1906³.

で、多少古くかつ小さい本であるが、極めて勝れた入門書である。

G. Noël-Armfield: *General Phonetics*, Cambridge, 1924³.

はやや通俗的である(ただし 1931年の版があるが私は見ていない)。

D. Jones: *An Outline of English Phonetics*, Leipzig, 1923³.

は読んでおいた方がよいが、一般音声学の参考書としては適当ではない。

K. L. Pike: *Phonetics*, Ann Arbor, 1944.【今井邦彦訳『音声学』研究社、1964.】

は発音の機構に関する新しい見方を強調したものであるが、やや偏っていて初学者には不向きであろう。

K. L. Pike: *Phonemics*, Ann Arbor, 1947.

の Part I は親切な入門書であるが、ごく概説的なものである。

The Principles of the International Phonetic Association, London, 1949.

は国際音声学協会の音声表記の方針を説明したものである。ただし、その音素《phoneme》に関する見解はややおくれたものであって、採ることができない。

ドイツ語の読める読者に是非お薦めしたいのは、

O. Jespersen: *Lehrbuch der Phonetik*, Leipzig & Berlin, 1926⁴.

で、初学者にわかり易いと同時に一般音声学の最高水準を示すものである。音韻論的見方が未発達の状態にあるので、今日から見れば物足りない感じがしないでもないが、もっとも勝れた参考書の一つである。

E. Sievers: *Grundzüge der Phonetik*, Leipzig, 1893⁴.

は古いけれども、当時までの音声学的業績の集大成であり、今日においても立派な参考

書としてその価値を失っていない.
　フランス語では,
　　P. Passy: *Petite phonétique comparée*, Leipzig & Berlin, 1922.
は簡潔な要領を得た書物であり,
　　M. Grammont: *Traité de phonétique*, Paris, 1933.
は創見に富む良書である.
　ロシヤ語の,
　　Е. Д. Поливанов: *Введение в языкознание*, Ленинград, 1928.
はアジアの諸言語の音声を詳しく記述している.
　日本語では,
　　ブレトネル:『実用英仏独露語の発音』,同文館,大正15(1926).
が初歩的ではあるが,音の記述が正確であり,
　　有坂秀世:『音韻論』,三省堂,昭和15(1940).
には音声に関する多くの卓見が含まれている.ただし,初学者向きではなく,またその音韻論があまりに mentalistic である点が惜しまれる.
　音声辞典としては,
　　D. Jones: *An English Pronouncing Dictionary*, London 1937[4].
　　W. Viëtor: *Deutsches Aussprachewörterbuch*, Leipzig, 1921[8].
　　H. Michaelis & P. Passy: *Dictionnaire phonétique de la langue française*, Hannover, 1929.
　　J. S. Kenyon and T. A. Knott: *A Pronouncing Dictionary of American English*, Springfield, 1944.
がある.日本語のアクセントを記録した辞典には次のものがある.
　　神保格・常深千里:『国語発音アクセント辞典』,厚生閣,昭和7(1932).
　　吉沢義則:『新辞海』,三学社,昭和13(1938).
　　日本放送協会:『日本語アクセント辞典』,日本放送出版協会,昭和18(1943).
　　金田一京助:『明解国語辞典』,三省堂,昭和18(1943)初版.
　【日本放送協会:『日本語発音アクセント辞典』,日本放送出版協会,昭41(1966).
　『日本国語大辞典』,小学館,昭和47(1972)～51(1976).
　　山田忠雄主幹:『新明解国語辞典』,三省堂,昭和56(1981),第3版.
　　金田一春彦監修,秋永一枝編:『明解日本語アクセント辞典』,三省堂,昭和56(1981),第2版.
　なお,168頁の補説末,および本書巻末の参考論著表参照.】

追加参考書

Eli Fischer-Jørgensen: *Trends in Phonological Theory—A Historical Introduction*, Copenhagen, 1975(エーリ・フィシャ=ヨーアンセン『音韻論総覧』林栄一監訳, 大修館書店, 1978.)

Otto von Essen: *Allgemeine und Angewandte Phonetik*, Darmstadt, 1979[5].

Eberhard Zwirner and Kurt Zwirner: *Grundfragen der Phonometrie*, Basel, 1966 (*Principles of Phonometrics*, translated by H. Bluhme, Alabama, 1970.)

Peter B. Denes and Eliot N. Pinson: *The Speech Chain*, Bell Telephone Laboratories, 1963(『話しことばの科学——その物理学と生物学』切替一郎, 藤村靖監修, 東京大学出版会, 1966.)

藤村靖編著『音声科学』, 東京大学出版会, 1972.

上村幸雄, 高田正治著『X線映画資料による母音の発音の研究——フォネーム研究序説——』, 国立国語研究所, 1978.

Shirô Hattori, Kengo Yamamoto and Osamu Fujimura: Nasalization of Vowels in Relation to Nasals(THE JOURNAL OF THE ACCOUSTIC SOCIETY OF AMERICA, Vol. 30, No. 4, 267-274 頁), 1958.

引用書略称表

度々引用する書物の名は, 最初引用した箇所以外は次のような略称を用いた. 数字は最初引用した章と註の番号を示す.

Elemente V_{11}'; *Éléments* V_{31}; *General Phonetics* II_1; *Grundfragen* I_7; *Grundzüge* III_4; *Lehrbuch* II_2; *Outline* IV_3; *Petite phonétique* II_1; *Phonetics* IV_9; *Principes* I_{11}; *Proceedings* $III\ I_3$; *The Principles* IV_1; *Traité* III_5; *Vvedenie* V_{44}.

補説

第1章 §5. (8頁)

戦時中および戦後，米国においていろいろの音響学的装置が発達した．

そのうちもっとも注意すべきは sound spectrograph【いわゆるソナグラフ】である．吹きこんだ発音の音声がそのまま分析されて紙面の記録となって現われる装置である．ことに母音のフォルマントははっきり現われるから，たとえば英語の [aĭ] という二重母音などは音色の漸進的推移が明瞭に記録上に観取される．今の所 2.4 秒までの長さの発話しか記録し得ないが，単語，連音の分析には極めて効果的である．発話を同時に録音し，紙面の記録を分析する時には，その録音を繰り返し聞き得るようになっている．耳による観察の助けを借りつつ記録を分析するわけである．

また，この器械を用いて単音などの音響的構造を研究することもできる．R. Jakobson 教授らは音素の弁別特徴を研究しようとしている．

ただし，これに関連して強調しなければならないのは，耳が極度に精密な器械だということである．sound spectrograph で記録される特徴で耳で聞きわけられないものはないが，耳で聞きわけられる特徴で記録に明瞭に出ないものはある，と言い得るほどである．ただ，耳は一言語の音節の弁別特徴だけにしか注意しないように習慣づけられているので，この点で，器械は耳の重要な補助となる．たとえば，私は昭和26年の夏米国ミシガン大学で M. Joos 教授の下に若干の記録をなし得たが，日本語の [okjaku]（お客）という発音において [o] と [k] の間に [j] 式のわたりが明瞭に記録されるのを発見した．そこで耳で観察して見ると確かにそのようなわたりが聞える．その存在に気づかなかったのは，[o] と [k] とのつなぎがゆるく従って両者の間のわたりのオトが弱いことと，その存在に注意しないように習慣づけられていたことが，原因であると考えられる．これを逆に言うと，耳では弱いわたりと強いわたりとを聞きわけ得

るのに，器械の記録には同じように出てくる，ということにもなる．

Sound spectrograph については，次の著書論文を参照．

 Martin Joos: *Acoustic Phonetics* (Language Monograph, No. 23), 1948.

 Ralph K. Potter, George A. Kopp, and Harriet C. Green: *Visible Speech*, New York, 1947.

 Roman Jakobson, C. Gunnar M. Fant, and Morris Halle: *Preliminaries to Speech Analysis, the Distinctive Features and their Correlates* (Technical Report No. 13 of Acoustic Laboratory, Massachusetts Institute of Technology), 1952.【竹林滋，藤村靖共訳『音声分析序説——弁別的特徴とその関連量』，研究社，1965.】

その他，人工的にオトを合成して言語音に近いものを出す試みも Bell Telephone Laboratories などでかなり進歩して来たようだ．[b][d][g] などは明瞭に聞きわけることができる．また私は未見であるが speech stretcher という器械もある．音盤の回転速度をゆるめると，声の高さがさがり，言語音声の認知が困難になるが，この器械を用いると，声の高さはそのまま保ちつつ速度をゆるめた発音を聞くことができる．これはただの耳では絶対に出来ない芸当である．極めて短い母音の存在などを確認するのに有利であろう．

その他，いろいろの装置が考案されつつある．それらの概略については，次の書を参照．

 John B. Carroll: *The Study of Language*, Cambridge, 1953.【大東百合子訳註『言語学と関連領域』，大修館書店，1972.】

音声学が従来主として「音声生理学」的であったのは，一つには音響学的な研究が未発達であったためでもある．いったい言語音声は耳で聞きとるのが普通で，聾啞者でない限り，談話に際して相手の音声器官の運動を観察するというようなことは普通しない．だから，音声学が音響学の助力をいっそう多く得られるようになることは願ったりのことである．もっとも従来とても全く生理学的だったのではなく，耳というすばらしい音響観察器を武器としつつ，それによって聞きわけられる音色に該当する調音を記述していたのである．その聞きわけられる音色の音響学的性質が明らかになることは，もちろん望ましいわけである．

補　説　　　　　　　　167

第3章§10.　(42頁, －1行)

「単音は音声的最小単位である.」といったのは, 図型的見解にもとづく. たとえば,

　　　[aba]＝持続部＋わたり＋(持続部＋)わたり＋持続部
　　　[aβa]＝　　　　　同　　　上
　　　[aï]　＝持続部＋わたり音
　　　[ja]　＝わたり音＋持続部
　　　[aïja]＝持続部＋わたり音＋わたり音＋持続部
　　　[tsa]＝持続部＋わたり＋持続部＋わたり＋持続部, あるいは持続部＋わ
　　　　　　たり音＋持続部

などと見る場合に成り立つ見解である. 単音については, sound spectrograph を用いて精密に研究することが望ましい.

第5章§2.2.　(71頁)

ドイツ語, オランダ語, スペイン語の [β] に関する記述は P. Passy: *Petite phonétique comparée*, §210 による.

第5章§5.1.　(77頁)

「歯音」の [t][d] と「歯茎音」の [t][d] とは単に調音点が多少異なるというだけではない. 前者にあっては, 舌が下の歯全体に, ことに舌尖附近が下の前歯に, 支えられて, 歯に十分もたれかかりながら調音するから, 舌自身にはあまり力がはいらない. 然るに歯茎音ではそういう支えがないから, 舌尖を含む舌の前部が自分の力で閉鎖を形成しなければならない. 故に舌の力をぬくと弾き音となる. アメリカ英語(西北方言など)の better, pity などのtはひどく弱まって有声の弾き音となっている. これに反し, 歯音の [t][d] は舌の労力を要しないから, 母音間にあっても弱まりにくいであろう. 私は滞米中不幸な体験から, この事実を十分確認することができた.

第5章§5.3.　(81頁)

アメリカ英語の [ɹ] には唇のまるめのあることが多い.

第5章§5.6.　(83頁)

アメリカ英語の"そり舌母音"は, ミシガン州附近の発音では, 国際音声字母の「特別記号」(83頁, 12行)で表わされるようなものではない. まず各々の

母音の調音から始まって，舌尖が上へ捲き上げられると共に，舌面はその母音のための調音をやめて凹み，舌全体が後へ下へ引かれて舌根と咽頭後壁との間隔が狭まり，その結果声帯の振動の仕方も変化する．その際舌全体が左右から収縮する傾きもあるようである．簡略に従うなら [iɹ][ɛɹ][ɹ][aɹ][ɔɹ][uɹ] などとする方がよい．ただし burr などの母音は [ɹe] とするより [ə̣:] とする方が適当である．〚51〛

第5章 §6.6.1. (96頁)

ロシヤ語の ы は，強めのある場合は，閉音節においても二重母音である．たとえば，сыт《満腹(男性)》，был《だった(男性)》．ただし，強めのない位置では中舌のゆるみ狭母音；была́《だった(女性)》，шу́бы《冬外套の》．

第6章 §9. (116頁)

「有声入破音」の調音の記述は，Pike のそれとしては誤っている．(Pike の書物にはこのようにとれるふしもあるが，本人の発音を観察して，本書の記述が誤っていることを確認し得た．)故に，116頁，－8行の「同様に」以下同頁の－4行までを次のように改める．

　　この [b] の閉鎖をそのままにしておいて，口むろに溜った空気を逆に肺の方へ吸いこむ際に生ずる気流で声帯を振動させることができる．このような逆の気流で生ずる不完全な声を持続部にともなう破裂音を Pike は voiced implosive《有声入破音》と呼び [bʔ][dʔ][gʔ] で表わしている．[26]

ただし，私が116頁に記述したような音も存在するから，この部分を全部廃棄する必要はない．〚106〛〚107〛

第9章に関連しては，『国語研究，第2輯』(国学院大学，昭和29年3月)所収の拙稿「音韻論から見た国語のアクセント」参照．【この論文は，拙著『言語学の方法』(岩波書店，1960年) p. 240 以下に収録．】

【以上は，昭和25年より27年にかけて米国に滞在，同27年7月に帰国の数年後に執筆．】

追　　記

その後私は「アクセント素」(prosodeme) という概念によって，私のアクセント学説を次々に発展させてきた．その点(および「音素」に関する私見の発展)については，(拙著『言語学の方法』(岩波書店)のほかに)次の諸論文を参照

されたい.

1961 Prosodeme, Syllable Structure, and Laryngeal Phonemes (*Bulletin of the Summer Institute in Linguistics*, Vol. I, pp. 1〜27, ICU, Tokyo) (大修館書店『日本の言語学 II音韻』, 1980 に再録)

1965 「日本の記述言語学(一)」(『国語学』第62集 pp. 1〜18) (大修館書店『日本の言語学 I言語の本質と機能』, 1980 に再録)

1968 「朝鮮語のアクセント・モーラ・音節」(『ことばの宇宙』3巻5号, pp. 84〜90)

1973 「アクセント素とは何か? そしてその弁別的特徴とは?——日本語の"高さアクセント"は単語アクセントの一種であって"調素"の単なる連続にあらず——」(『言語の科学』4号, pp. 1〜61)

1978 The Prosodeme (*The Proceedings of the Twelfth International Congress of Linguists*, pp. 774–776, Innsbruck)

1979 「表層アクセント素と基底アクセント素とアクセント音調型」(『言語の科学』7号, pp. 71〜96)

1980 「ロシヤ語のアクセント素の無標性と有標性について」(『言語の科学』8号, pp. 165〜180)

1983 「アクセントの音声表記と音韻表記」(『月刊 言語』12巻9号, pp. 104〜107, 大修館書店)

索 引

頁数のなかの「表」は巻末の国際音声字母表を,「テ」はカセットテープテキストをさす．アルファベット表記の項目は，各索引の末尾にならべた．

事項索引 …………………………172
外国語術語索引 …………………182
　英　　語 ………………………182
　ド イ ツ 語 ………………………188
　フランス語 ……………………191
　ロ シ ャ 語 ………………………194
　ギリシャ語・ラテン語 …………197
言語(方言)名索引 ………………198
人名索引 …………………………201
引用書目索引 ……………………203
日英術語対照表 …………………207

事　項　索　引

ア　行

明るい l　91
アクセント　155, 157, 163
　　——の型　158, 160
　　——の頂点　161
アクセント核　157
アクセント素　161, 168
　　——体系　161

息　19
　　——の音　128
　　——の声門　21
　　——の漏れる声　134, 142, 表
維岬（いこう）　11
一音節語　142
一型アクセント　161
一般音声学　13
いのくだ　→食道
入りわたり　35
咽頭　19, 23, 24
　　——の r　92
　　——音　17, 85, 103, 124, 表
　　——化　111, 表
　　——化音　103, 128
　　——壁（いんとうへき）　→咽頭壁
　　——口蓋弓　24
　　——壁（へき）　23, 24, 26
　　——摩擦音　89
陰類　テ43

上の前歯と下唇との調音　75
後寄りの　表
　　——変種　134
裏声　20, 29

上顎　24
上唇と舌尖（舌端）との閉鎖　77
上歯と下唇の摩擦音　75

会厭（ええん）　18
円唇＝円唇（えんしん＝まるくち）　73, 74, 表
　　——奥舌半狭母音　131
　　——奥舌半広母音　131
　　——奥舌広母音　131
　　——中舌狭母音　132
　　——母音の唇の形　74
　　——前舌狭母音　131
　　——前舌半狭母音　131
　　——前舌半広母音　131

横隔膜　15, 16
奥混合母音　94
奥舌母音　73, 131, 表
奥舌面　24, 26, 83
おくび（噫）　23
奥前舌母音　94
オッシログラフ　8, 129
乙類　テ42, テ43
オト　30
　　——の属性　137
　　——の高さ　141
　　——の強さ　140
　　——の長さ　137
　　——の音色による分類　137
大人の母音　12
オン　vii
音　vii, 45, 46, 51
　　——の開き　145
音韻　4
　　——記号　vii, 54, 56, 105

事項索引　　　　　　　　　　　　　　　173

──的区別としての母音の長短　138
──的相違　10
──表記　161
音韻論　5, 6, 45, 153
──的音節　146
──的解釈　3
──的考え方　45
──的子音　120
──的母音　120
音響学　30, 166
──的に　6, 7, 8
──的性質　166
音響観察器　166
音叉　31, 129
音声学　1, 5, 6, 45, 54, 153, 166
──の基礎的仮定　10, 13
──の存在理由　4
──的音節　146
──的訓練　9
──的強さの客観的測定　140
音声器官　15
──の運動　5
音声記号　vii, 51, 56
音声字母　52
音声生理学　6, 166
──的　6, 60
音声的機能　67
音声的差異　10
音声的最小単位　42
音節　143
──の切れ目　101
──の境目　144, 145
──の弁別特徴　165
──音調　142, 156
──音調記号　153
──主音　120, 148, 149, 151
──主音的　表
──主音的子音　149
──高さアクセント　156
──副音　120, 149, 151

──副音的　表
音素　46, 47, 48, 49, 51, 55, 168
──の弁別特徴　165
音調　142
音調段落　160, 161

カ行

外行的　66
──気流　116
外的円め　73
外破音　35, 135, 144, テ37
外破の閉鎖音　135
カイモグラフ　8, 152
外肋間筋　15
下顎　24, 26, 76
──角　11
科学の基礎的な譲歩的仮定　48
楽音　30, 32, 35, 120
拡大鏡　10
重子音　40, 138
重破擦音　151
重閉鎖音　145
頭声　20, 29
仮声　20
仮声帯　19, 24, 103
仮声門　19
かたいつなぎ　141
片側音　81
硬口蓋　→硬口蓋
代り音　44, 45, 55
環状軟骨　17
簡略表記　54, 55, 56, 133
──法　55
簡略ローミック記号（あるいは表記）　53

気音　112
基音　31
器械音声学　9
器械的方法　8
気管　15, 17, 24

索引

気管支　15, 17
　　——音　89
　　——摩擦音　17
きこえ　120, 121, 122, 143, 152
きしむ声　142
機能的非字母記号　65, 69
基本音　31
基本子音　56, 60, 61
基本的単音　44
基本母音　56, 58, 59, 60, 61 , テ17
　　——表(Jones の)　130
客観的(研究)方法　8, 10
吸気　27
　　——による発音　16
吸息　15, 19
吸着音　16, 27, 49, 75, 117, 表
胸声　→胸声
強調　159
強度　31, 32, 140
強度強調　159
狭母音　→狭母音
共鳴音　27, 121
共鳴室　23, 27, 28, 60, 92
共鳴箱　8
気流機構　65, 69, 表
気流遮止の程度　66
気流の起し手　66

具体的代表的単音　49
具体的単音の属性　137
降り二重母音　151
降り昇り声調　142, 表
降り部　146
唇　24, 26, 27, 69, 74
　　——がさらにひろげられた変種　134
　　——がさらに円められた変種　134
　　——と歯　75
　　——の運動　74
　　——のまるめ　167
くちびる化　→唇音化

口母音　101
口むろ　24
　　——の空気の通路　35
　　——の固有振動数　129
　　——音　128
　　——調音　112
区別符号　表
暗い l　91, 111

継続音　137
研究方法　1
言語音声　5, 33
言語音の高さ　142
言語音の強さ　140
顕微鏡　10
懸壅垂　25

硬音　70, 141
　　——の л　111
口蓋　25
口蓋化　109, 118, 表
　　——音　127
　　——された s　87
　　——子音　118
口蓋垂　24, 25, 26
　　——音　85, 124, 表
　　——ふるえ音　92
　　——摩擦音　89
口蓋帆　24, 25, 27, 100
　　——上面と咽頭壁　37
口腔　→口むろ　24
硬口蓋　24, 25, 26
　　——音　84, 123, 表
　　——化　109
　　——子音　110
　　——側面音　→側面音　91
　　——歯茎音　123, 表
　　——摩擦音　88
甲状軟骨　17, 24
後舌面　26

事項索引　　　　　　　　　　　　　　175

高速度活動写真　10
喉頭　17
　——化音　115, 116
　——化子音　49
　——化破擦音　116
　——化摩擦音　116
喉頭蓋　18, 19, 23, 24, 103
　——音　89, 103
　——化音　103, 111
　——軟骨　18
喉頭鏡　8, 19
喉頭腔　18, 24
喉頭調音　28, 103, 112
喉頭摩擦音　121
後部硬口蓋音　84
後部唇音化　108
後部軟口蓋音　85
後部歯茎音　78, 表
こうぼいん
口母音　→口母音
こうぼいん　　ひろぼいん
広母音　→広母音
甲類　テ42, テ43
声　20, 21, 29
声立て　22
声とめ　22
呼気　16, 27, 69
　——の通路の広さ　144
　——流出量　144
呼気圧　40
　——の大きさ　140
　——の谷　40
呼気段落　44, 154
呼吸運動　15
国際音声学協会　vi, 52, 54, 72, 96, 105,
　106, 110, 111, 121, 122, 124, 130, 133,
　135, 140
国際音声字母　vi, 52, 53, 54, 55, 56, 61,
　69, 108, 109, 111, 112, 116, 117, 119, 130,
　142, 149, 150, 151, 167, 表, テ25, テ26
　——表記　テ11
呼息　15

ことば音　48
子供の母音　12
コペンハーゲン会議　54
混合母音　73, 93, 95

サ 行

最小言語集団　12, 45, 46
最頂閉窄　66
ささやき　14, 20, 21, 29, 144
　——の母音　129
ささやき音　29, 128
ささやき声　29
三重調音　107
三重母音　42, 152
三段観　161
しいん
子音　120, 121, 表
　——の音響学的研究　121
　——三角形　122
　——四角形　122
し おん
歯音　77, 122, 167, 表
しかんおん
歯間音　79
四重調音　107
四重母音　152
四声　142, 156
持続音　40, 88, 121, 137
持続部　29, 35, 36, 37, 38, 40, 69, 145, 167
　——がない　39
舌　24, 26
　——の下面　26
　——の緊張　99
　——の最高点　59
　——の上下の位置　96
　——の前後の位置　93
　——の表面　83, 92
　——の裏面　24, 26, 77
したあご　　かがく
下顎　→下顎
舌打音　117
舌尖　24, 26, 77, 118
　——とその附近　77

――のふるえ音　82
――・舌端と上の前歯　79
――側面音　→側面音　81
――的　83, 84
舌全体が扁平　94
舌背的　84
舌根(したのね)　→舌根(ぜっこん)
舌端　24, 26, 77, 118
――と歯茎　81
舌縁　27, 37
実験音声学　9
――者　9
――的研究　10
実験的方法　8
歯肉　25
社会習慣的型　5
弱摩擦音　88, 90, 91, 121, 127, 141
重子音(じゅうしいん)　→重子音(かさねしいん)
重破擦音(じゅうはさつおん)　→重破擦音(かさねはさつおん)
重閉鎖音(じゅうへいさおん)　→重閉鎖音(かさねへいさおん)
主観的観察方法　9
主観的方法　8
純音　31
瞬間音　137
上音　31
衝撃音　70
衝撃機構　65, 69
上代特殊仮名遣　テ42
上部歯音　78
食道　23, 24, 103
自立語　154
唇音化　107, 表
――音　127
人工口蓋　8, 93
唇歯音(しんしおん)　75, 122, 表
唇歯閉鎖音　75, 122
人種による音声器官の差異　**12**
振動数　31, 32

ストロボスコープ　8

成音　31
声腔　29
正字法　51
正書法　51
声唇　18
声帯　17, 18, 24, 29, 103
――のふるえ音　20
――声門　19
声調　142, 表
――を表わす記号　142
精密表記　54, 55, 56, 133
精密ローミック記号（あるいは表記）　53
声門　18, 19, 28
――音　124, 表
――内破音　22
――破裂音　22
――閉鎖　20, 21
――裂　18
生理学的な研究　5
接近音　表
舌口蓋弓　24
舌骨　24
舌根(ぜっこん)　23, 24, 83
切歯　25
絶対的な長さ　2
狭め　71, 74, 75, 78, 85
狭い変種　133
狭い母音　97
狭い円め　59
狭母音(せまぼいん)　96, 表
漸強音　141, 145, 148, 150, 153, テ37
漸強漸弱音　141, 148, 151, テ37
漸弱音　141, 145, 148, 150, 153, テ37
漸弱漸強音　148, 150, テ37
前部唇音化　108

騒音　47
噪音　28, 30, 32, 35, 120
搔擦機構　65, 69

事 項 索 引

相対的関係　4
相対的強さ　66
相対的な長さ　3
側音　→側面音
側面音　72, 81, 91, 125, 表
側面吸着音　表
側面破裂　37
側面摩擦音　125, 表
外奥舌母音　94
ソナグラフ　14
そり舌音　78, 123, 表
そり舌母音　83, 167
ぞんざいな発音　43, 44

タ 行

第一次基本母音　58, 59
第一調音　107
第一種の音声記号　52
帯気音　112
第三種の音声記号　64
第三調音　107
第四調音　107
第二次基本母音　59
第二種の音声記号　61
第二調音　107, 127
対比強調　159
代表的単音　44, 45, 55
平二重母音　152
高降り声調　142, 表
高口蓋　25, 26, 94
高さ　7, 31, 137, 表
　——アクセント　156
高平声調　142, 表
高昇り声調　142, 表
単音　30, 33, 34, 35, 51, 56, 167
　——としての型　67
　——の数　41
　——の記述　45
　——の境目　40
　——の存在　38

　——の定義　40
　——は音声的単位　42
　——族　43, 44, 45, 49, 55, 133
単語　154
　——音調　142
　——結合　154
　——高さアクセント　156, 157, 160
　——連結　154
単純音　31
短母音　→短母音
蓄音器　8
地声　20, 29
中華人民共和国式ローマ字　テ10
抽象的代表的単音　49
中性母音　132
中舌　→中舌
中線的吸着音　表
中線的接近音　表
中線的摩擦音　表
中の強め　141
調音　28, 118
　——の仕方　124
　——の程度　66
　——を基準とする分類　137
　——域　28
　——運動　10, 69
　——器官　11, 27, 28, 33
　——者　66
　——的観点　130
　——点　28, 66, 118, 122
　——様式　66
聴覚域　32, 129
聴覚印象　129
　——的　60
聴覚的観察方法　9
聴覚的隔り　68
聴覚的方法　8
長子音　→長子音
張唇　→張唇

調節機構　65
長母音(ちょうぼいん)　→長母音(ながぼいん)
調和倍音　31
直接経験　9
　　——の主観的部分　9

突き出し　74
つなぎ　14, 153
つぶやき声　21, 48, 114
つまる音　139
強い音　140
強い強め　141
強いわたり　165
強さ　31, 137, 140
　　——の谷　40, 151
　　——の山　157
　　——アクセント　155
強め　7, 140, 155, 表
強め段落　154, 161
　　——の音調　158

出わたり　35
典型的単音　44

同時調音的　表
頭声(とうせい)　→頭声(かしらごえ)
トーキーのフィルム　129, 135
独立の運動　40, 42
トネーム　156

ナ 行

内行的　66
内的円め　73
内破音　36, 37, 49, 70, 135, 144, テ38
内肋間筋　16
長(い)(なが)　137, 表
長い漸弱音　149
長いわたり音　121
長さ　137
長子音(ながしいん)　138

中舌的位置　60
中舌母音　59, 94, 95, 106, 132, 133
　　——((A)中舌面が高口蓋に向って著しくもち上る)　95
　　——((B)舌が扁平な形を保つ)　95
　　——化　表
中舌面　24, 26, 83, 94
中平声調　142
長母音(ながぼいん)　2, 138
奈良時代中央方言の母音体系　テ42
軟音　70, 141
軟口蓋　24, 25, 26, 100
　　——音　84, 123, 表
　　——化　108, 110, 表
　　——化音　111, 127
　　——子音 [k] [g] [ŋ] の口蓋化　110
　　——摩擦音　88
軟・硬口蓋母音　94
軟骨声門　19

二次的強め　表
二重調音　107
　　——子音　111, 118
　　——摩擦音　112
二重母音　42, 49, 138, 148, 151
仮声帯(にせせいたい)　→仮声帯(かせいたい)
仮声門(にせせいもん)　→仮声門(かせいもん)
二段観　161
日本音声学会　54
日本音声学協会　54
入破音　116, 表

音色　32, 137

のどぐち　→咽頭
のどひこ　→口蓋垂
喉仏　18
昇り降り声調　142, 表
昇り二重母音　151
昇り部　146

ハ行

歯　24, 25
　——の　表
パール　32
倍音　31
陪音　31
肺臓　15, 27
　——以外による気流機構　表
　——気流機構　表
歯茎　24, 25, 26
　——の後部　81
　——の側面的弾き音　表
　——の摩擦的ふるえ音　表
　——より後　80
　——音　78, 122, 167, 表, テ21
　——硬口蓋音　84, 123
　——硬口蓋摩擦音　表
拍節　155
破擦音　80, 150, 表
弾き音　44, 82, 83, 92, 125, 167, 表
八母音説　テ42, テ43
発音　28
　——運動　69
　——運動の研究　5, 6
　——器官　15
　——記号　→音声記号　51
　——符号　→音声記号　51
はっきりした声立て　22
はっきりした発音　43
発出機構　65
発話段落　44
発話拍節　155
鼻孔　→鼻孔
鼻母音　→鼻母音
鼻むろ　24, 27
歯間音　→歯間音
歯裏音　79
歯裏の　表
速い発音　44

はり　95, 96, 97, 98
　——母音　99
破裂音　35, 49, 70, 124, 148, 表
破裂的閉鎖音　82
半狭母音　96, 表
半長(の)　137, 表
半広母音　130, 表
半母音　90, 121, 127
半有声音　114, 128
非咽頭化音　128
非円唇　74, 表
　——中舌半広母音　133
　——中舌母音　132, 133
　——母音　133
鼻音　100, 125, 表
鼻音化　101, 134, 表
　——された　101
　——音　128
　——母音　101, 134
非音声学的　149
非楽音　47
比較的高い調子　122
比較的低い調子　121
低降り声調　142, 表
低平声調　142, 表
低昇り声調　142, 表
鼻孔　27
鼻腔　→鼻むろ　27
非口蓋化音　127
非字母的記号　7, 21, 25, 64, 67, 69
非唇音化音　127
鼻中隔　27
鼻的破裂音　38, 49, 103
鼻道　27
非軟口蓋化音　127
鼻母音　101
表音的正書法　134
披裂軟骨　18
広い変種　134

索引

広い母音　97, 98
広い円め　59
拡げ　74
張唇(ひろげくち)　73
　——奥舌狭母音　132
　——奥舌半狭母音　132
　——奥舌半広母音　131
　——奥舌広母音　131
　——中舌狭母音　132
　——前舌半狭母音　130
　——前舌半広母音　130
　——前舌広母音　130
広母音(ひろぼいん)　96, 表

フォーン　47
フォネーム　46
附加的共鳴室　27
不完全有声音　128
複合音　31
　——を作る　129
副成員　55
附属語　154
附属筒　28
附属閉鎖　66
物理学的に　1
物理的強度　140
部分音　31
部分的聾者　129
ふるえ音　73, 82, 91, 125, 表
ふるえ摩擦音　126
文音調　159, 160
　——の型　160
分子音　31
分節　28

閉鎖　69, 75, 77, 84, 100
　——音　124, 135, 141
閉窄　66
　——の位　66
　——の特徴　66

ヘルツ　32, 47
ベル電話研究所　32
弁的閉窄　66, 118
弁別特徴　テ10

母音(ぼいん)　120, 121, 表
　——の音響学的構造　135
　——の音波を分析　129
　——の唇　73
　——の変種　133
　——三角形　122, 129, 130
　——四角形　122
　——体系　134
　——梯形　130
　——点　144, 145
　——不等辺四辺形　130
放出音　115, 表
細い母音　98
補聴器　10

マ 行

前舌母音　73, 130, 表
前舌面　24, 26, 83
前歯　25
　——と下唇の鼻音　75
　——と舌尖(舌端)　77
　——の裏と舌尖　77
　——の歯茎と舌尖　77
　——の歯茎の前部と舌尖　77
まえばおん＝歯音
まえばくちびるおん　→唇歯音
前寄りの　表
　——変種　134
摩擦音　118, 126, 141, 表
　——の聞えない音　75
摩擦的噪音　71
摩擦的ふるえ音　82
円唇(まるくち)＝円唇(えんしん)
円め　73
　——の狭い　134

事 項 索 引

——のヨリ少ない　表
まわり道的運動　39
満洲ホロンバイルの蒙古人(新バルガ族)
　　16

短い漸強音　149
短い(単音)　138
短いわたり音　121
短母音(みじかぼいん)　2,138
耳で観察　8

無意味高さアクセント　158
無意味強さアクセント　156
無気音　112,113
無声音　29,112,128
無声化　128,表
　——音　128
無声帯気音　112
無声入破音　116
無声閉鎖音　38,69
無声無気音　113
胸声(むなごえ)　20,29
無標　テ38
無摩擦継続音　127

目で観察　8
鳴音　121

モルガーニの室　18,24
文部省ローマ字調査審議会つづり方部会
　　14,29,135

ヤ行
軟口蓋(やわこうがい)　→軟口蓋(なんこうがい)

有意味な高さアクセント　158
有意味な強さアクセント　155
有気音　112
有気的　表
有声の母音　129

有声の 'h' [ɦ]　21
有声音　29,112,128
有声化　表
有声子音　20
有声帯気音　114
有声入破音　116,168,テ35
有声閉鎖音　38,69
有声母音　14,20
有声無気音　114
誘導機構　65,69
有標　テ38
ゆるい狭め　72,80,90
ゆるいつなぎ　141
ゆるみ　95,96,97,98
　——母音　99
弛唇(ゆるみくち)　74
ゆるやかな声立て　22

陽類　テ43
ヨリ狭い　表
ヨリ広い　表
ヨリ円められた　表
弱い音　140
弱い発音　44
弱いわたり　165
弱まった破擦音　150
弱まり音　44,45,55
弱まり破擦音　テ26

ラ行
両側音　81
両唇　69
　——のふるえ音　73
　——音　122,表
　——・硬口蓋音　表
　——側面音　→側面音　72
　——・軟口蓋音　表
　——・軟口蓋閉鎖音　111
　——摩擦音　71,75
輪状軟骨　17,24

182　索　引

レコード　58
レントゲン写真　8, 60
　——図　58

六母音音素説　テ42, テ43
ロシヤ言語学字母　52

ワ 行

わたり　35, 41, 42, 167
　——音　40, 41, 42, 138, 151, 167
　——音調　157

——的　72
　——的単音　38
　　　　＊　　＊　　＊
Fourier の函数　129
Grammomt の音節論　148
[h] の喉頭調音　21
[h] の声門　21
Hensen-Pipping の器械　7
[p] の唇の調音　71
r の音色の　表
Wade 式ローマ字　テ10
X 光線　93

外国語術語索引

英　語

abstract sound　48
accent アクセント　155
acme stricture 最頂閉窄　66
acoustic method 聴覚的方法　8
acoustics 音響学　30
Adam's apple 喉仏　18
adjuncts 附属閉鎖　66
adjusting cartilages 披裂軟骨　18
advanced 前寄りの　表
affricate 破擦音　150, 表
air-stream mechanism 気流機構　65, 69, 表
alveolar 歯茎音　78, 122, 表, テ21
alveolar arch 歯茎　25
alveolar fricative trill 歯茎の摩擦的ふるえ音　表
alveolar lateral flap 歯茎の側面的弾き音　表
alveoli 歯茎　25
alveolo-palatal 歯茎硬口蓋音　84, 123
alveolo-palatal fricative 歯茎硬口蓋摩擦音　表
Analphabetic Notation　非字母的記号

64
apical 舌尖的　84
applosive 内破音　135
approximant 接近音　表
arch-rim 歯茎　25
articulation 調音　28
articulator 調音者　66
articulatory organs 調音器官　28
artificial palate 人工口蓋　8
arytenoid cartilages 披裂軟骨　18
ascending diphthong 昇り二重母音　151
aspirate(d) 帯気音　112
aspirated 有気的　表
aspiration 気音　112
asyllabic 音節副音　149

back labialization 後部唇音化　108
back of tongue 奥舌面　26
back palate 軟口蓋　25
back vowel 奥舌母音　73, 131, 表
Bell Telephone Laboratories　166
bilabial 両唇音　122, 表

bilateral 両側音　81
biplosive 閉鎖音　135
blade 舌端　26, 118
breath 息　19
breath-group 呼気段落　154
breathed 息の音　128
breathy voice 息の漏れる声　134
breathy-voiced 息の漏れる声の　表
Broad Romic(Notation) 簡略ローミック記号　53, 54
Broad Transcription 簡略表記　55
bronchia 気管支　15, 17
buccal cavity 口むろ　24

cacuminal そり舌音　123
cardinal consonants 基本子音　60
cardinal vowels 基本母音　56
cartilage glottis 軟骨声門　19
cartilage of epiglottis 喉頭蓋軟骨　18
cartilaginous glottis 軟骨声門　19
central vowel 中舌母音　59, 94, 132, 133
centralized 中舌母音化　表
cerebral そり舌音　123
chest register 胸声　20
chest voice 胸声　20
choke-stops　119
chord glottis 声帯声門　19
clear beginning はっきりした声立て　22
clear l 明るい l　91
click 吸着音　117, 表
close　96
close lip-rounding 狭い円め　59
close vowel 狭母音　130, 表
common factors　48
compound tone 複合音　31
concrete sounds　48
consonant 子音　120, 121, 表
consonants with double articulation 二重調音子音　111

continuant 継続音　137
contoid　121
contrast-emphasis 対比強調　159
controlling mechanism 調節機構　65
cricoid cartilage 輪状軟骨　17
cycle per second サイクル毎秒　47

dark l 暗い l　91
degree of air-stream interruption 気流遮止の程度　66
degrees of articulation 調音の程度　66
dental 歯音　77, 122, 表, テ21
dental 歯(裏)の　表
descending diphthong 降り二重母音　151
devocalization 無声化　128
devocalized 無声化音　128
diacritics 区別符号　表
diaphragm 横隔膜　15
diphthong 二重母音　151
distinctive feature 弁別特徴　テ23
dorsal 舌背的　84
double articulation 二重調音　107
double consonant 重子音　138
duration 長さ　137
dynamic accent 強さアクセント　155

egressive 外行的　66, 116
ejective(sound) 放出音　115, 表
ejective consonants　119
emphasis 強調　159, 161
emphatic consonants　103, 111
ending 声とめ　22
epiglottis 喉頭蓋　18
esophagus 食道　23
exhalation 呼息　15
experimental method 器械的方法　8
expiration 呼息　15
explosive 外破音　135
external intercostal muscles 外肋間筋

15

falling diphthong 降り二重母音　151
falling-rising tone 降り昇り声調　142,表
false glottis 仮声門　19
false vocal c(h)ords 仮声帯　19
falsetto(register) 仮声　20
faucal plosive 鼻的破裂音　38, 49, 103
features of stricture 閉窄の特徴　66
flap 弾き音　表
flapped 弾き音　125
fortis 硬音　70, 141
free phoneme　49
fricative 摩擦音　126,表
frictionless continuant 無摩擦継続音　127
front labialization 前部唇音化　108
front of tongue 前舌面　26
front palate 硬口蓋　25
front teeth 前歯　25
front vowel 前舌母音　73, 130,表
function phonetically 音声的機能　67
Functional Analphabetic Symbolism 機能的非字母記号　65
fundamental tone 基本音　31

gingival 歯茎音　78
glide わたり　35
gliding sound　わたり音　40
Glossic　53
glottal 声門音　124,表
glottal catch 声門破裂音　22
glottal explosive 声門破裂音　22
glottal stop 声門閉鎖　20
glottalic clicks　119
glottalized stops　119
glottis 声門　18
gradual beginning ゆるやかな声立て　22

gullet 食道　23
gums 歯茎の前部　25
half-close　96
half-close vowel 半狭母音　130,表
half-long 半長(の)　137,表
half-open　96
half-open vowel 半広母音　130,表
half-wide　99
hard palate 硬口蓋　25
harmonics 倍音　31
head register 頭声　20
head voice 頭声　20
held sound 持続音　40, 88
high falling tone 高降り声調　142,表
high level tone 高平声調　142,表
high rising tone 高昇り声調　142,表
high tone　表
high vowel 狭母音　130

implosive 入破音　116, 135,表
implosive stops　119
induction mechanism 誘導機構　65
in-front vowel 奥前舌母音　94
ingressive 内行的　66
inhalation 吸息　15
initiator(気流の)起し手　66
in-mixed vowel 奥混合母音　94
inner rounding 内的円め　73
inspiration 吸息　15
instrumental method 器械的方法　8
intensity 強さ　31
intensity-emphasis 強度強調　159
interdental 歯間音　79
The International Phonetic Alphabet 国際音声字母　vi, 52, 68, 119,表
The International Phonetic Association 国際音声学協会　52, 68
intonation 音調　142
inverted そり舌音　123

kinetic sound わたり音　40	medium stress 中の強め　141
kymograph　カイモグラフ　8	mid vowel　130
	mixed vowels 混合母音　73, 93, 95
labialization 唇音化　107	momentaneous 瞬間音　137
labialized 唇音化音　127	monosyllabic language 一音節語　142
labialized 唇音化　表	more rounded ヨリ円められた　表
labial-palatal 両唇・硬口蓋音　表	musical accent 高さアクセント　156
labial-velar 両唇軟口蓋音　表	musical sound 楽音　30
labiodental 唇歯音　75, 122, 表	
laryngal 声門音　124	narrow　99
laryngeal 声門音　124	Narrow Romic (Notation) 精密ローミック記号　53, 54, 55
laryngoscope 喉頭鏡　8	Narrow Transcription 精密表記　55
larynx 喉頭　17	narrow vowels 狭い母音　97, 98
lateral 側面音　72, 81, 91, 125, 表	nasal 鼻音　125, 表
lateral click 側面吸着音　表	nasal cavity 鼻むろ　27
lateral fricative 側面摩擦音　125, 表	nasal plosive 鼻的破裂音　103
lateral plosion 側面破裂　37	nasal vowel 鼻母音　101
lax ゆるみ　97, 98	nasalization 鼻音化　101
lax vowels　98	nasalized 鼻音化された　101, 128, 表
length 長さ　137	neutral (shape of lips) 弛唇　74
lenis 軟音　70, 141	neutral vowel　132
less rounded 円めのヨリ少ない　表	noise 噪音　30
level diphthong 平二重母音　152	non-aspirated 無声無気音　113
ligamentous glottis 声帯声門　19	non-palatalized 非口蓋化音　127
lip(s) 唇　27	non-plumonic air-stream mechanism 肺臓以外による気流機構　表
lip-rounded 円唇　73	non-syllabic 音節副音　120, 149, 151
long 長(い)　137, 表	non-syllabic 音節副音的　表
low vowel 広母音　130	Northumbrian burr　92
low falling tone 低降り声調　142, 表	nostrils 鼻孔　27
low level tone 低平声調　142, 表	
low rising tone 低昇り声調　142, 表	objective method 客観的方法　8
lower blade of tongue 舌の裏面　26	oesophagus 食道　23
lower jaw 下顎　26	off-glide 出わたり　35
lowered ヨリ広い　表	on-glide 入りわたり　35
lungs 肺臓　15	open　96
	open lip-rounding 広い円め　59
median approximant 中線的接近音　表	open vowel 広母音　130, 表
median click 中線的吸着音　表	oral 口むろ音　128
median fricative 中線的摩擦音　表	

oral cavity 口むろ　24
oral vowel 口母音　101
organs of speech 音声器官　15
Organic Notation 器官的記号　61
orthography 正書法　51
oscillograph オッシログラフ　8
out-back vowel 外奥舌母音　94
outer rounding 外的円め　73
over-rounded 円めの狭い　134
overtone 上音　31

Palaeotype　53
palatal 硬口蓋音　123,表
palatalization 口蓋化　109
palatalized 口蓋化音　127
palatalized 口蓋化　表
palate 口蓋　25
palato-alveolar 硬口蓋歯茎音　123,表
partial tone(s) 部分音　31
passive(shape of lips) 弛唇　74
percussion mechanism 衝撃機構　65
pharyngal 咽頭音　124
pharyngal wall 咽頭壁　23
pharyngalization 咽頭化　111
pharyngalized 咽頭化音　128
pharyngeal 咽頭音　124,表
pharyngealization 咽頭化　111
pharyngealized 咽頭化　表
pharynx 咽頭　23
phone フォーン　47, 48
phoneme 音素　46, 48, 55
phonemics 音韻論　6
phonetic alphabet 音声字母　52
phonetic orthography 表音的正書法　134
phonetic signs 音声記号　51
phonetic symbols 音声記号　51
The Phonetic Teachers' Association　53
phonetics 音声学　1

phonology 音韻論　6
pitch 高さ　31, 141,表
pitch accent 高さアクセント　156
plosive 破裂音　124,表
plumonic air-stream mechanism 肺臓気流機構　表
point 舌尖　26
point of articulation 調音点　28, 66
post-alveolar 後部歯茎音　78,表
post-dental 歯裏音　79
post-palatal 後部硬口蓋音　84
post-velar 後部軟口蓋音　85
primary cardinal vowels 第一次基本母音　58
productive mechanism 発出機構　65
prosodeme アクセント素　168
pure tone 純音　31
pyramid cartilages 披裂軟骨　18

quantity 長さ　137

r-coloured rの音色の　表
raised ヨリ狭い　表
rank of stricture 閉窄の位　66
redundant features　テ23, テ38
region of articulation 調音域　28
relative strengths 相対的強さ　66
resonance chamber 共鳴箱　8
respiration 呼吸運動　15
retention 持続部　35
retracted 後寄りの　表
retroflex そり舌音　78, 123,表
Revised Organic Alphabet　61
Revised Visible-Speech　61
rim of tongue 舌縁　27
ring cartilage 輪状軟骨　17
rising diphthong 昇り二重母音　151
rising-falling tone 昇り降り声調　142,表
rolled ふるえ音　125

rolled fricative ふるえ摩擦音　126
Romic(Notation) ローミック記号　53, 55
root of tongue 舌根　23
round(ed) 円唇　73, 74, 表
rounding 円め　73

sacculi of Morgagni モルガーニの室　18
schwa　132
scraping mechanism 搔擦機構　65
secondary cardinal vowels 第二次基本母音　59
secondary stress 中の強め　141
secondary stress 二次的強め　表
segmental phoneme 音素　46, 48
segmental type 単音としての型　67
semi-vowel 半母音　121
shapes of articulators 調音者の形　66
shield cartilage 甲状軟骨　17
short 短い　138
simple tone 単純音　31
simultaneous 同時調音的　表
soft palate 軟口蓋　25
sonority きこえ　143, 152
sound spectrograph　166, 167
speech-sound ことば音　48
speech stretcher　166
spread 張唇　73
stage whisper　103
Standard Alphabet　52
static sound 持続音　40
stop 閉鎖音　124
stress 強め　140, 表
stress accent 強さアクセント　155
stress-group 強め段落　154
stricture 閉窄　66
stroboscope ストロボスコープ　8
strong 強い　140
subjective method 主観的方法　8
subsidiary members 副成員　55

supradental 上部歯音　78
syllabic 音節主音　149
syllabic 音節主音的　表
syllabic intonation　142
syllable 音節　143

tap 弾き音　表
teeth 歯　25
teeth-ridge 歯茎　25
tense はり　97, 98
tense vowel はり母音　98, 99
thyroid cartilage 甲状軟骨　17
timbre 音声　32
tip 舌尖　26, 118
tone　142, 表
tone-group 音調段落　160
toneme トネーム　156
tongue 舌　26
trachea 気管　15, 17
trill(ed) ふるえ音　125, 表
triphthong 三重母音　152
types of articulation 調音様式　66

unaspirated 無気音　113
unilateral 片側音　81
University College　68
unrounded 非円唇　56, 74, 表
uvula 口蓋垂(のどひこ)　25
uvular 口蓋垂音　124, 表

valvate stricture 弁的閉窄　66, 118
velar 軟口蓋音　123, 表
velar click　119
velarization 軟口蓋化　110
velarized 軟口蓋化音　127
velarized 軟口蓋化　表
velic　100
velic plosive 鼻的破裂音　38
velic release 鼻的破裂音　103
velum 口蓋帆　25, 100

ventricles of Morgagni モルガーニの室 18
ventricular bands 室皺襞 19
Visible Speech 視話法 61
vocal c(h)ords 声帯 17
vocal lips 声唇 18
vocoid 121
voice 声 20
voice glottis 声帯声門 19
voice-pitch 高さ 141
voiced 有声音 112
voiced 有声化 表

voiceless 無声音 112
voiceless 無声化 表
vowel 母音 120, 121

weak 弱い 140
whisper ささやき 20
whispered ささやき音 128
whispering glottis 軟骨声門 19
wide 99
wide vowels 広い母音 97, 98
windpipe 気管 15, 17
word intonation 142

ドイツ語

der Abglitt 出わたり 35
die Affrikata 破擦音 150
die Akustik 音響学 30
der Akzent アクセント 155
alveolar 歯茎音 122
die Alveolen 歯茎 25
Analphabetische Zeichen 非字母的記号 64
der Anglitt 入りわたり 35
das Ansatzrohr 附属筒 28
apikal 舌尖的 84
die Artikulation 調音 28
die Aspiration 気音 112
aspiriert 帯気音 112
die Atmungsgruppe 呼気段落 154
der Ausgang 出わたり 35

die Bänderglottis 声帯声門 19
bilabial 両唇音 122
der Blählaut テ17, テ38
das Blasen 息 19
breite Vokale 広い母音 98
Bronchien(die) 気管支 17
die Bruststimme 胸声 20

die Dauer 長さ 137
der Dauerlaut 継続音 137
dental 歯音 122
der Diphthong 二重母音 151
dorsal 舌背的 84
der Druck 強め 140
der Druckakzent 強さアクセント 155
dünne Vokale 細い母音 98

der Eingang 入りわたり 35
Einzellaut 単音 45
die Emphase 強調 159
der Engelaut 摩擦音 126
die Expirationsgruppe 強め段落 154
expiratorischer Akzent 強さアクセント 155
explosiver Verschlusslaut 外破的閉鎖音 135

fallender Diphthong 降り二重母音 151
die falsche Stimmbänder 仮声帯 19
fester Anschluss かたいつなぎ 141
das Flüstern ささやき 20
frikativ 摩擦音 126

外国語術語索引（ドイツ語）

der Gaumen 口蓋　25
das Gaumensegel 口蓋帆　25
die Geminata 重子音　138
Geräusch 噪音　47
gerollt ふるえ音　125
gerundet 円唇　74
geschlossener Vokal 狭母音　130
gespannt はり　98
das Gleiten わたり　35
Gleitlaut わたり音　40
glottal 声門音　124
die Glottis 声門　18
gutturaler Vokal 奥舌母音　131
die Gutturalisierung 軟口蓋化　110
Guttural-palatale Vokale 軟・硬口蓋母音　94

halblang 半長　137
halbstimmhaft 半有声音　114
der Halbvokal 半母音　121
die Haltung 持続部　35
harter Gaumen 硬口蓋　25
Hertz ヘルツ　47
hinterer Vokal 奥舌母音　131
die Hinterzunge 奥舌面　26
der Hinterzungenvokal 奥舌母音　131
der Hochgaumen 高口蓋　25
hoher Vokal 狭母音　130
die Höhe 高さ　31, 141

implosiver Veschlusslaut 内破的閉鎖音　135
Instrumentalphonetik 器械音声学　9
die Intensität 強さ　31
interdental 歯間音　79
die Intonation 音調　142

kakuminal そり舌音　123
der Kehldeckel 喉頭蓋　18
der Kehlkopf 喉頭　17

die Kehlkopfartikulation 喉頭調音　28
der Kehlkopfexplosivlaut 声門破裂音　22
der Kehlkopfverschluss 声門閉鎖　20
der Klang 成音　31
die Klangfarbe 音色　32
die Knorpelglottis 軟骨声門　19
der Konsonant 子音　120
konsonantisch 音節副音　149
die Kopfstimme 頭声　20
kurz 短い　138

die Labialisierung 唇音化　107
labiodental 唇歯音　122
lang 長　137
laryngal 声門音　124
lateral 側面音　81, 125
Laute 音声　45
die Lautphysiologie 音声生理学　6
die Lautzeichen(das) 音声記号　51
Lärm 騒音　47
Lippen(die) 唇　27
loser Anschluss ゆるいつなぎ　141
die Luftröhre 気管　17
Lungen(die) 肺臓　15

die Mittelzunge 中舌面　26
der Mittelzungenvokal 中舌母音　94, 106, 132
mittlerer Vokal　130
der Momentanlaut 瞬間音　137
die Mouillierung 口蓋化　109
der Mundraum 口むろ　24
die Murmelstimme つぶやき声　21, 48
musikalischer Akzent 高さアクセント　156

der Nachdruck 強調　159
nasal 鼻音　125
nasaliert 鼻音化された　101

索引

die Nasalierung 鼻音化　101
der Nasalvokal 鼻母音　101
der Nasenlaut 鼻音　125
Nasenlöcher(das) 鼻孔　27
der Nasenraum 鼻むろ　27
der Nebenton 中の強め　141
niedriger Vokal 広母音　130

offener Vokal 広母音　130
oral 口むろ音　128
die Orthographie 正書法　51

palatal 硬口蓋音　123
palataler Vokal 前舌母音　130
die Palatalisierung 口蓋化　109
palatogutturaler Vokal 中舌母音　132
pharyngal 咽頭音　124
das Phonem 音素　46
die Phonetik 音声学　1
die Phonologie 音韻論　6
postdental 歯裏音　79

die Quantität 長さ　137

der Rachen 咽頭　23
die Rachenwand 咽頭壁　23
die Rechtschreibung 正書法　51
der Reibelaut 摩擦音　126
retroflex そり舌音　123
die Rundung 円め　73

der Sauglaut 吸着音　117
die Schallfülle きこえ　143
der Schnalzlaut 吸着音　117
schwach 弱い　140
schwebender Diphthong 平二重母音　152
der Seitenlaut 側面音　125
die Silbe 音節　143
silbenbildend 音節主音　149

silbig 音節主音　149
sonantisch 音節主音　149
die Sonorität きこえ　143
die Speiseröhre 食道　23
Sprachbildung 言語作り　45
Sprachlaut 言語音　45
Sprachorgane(das) 音声器官　15
Sprachtakt 発話拍節　155
stark 強い　140
die Stärke 強さ　31
steigender Diphthong 昇り二重母音　151
die Stellung 持続部　35
der Stellungslaut 持続音　40
Stimmbänder(das) 声帯　17
die Stimme 声　20
stimmhaft 有声音　112
Stimmlippen 声唇　18
stimmlos 無声音　112
die Stimmritze 声門　18
der Stimmton 声　20

die Taschenbänder 仮声帯　19
der Tetraphthong 四重母音　152
die Timbre 音色　32
der Ton 単純音　31
der Ton 声調　142
der Ton 音調　142
der Ton 高さアクセント　156
die Tonhöhe オトの高さ　141
die Trachee 気管　17
der Triphthong 三重母音　152

unaspiriert 無気音　113
ungerundet 非円唇　74
ungespannt ゆるみ　98
unsilbig 音節副音　149
die Unterfläche der Zunge 舌の裏面　26
der Unterkiefer 下顎　26

uvular 口蓋垂音　124	会　52
der Übergang わたり　35	der Zahndamm 歯茎　25
der Übergangslaut わたり音　40	das Zahnfleisch 歯茎の前部　25
	der Zahnfortsatz 歯茎　25
velar 軟口蓋音　123	Zähne(der) 歯　25
die Velarisierung 軟口蓋化　110	das Zäpfchen 口蓋垂　25
der Verschlusslaut 閉鎖音　124	zerebral そり舌音　123
der Vokal 母音　120	der Zitterlaut ふるえ音　125
vorderer Vokal 前舌母音　130	die Zunge 舌　26
die Vorderzähne 前歯　25	das Zungenblatt 舌端　26
die Vorderzunge 前舌面　26	die Zungenfläche 舌の表面　83
der Vorderzungenvokal 前舌母音　130	die Zungenspitze 舌尖　26
	die Zungenwurzel 舌根　23
weicher Gaumen 軟口蓋　25	das Zwerchfell 横隔膜　15
Der Weltlautschriftverein 国際音声学協	der Zwischenzahnlaut 歯間音　79

フランス語

accent(le) アクセント　155	de Langues Vivantes　54
accent de force(le) 強め　140	L'Association Phonétique Internationale
accent de hauteur(le) 高さアクセント	国際音声学協会　52, 54
156	asyllabique 音節副音　149
accent d'intensité(le) 強さアクセント	
155	bilabial 両唇音　122
accent dynamique 強さアクセント　155	bref(brève) 短い　138
accent musical(le) 高さアクセント　156	bronches(la) 気管支　17
accent secondaire(le) 中の強め　141	le bruit d'explosion 外破音　35
acoustique(la) 音響学　30	le bruit d'implosion 内破音　36
affriquée(la) 破擦音　150	
alvéolaire 歯茎音　122	cacuminal そり舌音　123
aperture 呼気の通路の広さ　144	catastase 入りわたり　35
aperture 音の開き　145	la cavité buccale 口むろ　24
apical 舌尖的　84	la cavité nasale 鼻むろ　27
arrivée(la) 入りわたり　35	cérébral そり舌音　123
arrondi 円唇　74	le chuchotement ささやき　20
arrondissement(le) 円め　73	la claquante 吸着音　117
articulation(la) 調音　28	le claquement 吸着音　117
aspiration(la) 気音　112	consonante 共鳴音　121
aspiré 帯気音　112	la consonne 子音　120, 121
L'Association Phonétique des Professeurs	la consonne double 重子音　138

la consonne géminée 重子音　138
constrictif 摩擦音　126
continu 継続音　137
cordes vocales(la) 声帯　17
cordes vocales supérieures(la) 仮声帯　19
côtés de la langue(le) 舌縁　27
le coup de glotte 声門破裂音　22
la couronne 舌端　26

demi-long 半長　137
la demi-voyelle 半母音　121
dents(incisives, la) 歯　25
dental 歯音　122
la détente 出わたり　35
dévocalisation 無声化　128
dévoisé 無声化音　128
le diaphragme 横隔膜　15
la diphtongue 二重母音　151
la diphtongue ascendante 昇り二重母音　151
la diphtongue croissante 昇り二重母音　151
la diphtongue décroissante 降り二重母音　151
la diphtongue descendante 降り二重母音　151
la diphtongue égale 平二重母音　152
la diphtongue indécise 平二重母音　152
dorsal 舌背的　84
le dos antérieur de la langue 前舌面　26
le dos postérieur de la langue 奥舌面　26
duratif 継続音　137
la durée 長さ　137

écritures phonétiques(la) 音声記号　51
emphase(la) 強調　159

épiglotte(la) 喉頭蓋　18
explosif 外破音　144
explosif 外破的　135

la face inférieure de la langue 舌の裏面　26
la face supérieure de la langue 舌端　26
faible 弱い　140
le fond de la langue 奥舌面　26
fort 強い　140
fricatif 摩擦音　126
frottement 摩擦音　118

gencives(la) 歯茎　25
glottal 声門音　124
la glotte 声門　18
la glotte interaryténoïdale 軟骨声門　19
la glotte intercartilagineuse 軟骨声門　19
la glotte interligamenteuse 声帯声門　19
la glotte ligamenteuse 声帯声門　19
le groupe de force 強め段落　154
le groupe de souffle 呼気段落　154

la hauteur 高さ　31, 141

implosif 内破音　144
implosif 内破的　135
intensité(la) 強さ　31
interdental 歯間音　79
intonation(la) 音調　142
inverti そり舌音　123

la labialisation 唇音化　107
labio-dental 唇歯音　122
la langue 舌　26
laryngal 声門音　124

外国語術語索引（フランス語） 193

le larynx 喉頭　17
latéral 側面音　81, 125
lèvres(la) 唇　27
long(longue) 長　137
la luette 口蓋垂　25

la mâchoire inférieure 下顎　26
métastase 出わたり　35
le milieu de la langue 前舌面　26
momentané 瞬間音　137
la mouillure 口蓋化　109, 118

narines(la) 鼻孔　27
nasal 鼻音　125
nasalé 鼻音化された　101
la nasalisation 鼻音化　101
neutre 弛唇　74
non arrondi 円唇　74
non aspiré 無気音　113
note relativement basse 比較的低い調子　122

occlusif 閉鎖音　124
occlusion laryngale(la) 声門閉鎖　20
œsophage(le) 食道　23
oral 口むろ音　128
organes de la parole(le) 音声器官　15
orthographe(la) 正書法　51

le palais 口蓋　25
le palais dur 硬口蓋　25
le palais mou 軟口蓋　25
palatal 硬口蓋音　123
la palatalisation 口蓋化　109, 118
la paroi du pharynx 咽頭壁　23
perceptibilité きこえ　122
pharyngal 咽頭音　124
le pharynx 咽頭　23
le phonème 音素　46
phonème croissant 漸強音　145

phonème décroissant 漸弱音　145
la phonétique 音声学　1, 153
phonétique expérimentale 実験音声学　9
la phonologie 音韻論　6, 153
la pointe de la langue 舌尖　26
point vocalique 母音点　144
postdental 歯裏音　79
poumons(le) 肺臓　15

la quantité 長さ　137

l'r dorsal 舌背的 r　91
l'r pharyngal 咽頭の r　92
la racine de la langue 舌根　23
relâché ゆるみ　98
rétroflex そり舌音　123
roulé ふるえ音　125

la semi-voyelle 半母音　121
le son de position 持続音　40
le son de transition わたり音　40
le son transitoire わたり　35
sonant 音節主音　149
sonante 鳴音　121
sonore 有声音　112
la sonorité きこえ　143
le souffle 息　19
sourd 無声音　112
spirante 摩擦音　126
syllabant 音節主音　149
la syllabe 音節　143
syllabe phonétique 音韻論的音節　146
syllabe phonologique 音声学的音節　146
syllabique 音節主音　149

tendu はり　98
la tension 入りわたり　35
la tenue 持続部　35

194　　　　　　　索　引

le timbre 音色　32
le ton 声調　142
la trachée(-artère) 気管　17
la triphtongue 三重母音　152

uvulaire 口蓋垂音　124

vélaire 軟口蓋音　123
la vélarisation 軟口蓋化　110
le voile du palais 口蓋帆　25
la voix 声　20
la voix de fausset 頭声　20
la voix de poitrine 胸声　20
la voyelle 母音　120, 121

la voyelle antérieure 前舌母音　130
la voyelle basse 広母音　130
la voyelle fermée 狭母音　130
la voyelle haute 狭母音　130
la voyelle mi-fermée 半狭母音　130
la voyelle mi-ouverte 半広母音　130
la voyelle mixte 中舌母音　132
la voyelle moyenne 中舌母音　130, 132
la voyelle nasale 鼻母音　101
la voyelle ouverte 広母音　130
la voyelle palatale 前舌母音　130
la voyelle postérieure 奥舌母音　131
la voyelle vélaire 奥舌母音　131

ロ　シ　ヤ　語

акустика 音響学　30
альвеолярный 歯茎音　122
апикальный 舌尖的　84
артикуляция 調音　28
аспирация 気音　112
аспирированный 帯気音　112
аффриката 破擦音　150

боковой 側面音　81, 125
боковые части языка 舌縁　27
бронхи 気管支　17

веляризация 軟口蓋化　110
велярный 軟口蓋音　123
взрывный 閉鎖音　124
восходящий дифтонг 昇り二重母音　151
второстепенное ударение 中の強め　141
выдержка 持続部　35
высокий гласный 狭母音　130
высота 高さ　31, 141

гемината 重子音　138
гласный 母音　120
глоттальный 声門音　124
глухой 無声音　112
головной регистр 頭声　20
голос 声　20
голосовая щель(-и) 声門　18
голосовой тон 声　20
голосовые связки 声帯　17
гортанная смычка 声門閉鎖　20
гортанный 声門音　124
гортанный взрыв 声門破裂音　22
гортань(-и) 喉頭　17
грудной регистр 胸声　20
губногубной 両唇音　122
губнозубной 唇歯音　122
губогубной 両唇音　122
губы(губа) 唇　27

двойный согласный 重子音　138
двугласный 二重母音　151
дёсны(десна) 歯茎　25
диафрагма 横隔膜　15

外国語術語索引（ロシヤ語） 195

дифтонг 二重母音　151
длительность 長さ　137
длительный 継続音　137
долгий 長　137
долгота 長さ　137
дорсальный 舌背的　84
дрожащий ふるえ音　125
дыхание 息　19
дыхательное горло 氣管　17
дыхательный 摩擦音　126

задержанный звук 持続音　40
задненёбный 軟口蓋音　123
заднеязычный 軟口蓋音　123
задний гласный 奥舌母音　131
задняя спинка языка 奥舌面　26
зазубный 歯裏音　79
закрытый гласный 狭母音　130
затворный 閉鎖音　124
звонкий 有声音　112
звучность きこえ　143
зев 咽頭　23
зевный 咽頭音　124
зубногубной 唇歯音　122
зубной 歯音　122
зубогубной 唇歯音　122
зубы (зуб) 歯　25

интенсивность 強さ　31
интонация 音調　142

какуминальный そり舌音　123
количество 長さ　137
кончик языка 舌尖　26
корень языка 舌根　23
корональный 舌尖的　84
краткий 短い　138

лабиализация 唇音化　107
ларингальный 声門音　124

латеральный 側面音　125
лёгкие (лёгкое) 肺臓　15
ложные голосовые связки 仮声帯　19

мгновенный 瞬間音　137
межзубный 歯間音　79
мелодия речи 音調　142
музыкальная акцентуация 高さアクセント　156
музыкальное ударение 高さアクセント　156
мягкое нёбо 軟口蓋　25
мягконёбный гласный 奥舌母音　131

надгортанник 喉頭蓋　18
назализация 鼻音化　101
назалированный 鼻音化された　101
напряжённый はり　98
нёбная занавеска 口蓋帆　25
нёбный 硬口蓋音　123
нёбо 口蓋　25
нейтральный гласный 中舌母音　132
ненапряжённый ゆるみ　98
неогубленный 非円唇　74
непридыхательный 無気音　113
неслоговой 音節副音　149
неслогообразующий 音節副音　149
нижняя спинка языка 舌の裏面　26
нижняя челюсть (-и) 下顎　26
низкий гласный 広母音　130
нисходящий дифтонг 降り二重母音　151
ноздри 鼻孔　27
носовая полость (-и) 鼻むろ　27
носовой 鼻音　125
носовой гласный 鼻母音　101

огубление 円め　73
огубленный 円唇　74
однородный дифтонг 平二重母音

索引

152
органы произношения 音声器官 15
органы речи 音声器官 15
орфография 正書法 51
открытый гласный 広母音 130
отступ 出わたり 35

палатализация 口蓋化 109
палатальный 硬口蓋音 123
передний гласный 前舌母音 130
передний край языка 舌端 26
передняя спинка языка 前舌面 26
переходный звук わたり(音) 35, 40
пищевод 食道 23
полость рта 口むろ 24
полугласный 半母音 121
полудолгий 半長 137
полузвонкий 半有声音 114
правописание 正書法 51
придувной 摩擦音 126
придыхание 気音 112
придыхательный 帯気音 112
приступ 入りわたり 35
прищелк 吸着音 117
продолжительность 長さ 137
проточный 摩擦音 126

рекурсия 出わたり 35
ротовой 口むろ音 128
Русская лингвистическая азбука ロシヤ
   言語学字母 52

связочная щель 声帯声門 19
силовое ударение 強さアクセント
   155
сильный 強い 140
слабый 弱い 140
слог 音節 143
слоговой 音節主音 149
слогообразующий 音節主音 149

сложный согласный 破擦音 150
смычный 閉鎖音 124
согласный 子音 120
спирант 摩擦音 126
средненёбный гласный 中舌母音 132
среднеязычный 硬口蓋音 123
средний гласный 130
средняя спинка языка 中舌面 26
стенка зева 咽頭壁 23

твердонёбный гласный 前舌母音 130
твёрдое нёбо 硬口蓋 25
тембр 音色 32
тон 声調 142
трахея 気管 17
трифтонг 三重母音 152

увулярный 口蓋垂音 124
ударение アクセント 155
узкий гласный 狭母音 130
установочный звук 持続音 40

фарингальный 咽頭音 124
фонема 音素 46
фонетика 音声学 1
фонетические знаки 音声記号 51
фонетические символы 音声記号 51
фонология 音韻論 6
фрикативный 摩擦音 126

хрящевая щель 軟骨声門 19

церебральный そり舌音 123

широкий гласный 広母音 130
шопот ささやき 20

щелевой 摩擦音 126
щелинный 摩擦音 126
щелкательный 吸着音 117

экскурсия 入りわたり　35	эпиглоттализованный 喉頭蓋化音　111
экспираторное ударение 強さアクセント　140, 155	язык 舌　26
	язычковый 口蓋垂音　124
эмфаза 強調　159	язычок 口蓋垂　25

ギリシャ語・ラテン語

βρόγχια 気管支　17	bronchi 気管支　17
λάρυγξ 咽頭　17	larynx 喉頭　17
τρᾱχεῖα 気管　17	pharynx 咽頭　23
φάρυγξ 咽頭　23	promontorium menti 頤岬　11
	trāchīa 気管　17
angulus maxillae 下顎角　11	

言語(方言)名索引

ア行

アイスランド語　79, 115, 144
アイルランド方言　91
阿伝方言　71, 102, 113
アメリカインディアン語の Menomini 語　115
アメリカ英語　3, 83, 126, 131, 152, 167
アラビア語　17, 21, 85, 89, 92, 103, 111, 125, 127, 134, テ29
アルメニア語　116, 134
アルメニア語の Aštarak 方言　114
安南語　142, 149

石川県地方の方言　78
イタリア語　82, 91, 125, 126, 130, 131, 134, 138

ウェールズ語　82, 125
ウクライナ語　21

英語　22, 39, 42, 54, 58, 72, 75, 77, 78, 80, 81, 86, 90, 91, 98, 99, 103, 106, 108, 109, 111, 113, 114, 116, 120, 126, 127, 132, 133, 134, 139, 141, 143, 146, 147, 149, 150, 151, 152, 160
英国南部方言　112
英国北部方言　91
エスキモー語　85, 125

大阪方言　46
オランダ語　71, 89, 92, 127, 167

カ行

海南島の方言　テ35

カザン方言　テ11
関西方言　44, 150

喜界島阿伝方言　71, 102, 113
京都方言　41, 72, 87, 88, 131, 160
ギリシャ語　125, 126, 127, 146
近畿系のアクセント　157
近畿方言　74, 113, 157

熊本方言　82
クロアート語　86

ゲルマン諸語　145

高知方言　→土佐方言　テ32
コーカサス系の諸言語　116
呉方言　115

サ行

サクソンドイツ語　116

シナ語＝中国語
　──呉方言　115
　──北京方言　vii, 55, 71, 74, 75, 77, 78, 80, 83, 84, 88, 89, 90, 91, 96, 104, 108, 111, 113, 126, 131, 142, 151, 152, 156, テ5, テ10, テ19
首里方言　22, テ22
新バルガ方言　81, 113

スイスのドイツ語　70, 89
スイスのフランス語　91
スウェーデン語　92, 112, 124, 126, 132, 143
スカンジナビア語　112

言語(方言)名索引

スコットランド方言　58, 115, 127, 130, 131, 132
スペイン語　71, 72, 83, 89, 91, 125, 126, 127, 128, 134, 167
スラヴ語　77
スラヴ諸語　114

仙台方言　158, 161

タ 行

高松方言　157, 158
タガログ語　134
タタール語　vii, 21, 22, 70, 72, 73, 77, 85, 91, 104, 108, テ11

チェック語　21, 82, 126, 156, テ25
中国語　→シナ語
朝鮮語　74, 77, 81, 91, 113, 131, テ19, テ25, テ38

デンマーク語　22, 75, 77, 79, 89, 92, 112, 114, 126, 127

ドイツ語　2, 22, 34, 58, 71, 73, 74, 75, 79, 81, 82, 86, 88, 89, 91, 92, 103, 104, 108, 111, 114, 125, 126, 127, 130, 131, 132, 133, 138, 146, 147, 148, 151, 160, 167, テ19, テ38
ドイツ語南部方言　150
ドイツ語北部方言　77, 89, 112
東京方言　→日本語
東京方言のアクセント　153, 157, テ39
東北方言　81
東部ノールウェー語　83, 126
ドゥンガン語　151
土佐方言　79, 102, 103, テ32
鳥取方言　テ32
トルコ語　134, 156

ナ 行

今帰仁村字与那嶺方言　70, 113

名古屋方言　131, 132
那覇方言　22
奈良県吉野郡北部の方言　79
奈良田方言　テ20
南部英語　81, 113, 126, 131, 132

新潟県南部地方の方言　130, 131
西アフリカの言語　111
日本語
　――東京方言　vii, 9, 21, 22, 41, 42, 44, 46, 48, 55, 70, 71, 72, 77, 78, 79, 80, 82, 83, 84, 85, 87, 88, 90, 91, 95, 96, 99, 100, 101, 102, 103, 105, 106, 108, 109, 113-115, 117, 126, 127, 130-132, 134, 135, 138, 139, 143, 148, 150, 151, 153, 155, 156, 157, 159, 160, 161, 163, 165, テ19
　――の「危ない」　71
　――の「カ行音」「ガ行音」の子音　84
　――(東京方言等)の「キャ」「ギャ」「キュ」「ギュ」「キョ」「ギョ」　84
　――の「ザ」「ズ」「ゼ」「ゾ」　80
　――の「シ」の子音　87
　――のジの「子音」　88
　――(近畿方言など)の「舌」「人」　113
　――(東京方言など)の「ス」「ズ」「ツ」　80, 99
　――の「ス」「ツ」　95
　――の「チ」「チャ」　84
　――の「つまる音」　139
　――の「パン」　85, 113
　――の「ヒ」「ヒャ」　88
　――の「フ」　71
　――の「ラ」　135
　――の「ラ行子音」　78, 82, 83
　――の「ン」　101, 102, 105
　――の[b][d][g]　114
　――の[w]　72
　――の[w][warɯ][kawarɯ]　91
　――の「矢」「湯」「世」「蚊帳」「部屋」　90

200　　　　　　索　　引

――の「陽気」「病気」「行儀」の三つの
　　[j]　139
――の[odʒisaN], [odʒi:saN], [obasaN],
　　[oba:saN]　138
――の辺境の諸方言　108
――(東京方言)のアクセント　153,
　　157, 163, テ39

ノールウェー語　92, 95, 99, 131, 132, 143

ハ　行

ハンガリー語　84, 124, 125, テ27

フィンランド語　134, 156
フランス語　52, 54, 55, 58, 70, 74, 75, 79,
　　81, 82, 86, 90, 92, 93, 97, 98, 101, 102,
　　103, 105, 106, 111, 113, 114, 120, 124,
　　125, 126, 127, 130, 131, 132, 134, 135,
　　139, 141, 144, 145, 146, 147, 148, 149,
　　151, 156, テ19
フランス語の南部方言　91

ペルシャ語　85, 125

ポーランド語　91, 126, 127, 156
北部英語　130, 131
北部ドイツ語　125, 139
ポルトガル語　82, 91, 92, 101, 102, 105,
　　133
梵語　114

マ　行

満洲語　テ28

三重県亀山市東町方言　100, 105, 158,
　　160, テ6, テ39
ミシャル方言　テ11
南シナの方言　22
南朝鮮の梁山方言　113
南ドイツ方言(スイス方言)　70

蒙古語　1, 3, 77, 81, 85, 90, 113, 114, 117,
　　テ11, テ37

ヤ　行

八重山方言　131, テ22

与那嶺方言　70, 113

ラ　行

ラテン語　146, 149

琉球語　22, 70, 113, 131, テ22, テ32

ロシア語　→ロシヤ語
ロシヤ語　34, 73, 74, 75, 77, 80, 82, 87,
　　88, 89, 91, 96, 103, 104, 108, 110, 111,
　　113, 126, 130, 131, 132, 134, 138, 141,
　　148, 149, 153, 155, 158, 168, テ5, テ11,
　　テ19, テ22, テ38
ロマン諸語　114
　　　　＊　　＊　　＊
Aštarak方言　114
Bantu語　119
Bantu-Ngoni語　117
Bushman語　117
Haussa語　116
Hindi語　78, 126, 127
Hottentot語　117
Kaffir語　82, 125
Marathi語　78, 114, 125, 126, 132
Menomini語　115
Mixteco語　157
Pedi語　108
Shan語　132
Shona語　108
Sindhi語　119
Tswana語　126
Twi語　108
Zulu語　125

人名索引

ア行

秋永一枝　163
有坂秀世　135, 163, テ42
市河三喜　14, 161, 163
今井邦彦　162
岩淵悦太郎　135
上村幸雄　164
大束百合子　166, テ39, テ40
小幡重一　14, 47

カ行

関瑠良　テ5, テ10
切替一郎　164
金田一京助　163
金田一春彦　161, 163

サ行

佐久間鼎　162
颯田琴次　14
神保格　48, 163
須貝清一　14

タ行

高田正治　164
田口泖三郎　14, 29, 135
竹林滋　166
千葉勉　vi
趙元任　115, 118
常深千里　163
豊島武彦　14

ハ行

橋本進吉　135, テ42
服部四郎　14, 49, 68, 152, 160, 161, 168, 169, テ28
平山輝男　161
藤田恒太郎　vi
藤村靖　164, 166
プレトネル　163

マ行

真鍋義雄　14

ヤ行

山田忠雄　163
山本謙吾　テ28
楊学倫　テ5
吉沢義則　163

Armstrong, L. E.　159
Beckman, E.　11
Bell, A. M.　61, 64, 93, 94, 96, 98, 129
Bloch, Bernard　3, 48, 161, テ20
Bloomfield, Leonard　115, 119, 150
Bluhme, H.　164
Bremer, O.　52
Brücke, Ernst　114
Carroll, John B.　166
Coleman, H. O.　159
Czermak, J. N.　21
Denes, Peter B.　164
Doke, C. M.　108
Edwards, E. R.　106
Ellis, A. J.　53
Essen, Otto von　164
Fischer-Jørgensen, Eli　164
Forchhammer, J.　76
Fourier, J. B. J.　129
Gairdner, W. H. T.　89, 105, 111, 118

索引

Gilliéron, J. 52
Grammont, Maurice 46, 48, 49, 91, 92, 104, 135, 136, 144, 145, 148, 149, 151, 152, 153, 163
Grandgent, Charles H. 76
Gutzmann, H. 162
Halle, Morris 166
Heffner, R.-M. S. 3, 152
Hellwag, C. 129
Hensen, V. 7
Hockett, Charles F. 7
Jakobson, Roman 121, 135, 165
Jespersen, Otto 6, 9, 11, 13, 14, 21, 25, 28, 29, 35, 53, 54, 64, 65, 67, 69, 76, 79, 81, 84, 86, 87, 88, 90, 92, 93, 97, 98, 99, 101, 102, 103, 104, 105, 106, 118, 141, 143, 152, 153, 162, テ5
Jones, Daniel 48, 55, 56, 58, 60, 68, 70, 89, 96, 98, 104, 105, 106, 112, 115, 116, 118, 119, 130, 135, 152, 159, 162, 163
Joos, Martin 165, 166
Kenyon, J. S. 163
Klinghardt, H. 76
Knott, T. A. 163
Kopp, George A. 166
Kurz, Otto 104
Lepsius, R. 52
Lloyd, R. J. 11, 135
Lundell, J. A. 52, 53
Marouzeau, J. 118
Meyers, E. A. 139
Michaelis, H. 163
Noël-Armfield, G. 28, 98, 103, 105, 106, 118, 162
Palmer, Harold E. 48, 49, 160, 161
Panconcelli-Calzia, G. 103, 106, 162

Passy, Paul 17, 28, 29, 53, 54, 105, 106, 117, 119, 135, 154, 160, 163, 167
Pienaar, P. de V. 119
Pike, Kenneth L. 29, 53, 65, 66, 67, 68, 69, 70, 116, 118, 119, 121, 135, 157, 161, 162, 168
Pinson, Eliot N. 164
Pipping, Hugo 7, 11, 12
Pletner, Orest V. 163
Polivanov, E. D. 53, 103, 104, 106, 111, 116, 119, 151, 153, 163
Potter, Ralph K. 166
Ripman, W. 88, 105
Roudet, L. 92, 105, 106
Rousselot, J. 9, 14, 52, 74, 76
Saussure, Ferdinand de 121, 135, 144, 145, 146, 152, 153
Sievers, Eduard 45, 47, 48, 49, 70, 73, 76, 98, 104, 105, 106, 114, 115, 118, 119, 135, 155, 161, 162, テ5
Storm, Johan 76, 104
Sweet, Henry 17, 22, 29, 53, 54, 55, 61, 64, 68, 74, 76, 94, 95, 96, 97, 98, 99, 104, 115, 116, 118, 119, 129, 162, テ5
Techmer, F. 76
Trager, George L. 3, 48
Trautmann, Moritz 76, 106
Trofimov, M. V. 105, 118
Twaddell, W. Freeman 48
Viëtor, Wilhelm 11, 12, 53, 76, 88, 93, 94, 95, 104, 105, 106, 163
Ward, Ida C. 159
Western, A. 76
Winteler, J. 129
Zwirner, Eberhard 2, 164
Zwirner, Kurt 164

引用書目索引

(著者引き，年代順)

有坂秀世：1940 『音韻論』 163
市河三喜編：1940 『英語学辞典』 14, 161, 162
今井邦彦訳：1964 『音声学』 162
上村幸雄，高田正治：1978 『X線映画資料による母音の発音の研究——フォネーム研究序説——』 164
大束百合子訳註：1972 『言語学と関連領域』 166
小幡重一：1931 『音楽愛好者の為の音響学』 47
切替一郎・藤村靖監修：1966 『話しことばの科学——その物理学と生物学』 164
金田一京助：1943 『明解国語辞典』 163
金田一春彦監修，秋永一枝編：1981 『明解日本語アクセント辞典』 163
佐久間鼎：1932 『一般音声学』 162
神保格・常深千里：1932 『国語発音アクセント辞典』 163
須貝清一・真鍋義雄共訳：1944 『改訂増補人類と言語』 14
竹林滋，藤村靖共訳：1965 『音声分析序説——弁別的特徴とその関連量』 166
趙元任：1928 『現代呉語的研究』 118
日本音響学会編：1948 『音響技術便覧，第4冊』 47
1972～1976 『日本国語大辞典』 163
1980 『日本の言語学I 言語の本質と機能』 169
1980 『日本の言語学II 音韻』 14, 169
日本放送協会：1943 『日本語アクセント辞典』 163
――：1966 『日本語発音アクセント辞典』 163
服部四郎：1933 『アクセントと方言』 161
――：1936 小幡重一・豊島武彦「蒙古語の物理音声学的研究」を評す(音声学協会会報第44号) 14
――：1944 『金田一京助博士還暦記念論文集』 14
――：1947 「文節」について(市河博士還暦祝賀論文集) 161
――：1949 具体的言語単位と抽象的言語単位 161
――：1950 附属語と附属形式 161
――：1951 『音韻論と正書法』 49, 68, 152
――：1954 音韻論から見た国語のアクセント(国語研究第2輯) 168
――：1959 『日本語の系統』 テ42

――: 1960　『言語学の方法』　161, 168
――: 1961　Prosodeme, Syllable Structure and Laryngeal Phonemes(Bulletin of the Summer Institute in Linguistics)　168, 169
――: 1965　日本の記述言語学(一)　169
――: 1968　朝鮮語のアクセント・モーラ・音節　169
――: 1973　アクセント素とは何か? そしてその弁別的特徴とは?――日本語の"高さアクセント"は単語アクセントの一種であって"調素"の単なる連続にあらず　169
――: 1976　上代日本語の母音音素は六つであって八つではない　テ42
――: 1976　上代日本語のいわゆる"八母音"について　テ42
――: 1976　上代日本語の母音体系と母音調和　テ42
――: 1978　The Prosodeme(The Proceedings of the Twelfth International Congress of Linguists)　169
――: 1979　表層アクセント素と基底アクセント素とアクセント音調型　169
――: 1979　『新版音韻論と正書法』　49, 152
――: 1980　ロシヤ語のアクセント素の無標性と有標性について　169
――: 1983　アクセントの音声表記と音韻表記　169, テ41
――: 1983　3月, 4月, 5月, 7月, 8月『月刊言語』　テ43
服部四郎・山本謙吾: 1956　満洲語口語の音韻の体系と構造　テ28
服部四郎・山本謙吾・小橋豊・藤村靖: 1957　日本語の母音(小林理学研究所報告)　14, テ36
服部四郎・山本謙吾・藤村靖: 1956　母音の鼻音化と鼻音　テ32
藤村靖編著: 1972　『音声科学』　164
ブレトネル: 1926　『実用英仏独露語の発音』　163
吉沢義則: 1938　『新辞海』　163
山田忠雄: 1981　『新明解国語辞典』　163

Bell, A. M.: 1867　*Visible Speech*　61, 93, 96, 129
――: 1882　*Sounds and their Relations*　94
――: 1886　*Essays and Postscripts*　94
Bloomfield, Leonard: 1935　*Language*　119, 153
Bluhme, H. 訳: 1970　*Principles of Phonometrics*　164
Bremer, O.: 1893　*Deutsche Phonetik*　52
Carroll, John B.: 1953　*The Study of Language*　166
Denes, Peter B. and Pinson, Eliot N.: 1963　*The Speech Chain*　164
Dhi Fonètik Titcer　53
dhə fɔnetik titcer　54
Edwards, E. R.: 1903　*Étude phonétique de la langue japonaise*　106

引用書目索引

Ellis, A. J.: 1869 以降　On Early English Pronunciation　53
Essen, Otto von: 1979⁵ Allgemeine und Angewandte Phonetik, Darmstadt　164
Fischer-Jørgensen, Eli: 1975　Trends in Phonological Theory—A Historical Introduction　164
Gairdner, W. H. T.: 1925　The Phonetics of Arabic　105, 118
Grammont, Maurice: 1933　Traité de phonétique　48, 49, 104, 135, 136, 152, 163
Gutzmann, H. & Panconcelli-Calzia, G.: 1913 以降　Vox　162
Heffner, R.-M. S.: Language 18　14
Hockett, Charles F.: 1947　International Journal of American Linguistics 13　14
Jakobson, Roman: 1939　Observations sur le classement phonologique des consonnes (Proceedings)　135
Jespersen, Otto: 1904　Phonetische Grundfragen　14
――: 1925　Mankind, Nation and Individual from a Linguistic Point of View　14
――: 1926　Lehrbuch der Phonetik　28, 29, 64, 104, 105, 106, 118, 152, 153, 162
Jones, Daniel: 1932　An Outline of English Phonetics　68, 104, 105, 106, 118, 119, 135, 152, 162
――: 1937　An English Pronouncing Dictionary　163
――: 1939　Concrete and Abstract Sounds (Proceedings)　48
――: 1956　The Pronunciation of English　68
Joos, Martin: 1948　Acoustic Phonetics　166
Journal of the International Phonetic Association　68
Kenyon, J. S. and Knott, T. A.: 1944　A Pronouncing Dictionary of American English　163
Lepsius, R.: 1855　Das allgemeine linguistische Alphabet　52
――: 1860　Standard Alphabet　52
Lloyd, R. J.: 1899　Northern English　135
Lundell, J. A.: 1878　Det svenska landsmålsalfabet　52
Le Maître Phonétique　54, 119
Marouzeau, J.: 1933　Lexique de la terminologie linguistique　118
Michaelis, H. & Passy, P.: 1929　Dictionnaire phonétique de la langue française　163
Noël-Armfield, G.: 1924　General Phonetics　28, 98, 105, 106, 118, 162
Palmer, Harold E.: 1924　English Intonation　161
――: 1930　The Principles of Romanization　48
Panconcelli-Calzia, G.: 1924　Die experimentelle Phonetik in ihrer Anwendung auf die Sprachwissenschaft　106
Passy, Paul: 1922　Petite phonétique comparée　28, 29, 105, 106, 119, 163, 167
――: 1925　Les sons du français　105, 160

Pienaar, P. de V. : 1939   Click formation and distribution (Proceedings)   119
Pike, Kenneth L. : 1947   *Phonemics*   53, 119, 162
―― : 1944   *Phonetics*   29, 68, 119, 135, 162
―― : 1948   *Tone Languages*   161, 162
Polivanov, E. D.(Е. Д. Поливанов) : 1928   *Введение в языкознание*   53, 104, 106, 119, 153, 163
Potter, Ralph K., Kopp, George A. and Halle, Morris : 1952   *Preliminaries to Speech Analysis, the Distinctive Features and their Correlates*   166
1949   *The Principles of the International Phonetic Association*   vi, 67, 68, 118, 119, 122, 130, 162
1919   *The Proceedings of the Royal Institution Vol xxii*   68
1939   *Proceedings of the 3rd International Congress of Phonetic Sciences*   14, 48, 119, 135
Ripman, W. : 1926   *Elements of Phonetics*   105
Roudet, L. : 1910   *Éléments de phonétique générale*   105, 106
Rousselot, L'abbé : 1897   *Principes de phonétique expérimentale*   14
Saussure, Ferdinand de : 1931   *Cours de linguistique générale*   135, 152
Sievers, Eduard : 1893   *Grundzüge der Phonetik*   48, 49, 104, 105, 106, 118, 119, 135, 161, 162
Storm, J. : 1892   *Englische Philologie*   104
Sweet, Henry : 1877   *Handbook of Phonetics*   53, 68, 94, 97
―― : 1877-9   *Russian Pronunciation*   61
―― : 1880-1   *Sound Notation*   61
―― : 1906   *A Primer of Phonetics*   29, 53, 61, 94, 97, 99, 104, 118, 119, 162
―― : 1910   *The Sounds of English*   97
Trager, George L. & Bloch, Bernard : *Language 17*   14
Trautmann, N. : 1884-6   *Die Sprachlaute*   106
Trofimov, M. V. and Jones, D. : 1923   *The Pronunciation of Russian*   105, 118
Twaddell, W. Freeman : 1935   *On Defining the Phoneme*   48
Viëtor, W. : 1914   Zur Systematik der Vokalartikulation (Miscellanea Phonetica)   105
―― : 1921   *Deutsches Aussprachewörterbuch*   163
―― : 1923   *Elemente der Phonetik*   104, 106
Zwirner, Eberhard and Zwirner, Kurt : 1966   *Grundfragen der Phonometrie*   164

日英術語対照表

(ド＝ドイツ語, フ＝フランス語, ラ＝ラテン語)

明るい l	clear l	91
アクセント	accent	155, 157, 163
アクセント素	prosodeme	161, 168
息	breath	19
息の音	breathed	128
息の漏れる声	breathy voice	134, 142, 表
頤岬	ラ promontorium menti	11
一音節語	monosyllabic language	142
入りわたり	on-glide	35
咽頭	pharynx	19, 23, 24
咽頭の r	フ l'r pharyngal	92
咽頭音	pharyngeal, pharyngal	17, 85, 103, 124, 表
咽頭化	pharyngealization, pharyngalization	111
	pharyngalized	表
咽頭化音	pharyngalized	103, 128
咽頭壁	pharyngal wall	23, 24, 26
後寄りの	retracted	表
会厭	epiglottis	18
円唇	rounded	73, 74, 表
横隔膜	diaphragm	15, 16
奥混合母音	in-mixed vowel	94
奥舌母音	back vowel	73, 131, 表
奥舌面	back of tongue	24, 26, 83
奥前舌母音	in-front vowel	94
オッシログラフ	oscillograph	8, 129
音の開き	aperture	145
音韻論	phonemics, phonology	5, 6, 45, 153
音韻論的音節	フ syllabe phonétique	146
音響学	acoustics	30, 166
音声学	phonetics	1, 5, 6, 45, 54, 153, 166
音声学的音節	フ syllabe phonologique	146
音声器官	organs of speech	15
音声記号	phonetic signs	vii, 51, 56
音声字母	phonetic alphabet	52
音声生理学	ド die Lautphysiologie	6, 166
音声的機能	function phonetically	67
音節音調	syllabic intonation	142, 156

音節主音	syllabic	120, 148, 149, 151, 表
音節主音的	syllabic	表
音節副音	non-syllabic, asyllabic	120, 149, 151, 表
音節副音的	non-syllabic	表
音素	phoneme	46, 47, 48, 49, 51, 55, 168
音調	intonation	142
音調段落	tone-group	160, 161
外行的	egressive	66
外的円め	outer rounding	73
外破音	フ le bruit d'explosion	35, 135, 144, テ37
外破的閉鎖音	ド explosiver Verschlusslaut	135
カイモグラフ	kymograph	8, 152
外肋間筋	external intercostal muscles	15
下顎	lower jaw	24, 26, 76
下顎角	ラ angulus maxillae	11
楽音	musical sound	30, 32, 35, 120
重子音	double consonant	40, 138
頭声	head register, head voice	20, 29
仮声	falsetto register	20
仮声帯	false vocal c(h)ords	19, 24, 103
仮声門	false glottis	19
かたいつなぎ	ド fester Anschluss	141
片側音	unilateral	81
簡略表記	Broad Transcription	54, 55, 56, 133
簡略ローミック記号	Broad Romic Notation	53
気音	aspiration	112
基音	fundamental tone	31
器械音声学	ド Instrumentalphonetik	9
器械的方法	instrumental method	8
気管	trachea, windpipe	15, 17, 24
気管支	bronchia	15, 17
きこえ	sonority	120, 121, 143, 152
	フ perceptibilité	122
機能的非字母記号	Functional Analphabetic Symbolism	65, 69
基本音	fundamental tone	31
基本子音	cardinal consonants	56, 60, 61
基本母音	cardinal vowels	56, 58, 59, 60, 61
客観的(研究)方法	objective method	8, 10
吸息	inspiration, inhalation	15, 19
吸着音	click	16, 27, 49, 75, 117, 表
強調	emphasis	159
強度	intensity	31, 32, 140
強度強調	intensity-emphasis	159

共鳴音	７ consonantes	27, 121
共鳴箱	resonance chamber	8
気流機構	air-stream mechanism	65, 69, 表
気流遮止の程度	degree of air-stream interruption	66
降り二重母音	descending diphthong, falling diphthong	151
降り昇り声調	falling-rising tone	142, 表
唇	lip(s)	24, 26, 27, 69, 74
口母音	oral vowel	101
口むろ	oral(あるいは buccal)cavity	24
口むろ音	oral	128
区別符号	diacritics	表
暗い l	dark l	91, 111
継続音	continuant	137
硬音	fortis	70, 141
口蓋	palate	25
口蓋化	palatalization palatalized	109, 118, 表
口蓋化音	palatalized	127
口蓋垂	uvula	24, 25, 26
口蓋垂音	uvular	85, 124, 表
口蓋帆	velum	24, 25, 27, 100
硬口蓋	hard palate, front palate	24, 25, 26
硬口蓋音	palatal	84, 123, 表
硬口蓋歯茎音	palato-alveolar	123, 表
甲状軟骨	thyroid(あるいは shield)cartilage	17, 24
後舌面	back of tongue	26
喉頭	larynx	17
喉頭蓋	epiglottis	18, 19, 23, 24, 103
喉頭蓋軟骨	cartilage of epiglottis	18
喉頭鏡	laryngoscope	8, 19
喉頭調音	ド die Kehlkopfartikulation	28, 103, 112
後部硬口蓋音	post-palatal	84
後部唇音化	back labialization	108
後部軟口蓋音	post-velar	85
後部歯茎音	post-alveolar	78, 表
声	voice	20, 21, 29
声立て	beginning	22
声とめ	ending	22
呼気の通路の広さ	７ aperture	144
呼気段落	breath-group	44, 154
呼吸運動	respiration	15
国際音声学協会	The International Phonetic Association	vi, 52, 54, 72, 96, 105, 106, 110, 111, 121, 122,

国際音声字母	The International Phonetic Alphabet	124, 130, 133, 135, 140 vi, 52, 53, 54, 55, 56, 61, 69, 108, 109, 111, 112, 116, 117, 119, 130, 142, 149, 150, 151, 167, 表, テ11, テ25, テ26
呼息	expiration, exhalation	15
ことば音	speech sound	48
混合母音	mixed vowel	73, 93, 95
最頂閉窄	acme stricture	66
ささやき	whisper	14, 20, 21, 29, 144
ささやき音	whispered	29, 128
三重母音	triphthong	42, 152
子音	consonant	120, 121, 表
歯音	dental	77, 122, 167, 表, テ21
歯間音	interdental	79
四重母音	ド der Tetraphthong	152
持続音	held sound, static sound	40, 88, 121, 137
持続部	retention	29, 35, 36, 37, 38, 40, 69, 145, 167
舌	tongue	24, 26
舌の下面	lower blade of tongue	26
舌の裏面	lower blade of tongue	24, 26, 77
舌打音	click	117
舌尖	point, tip	24, 26, 77, 118
舌尖的	apical	83, 84
舌背的	dorsal	84
舌端	blade	24, 26, 77, 118
舌縁	rim of tongue	27, 37
実験音声学	フ phonétique expérimentale	9
実験的方法	experimental method	8
主観的方法	subjective method	8
純音	pure tone	31
瞬間音	momentaneous	137
上音	overtone	31
衝撃機構	percussion mechanism	65, 69
上部歯音	supradental	78
食道	esophagus (oesophagus)	23, 24, 103
唇音化	labialization (labialisation)	107
	labialized	表
唇音化音	labialized	127
人工口蓋	artificial palate	8, 93
唇歯音	labiodental	75, 122, 表

日英術語対照表

ストロボスコープ	stroboscope	8
成音	ド der Klang	31
正字法	orthography	51
正書法	orthography	51
声唇	ド Stimmlippen	18
声帯	vocal c(h)ords	17, 18, 24, 29, 103
声帯声門	chord(あるいは ligamentous あるいは voice) glottis	19
声調	tone, pitch	142, 表
精密表記	Narrow Transcription	54, 55, 56, 133
精密ローミック記号	Narrow Romic Notation	53
声門	glottis	18, 19, 28
声門音	glottal, laryngeal, laryngal	124, 表
声門閉鎖	glottal stop	20, 21
接近音	approximant	表
舌根	root of tongue	23, 24, 83
狭い母音	narrow vowels	97
狭い円め	close lip-rounding	59
狭母音	close vowel	96, 表
漸強音	フ phonème croissant	141, 145, 148, 150, 153, テ37
漸弱音	フ phonème décroissant	141, 145, 148, 150, 153, テ37
前部唇音化	front labialization	108
騒音	ド Lärm	47
噪音	noise	28, 30, 32, 35, 120
掻擦機構	scraping mechanism	65, 69
相対的強さ	relative strengths	66
側面音	lateral	72, 81, 91, 125, 表
側面吸着音	lateral click	表
側面破裂	lateral plosion	37
側面摩擦音	lateral fricative	125, 表
外奥舌母音	out-back vowel	94
そり舌音	retroflex, cacuminal, cerebral, inverted	78, 123, 表
第一次基本母音	primary cardinal vowels	58, 59
帯気音	aspirate(d)	112
第二次基本母音	secondary cardinal vowels	59
対比強調	contrast-emphasis	159
平二重母音	level diphthong	152
高降り声調	high falling tone	142, 表
高口蓋	ド der Hochgaumen	25, 26, 94
高さ	pitch	7, 31, 137, 表
高さアクセント	pitch accent, musical accent	156

高平声調	high level tone	142, 表
高昇り声調	high rising tone	142, 表
単語音調	word intonation	142
単純音	simple tone	31
中性母音	neutral vowel	132
中線的吸着音	median click	表
中線的接近音	median approximant	表
中線的摩擦音	median fricative	表
中の強め	medium stress, secondary stress	114
調音	articulation	28, 118
調音域	region of articulation	28
調音器官	articulatory organs	11, 27, 28, 33
調音者	articulator	66
調音点	point of articulation	28, 66, 118, 122
調音様式	types of articulation	66
聴覚的方法	acoustic method	8
調節機構	controlling mechanism	65
調和倍音	harmonics	31
つぶやき声	ド die Murmelstimme	21, 48, 114
強い(音)	strong	140
強さ	intensity	31, 137, 140
強さアクセント	stress accent	155
強め	stress	7, 140, 155, 表
強め段落	stress-group	154, 161
出わたり	off-glide	35
同時調音的	simultaneous	表
トネーム	toneme	156
内行的	ingressive	66
内的円め	inner rounding	73
内破音	フ le bruit d'implosion	36, 37, 49, 70, 135, 144, テ37
長(い)	long	137, 表
長さ	length, quantity, duration	137
中舌母音	central vowel	59, 94, 95, 106, 132, 133
中舌母音化	centralized	表
中舌面	ド die Mittelzunge	24, 26, 83, 94
軟音	lenis	70, 141
軟口蓋	soft palate, back palate	24, 25, 26, 100
軟口蓋音	velar	84, 123, 表
軟口蓋化	velarization	108, 110
	velarized	表
軟口蓋化音	velarized	111, 127
軟・硬口蓋母音	ド Guttural-palatale Vokale	94

日本語	英語	ページ
軟骨声門	cartilage (あるいは cartilaginous あるいは whispering) glottis	19
二次的強め	secondary stress	表
二重調音	double articulation	107
二重調音子音	consonants with double articulation	111, 118
二重母音	diphthong	42, 49, 138, 148, 151
入破音	implosive	116, 表
音色	timbre	32, 137
喉仏	Adam's apple	18
昇り降り声調	rising-falling tone	142, 表
昇り二重母音	ascending diphthong, rising d.	151
歯	teeth	24, 25
歯の	dental	表
倍音	harmonics	31
陪音	overtone	31
肺臓	lungs	15, 27
肺臓以外による気流機構	non-pulmonic air-stream mechanism	表
肺臓気流機構	pulmonic air-stream mechanism	表
歯茎	teeth-ridge, arch-rim, alveolar arch, alveoli	24, 25, 26
歯茎の側面的弾き音	alveolar lateral flap	表
歯茎の摩擦的ふるえ音	alveolar fricative trill	表
歯茎音	alveolar, gingival	78, 122, 167, 表, テ21
歯茎硬口蓋音	alveolo-palatal	84, 123
歯茎硬口蓋摩擦音	alveolo-palatal fricative	表
破擦音	affricate	80, 150, 表
弾き音	flap, flapped	44, 82, 83, 92, 125, 167, 表
発音器官	organs of speech	15
はっきりした声立て	clear beginning	22
発出機構	productive mechanism	65
発話拍節	ド Sprechtakt	155
鼻むろ	nasal cavity	24, 27
歯裏の	dental	表
歯裏音	post-dental	79
はり	tense	95, 96, 97, 98
はり母音	tense vowel	99
破裂音	plosive	35, 49, 70, 124, 148, 表
半狭母音	half-close vowel	96, 表
半長(の)	half-long	137, 表
半広母音	half-open vowel	130, 表
半母音	semi-vowel	90, 121, 127
半有声音	ド halbstimmhaft	114, 128

非円唇	unrounded	74, 表
鼻音	nasal	100, 125, 表
鼻音化	nasalization	101, 134
	nasalized	表
鼻音化された	nasalized	101
鼻音化音	nasalized	128
非楽音	ド Geräusch	47
比較的低い調子	フ note relativement basse	121, 122
低降り声調	low falling tone	142, 表
低平声調	low level tone	142, 表
低昇り声調	low rising tone	142, 表
鼻孔	nostrils	27
非口蓋化音	non-palatalized	127
非字母的記号	ド Analphabetische Zeichen	7, 21, 25, 64, 67, 69
鼻的破裂音	faucal plosive, velic plosive	38, 49, 103
鼻母音	nasal vowel	101
表音的正書法	phonetic orthography	134
披裂軟骨	arytenoid (あるいは adjusting あるいは pyramid) cartilages	18
広い母音	wide vowels	97, 98
広い円め	open lip-rounding	59
張唇	spread	73
広母音	open vowel	96, 表
フォーン	phone	47
複合音	compound tone	31
副成員	subsidiary members	55
附属筒	ド das Ansatzrohr	28
附属閉鎖	adjuncts	66
部分音	partial tone(s)	31
ふるえ音	rolled, trill(ed)	73, 82, 91, 125, 表
ふるえ摩擦音	rolled fricative	126
分子音	partial tone(s)	31
分節	articulation	28
閉鎖音	stop	124, 135, 141
閉窄	stricture	66
閉窄の位	rank of stricture	66
閉窄の特徴	features of stricture	66
ヘルツ	ド Hertz	32, 47
弁的閉窄	valvate stricture	66, 118
母音	vowel	120, 121, 表
母音点	フ point vocalique	144, 145
放出音	ejective (sound)	115, 表
細い母音	ド dünne Vokale	98

日英術語対照表

前舌母音	front vowel	73, 130, 表
前舌面	front of tongue	24, 26, 83
前歯	front teeth	25
前寄りの	advanced	表
摩擦音	fricative	118, 126, 141, 表
円め	rounding	73
円めの狭い	over-rounded	134
円めのヨリ少ない	less rounded	表
短い	short	138
無気音	unaspirated, non-aspirated	112, 113
無声音	voiceless	29, 112, 128
無声化	devocalization	128
	devocalized	表
無声化音	devocalized	128
胸声	chest register, chest voice	20, 29
無摩擦継続音	frictionless continuant	127
鳴音	ヲ sonantes	121
モルガーニの室	ventricles (あるいは sacculi) of Morgagni	18, 24
有気音	aspirate(d)	112
有気的	aspirated	表
有声音	voiced	29, 112, 128
有声化	voiced	表
誘導機構	induction mechanism	65, 69
ゆるいつなぎ	ド loser Anschluss	141
ゆるみ	lax	95, 96, 97, 98
弛唇	neutral, passive (shape of lips)	74
ゆるやかな声立て	gradual beginning	22
ヨリ狭い	raised	表
ヨリ広い	lowered	表
ヨリ円められた	more rounded	表
弱い(音)	weak	140
両側音	bilateral	81
両唇音	bilabial	122, 表
両唇・硬口蓋音	labial-palatal	表
両唇・軟口蓋音	labial-velar	表
輪状軟骨	cricoid (あるいは ring) cartilage	17, 24
ロシヤ言語学字母	л Русская лингвистическая азбука	52
わたり	glide	35, 41, 42, 167
わたり音	gliding sound, kinetic sound	40, 41, 42, 138, 151, 167
r の音色の	r-coloured	表

国　際　音

			両唇音	唇歯音	歯音,歯茎音,後部歯茎音	そり舌音	硬口蓋歯茎音
子音	(肺臓気流機構)	鼻音	m	ɱ	n	ɳ	
		破裂音	p　b		t　d	ʈ　ɖ	
		(中線的)摩擦音	ɸ　β	f　v	θ　ð　s　z	ʂ　ʐ	ʃ　ʒ
		(中線的)接近音		ʋ	ɹ	ɻ	
		側面摩擦音			ɬ　ɮ		
		側面音(接近音)			l	ɭ	
		ふるえ音			r		
		弾き音			ɾ	ɽ	
音	(肺臓以外による気流機構)	放出音	p'		t'		
		入破音	ɓ		ɗ		
		(中線的)吸着音	ʘ		ǀ　ǃ		
		側面吸着音			ǁ		

区別符号

- ̥ 無声化　ŋ̥　d̥
- ̬ 有声化　s̬　ṱ
- ʰ 有気的　tʰ
- ̈ 息の漏れる声の　b̤　a̤
- ̪ 歯(裏)の　t̪
- ̫ 唇音化　t̫
- ̫ 口蓋化　ț
- ̴ 軟口蓋化または咽頭化　ɫ　ɨ
- ̩ 音節主音的　ŋ̩
- ͡ 又は　同時調音的　s͡ʃ
  (但し、右記「破擦音」の条も参照。)

その他の記号

- ɕ, ʑ 歯茎硬口蓋摩擦音
- ʃ, ʒ 口蓋化した ʃ, ʒ
- ɾ 歯茎の摩擦的ふるえ音
- ɺ 歯茎の側面的弾き音
- ɧ 同時調音的 ʃ と x
- ʃˢ s に類似の ʃ の変種, 等
- I = ɪ
- ᴜ = ʊ
- ɜ = ə の変種
- ɚ = r の音色の ə

前寄りの u+, u̟
又は　後寄りの i̠, i⁻, t̠
中舌母音化 ë
鼻音化 ã
ɹ, ɻ, ɾ　r の音色の aʴ
： 長い ɑː
· 半長の ɑ·
̯ 音節副音的 ŭ
͗ ヨリ円められた ɔ͗
ͨ 円めのヨリ少ない yͨ
· 又は　ヨリ狭い e·, ẹ, e̝ w
̥ 又は ·ヨリ広い e̞, ẹ, e̞

声 字 母

(1979年現在)

硬口蓋音		軟口蓋音		口蓋垂音		両唇・硬口蓋音	両唇・軟口蓋音	咽頭音		声門音	
	ɲ		ŋ		ɴ						
c	ɟ	k	g	q	ɢ		k͡p g͡b				ʔ
ç	j	x	ɣ	χ	ʁ		ʍ	ħ	ʕ	h	ɦ
	j		ɰ			ɥ	w				

ʎ											
				R							
				ʀ							
		k'									
		ɠ									

母 音

前舌	奥舌	
i ɨ ɯ		狭
ɪ		
e ɤ		半狭
ə		
ɛ ʌ		半広
æ ɐ		
a ɑ		広

非円唇

前舌	奥舌	
y ʉ u		狭
ʏ ɒ		
ø o		半狭
ɵ		
œ ɔ		半広
ɶ ɒ		広

円唇

強め，声調（高さ）

ˈ 強め．強めのある音節の初めに置く．
ˌ 二次的強め．
ˉ 高平(声調)． ˍ 低平．
´ 高昇り．　ˏ 低昇り．
` 高降り．　ˎ 低降り．
ˆ 昇り降り．　ˇ 降り昇り．
破擦音は連字，合字，またはスラー記号で表わす．たとえば，
ts tʃ dʒ
t͡s t͡ʃ d͡ʒ
t͜s t͜ʃ d͜ʒ
時にはtʃ, dʒの代わりにc, ɟを用いる．

■岩波オンデマンドブックス■

音声学

著　者	1984年6月28日　第1刷発行 1987年11月20日　第3刷発行 2016年4月12日　オンデマンド版発行

著　者　服部四郎
　　　　はっとり しろう

発行者　岡本　厚

発行所　株式会社　岩波書店
　　　　〒101-8002　東京都千代田区一ツ橋2-5-5
　　　　電話案内　03-5210-4000
　　　　http://www.iwanami.co.jp/

印刷／製本・法令印刷

© 服部旦 2016
ISBN 978-4-00-730390-6　　Printed in Japan